Bernd Heyl / Sebastian Voigt
Edgar Weick (Hrsg.)

Ernest Jouhy – Zur Aktualität
eines leidenschaftlichen Pädagogen

D1697386

Ernest Jouhy verkörpert als »leidenschaftlicher Pädagoge« mit seinem Lebenswerk die Hoffnung, durch Erziehung, Bildung und politisches Engagement die Gesellschaft so zu verändern, dass sie den Menschen ein selbstbestimmtes Leben in Würde und gegenseitiger Anerkennung im Sinne eines humanistischen Universalismus ermöglicht.

Jouhy war einer der Begründer einer »Pädagogik Dritte Welt« und damit Vordenker im Verständnis internationaler Zusammenhänge und stand für ein »kritisches globales Lernen«.

Die Herausgeber:

Bernd Heyl, geb. 1952, Lehrer an der Martin-Niemöller-Schule (IGS) in Riedstadt, Pädagogischer Mitarbeiter an der Universität Frankfurt und Vorsitzender des Gesamtpersonalrates beim Staatlichen Schulamt Groß-Gerau. Aktiv in der GEW, in sozialpolitischen Initiativen und der Rüsselsheimer Wahlinitiative »Die Linke/Liste Solidarität«. Publikationen u. a. zur Schulentwicklung und zur NS-Zeit.

Sebastian Voigt, Dr., geb. 1978, wissenschaftlicher Mitarbeiter am Institut für Zeitgeschichte München-Berlin, Fellow am Institut für Soziale Bewegungen und Lehrbeauftragter an der Ruhr-Universität Bochum; veröffentlichte u.a.: *Der jüdische Mai '68* (2. Aufl. 2016); als Herausgeber (zus. mit Heinz Sünker): *Arbeiterbewegung – Nation – Globalisierung.* Zahlreiche Aufsätze zur Geschichte der Gewerkschaften, der Arbeiterbewegung und des Antisemitismus (2014).

Edgar Weick, 1936 in Karlsbad (CSR) geboren, 1980 bis 1999 Leiter der Zentralen Arbeitsstelle für wissenschaftliche Weiterbildung an der FH Wiesbaden. Mitarbeiter in der gewerkschaftlichen Bildungsarbeit und Lehrbeauftragter für Erwachsenenbildung an der Universität Frankfurt und der TU Darmstadt. Politisch engagiert in der Ostermarschbewegung, in der Kampagne gegen die Notstandsgesetze, im Sozialistischen Büro und im Komitee für Grundrechte und Demokratie.

Bernd Heyl / Sebastian Voigt
Edgar Weick (Hrsg.)

Ernest Jouhy –
Zur Aktualität eines
leidenschaftlichen Pädagogen

Mit Beiträgen von Harry Bauer,
Otto Herz, Bernd Heyl,
André Jablonski, Ernest Jouhy,
Heinrich Kupffer, Sebastian Voigt,
Edgar Weick, Fabian Wurm

Brandes & Apsel

Auf Wunsch informieren wir Sie regelmäßig über Neuerscheinungen
in dem Bereich Psychoanalyse/Psychotherapie – Globalisierung/
Politisches Sachbuch/Afrika – Interkulturelles Sachbuch –
Sachbücher/Wissenschaft – Literatur.

Bitte senden Sie uns dafür eine E-Mail an info@brandes-apsel.de
mit Ihrem entsprechenden Interessenschwerpunkt.

Gerne können Sie uns auch Ihre Postadresse übermitteln,
wenn Sie die Zusendung unserer Prospekte wünschen.

Außerdem finden Sie unser Gesamtverzeichnis mit aktuellen
Informationen im Internet unter: www.brandes-apsel.de

Mit freundlicher Unterstützung

Hans **Böckler**
Stiftung ■▨▨

Mitbestimmung · Forschung · Stipendien

1. Auflage 2017

© Brandes & Apsel Verlag GmbH, Frankfurt a. M.

DTP: Lukas Apsel, Brandes & Apsel Verlag.
Umschlag: Pamela Oberender, Brandes & Apsel Verlag, unter Verwendung
eines Textes aus dem Nachruf des Fachbereichs Erziehungswissenschaften der
Johann Wolfgang Goethe-Universität Frankfurt a. M. (Rückseite).
Druck: STEGA TISAK d. o. o., Printed in Croatia
Gedruckt auf einem nach den Richtlinien des Forest Stewardship
Council (FSC) zertifizierten, säurefreien, alterungsbeständigen
und chlorfrei gebleichten Papier.

Bibliografische Information der Deutschen Nationalbibliothek:
Die Deutsche Nationalbibliothek verzeichnet diese Publikation
in der Deutschen Nationalbibliografie; detaillierte bibliografische
Daten sind im Internet über www.ddb.de abrufbar.

ISBN 978-3-95558-201-2

INHALT

VORWORTE

Zu diesem Buch

Wir beanspruchen und versprechen »Aktualität«. Das ist viel und riskant zugleich. Wir begeben uns damit in die Logik einer ständigen gesellschaftlichen Beschleunigung, in der die vermeintliche Aktualität zum Selbstzweck verkommt und die Halbwertzeit medial verwerteter Informationen immer geringer wird. In einer postfaktischen Welt scheint der Wahrheitsgehalt ohnehin kaum noch eine Rolle zu spielen. Doch diese Aktualität ist nicht die, um die es uns geht, wenn wir mit diesem Buch dem Vergessen in der Pädagogik entgegentreten, denn nur vordergründig werden die Verfallszeiten von einmal als gültig erkannten Werten und Maßstäben menschlicher Beziehungen immer kürzer.

Es besteht zugleich ein großes, oft uneingestandenes Bedürfnis nach Orientierung in der immer unübersichtlicher werdenden Welt und ein Bedürfnis, an erkämpften zivilisatorischen Regeln festzuhalten, hinter die nicht mehr zurückgefallen werden darf. Dazu gehören die Grund- und Menschenrechte, dazu gehört der Anspruch des Menschen auf freie Entfaltung, auf den uneingeschränkten Schutz seiner Menschenwürde, dazu gehören eine sozialstaatliche und eine ökologische Verpflichtung von Staat und Gesellschaft.

Doch alleine schon dieses Aufzählen weckt Unbehagen, denn die gesellschaftliche Realität ist weit von diesem Anspruch entfernt. Das wissen gerade diejenigen, die diese historischen Errungenschaften ernst nehmen. Warum erwähnen wir das gleich in den ersten Zeilen unseres Vorworts? Wir erwähnen das, weil wir damit den Blick auf ein Dilemma richten, das die pädagogische Profession belastet wie kaum eine andere, ja sie sogar in die Nähe der Unglaubwürdigkeit bringt: die Diskrepanz zwischen Vorstellung und Wirklichkeit. Ist das auch einer der Gründe dafür, warum sich die Pädagogik geschichtslos und bewusstlos nur noch den wechselnden Ansprüchen unterwirft, die bildungspolitisch begründet daher kommen, in ihrem Kern aber nichts anderes als die gefügige Anpassung an vermeintlich ökonomische Notwendigkeiten darstellen? Als Ziel der Pädagogik gilt heute nicht mehr kritische Reflexion oder die Ausbildung von historischer und moralischer Urteilskraft. Es geht nicht mehr um das Vermögen, sich seines eigenen Verstandes zu bedienen, sondern um Employability. Relevant sind nur noch Kenntnisse, die die Chancen auf dem Arbeitsmarkt erhöhen. Es zählt der Arbeitskraftbehälter, das unternehmerische Selbst und nicht mehr das kritische Subjekt.

Wir beanspruchen Aktualität, weil wir uns diesem Vergessen widersetzen und an einer Substanz des Pädagogischen festhalten, die sich dem heranwachsenden Menschen und seiner Entfaltung verpflichtet sieht. Und wir beanspruchen sie mit der Person von Ernest Jouhy und seinem Werk, weil er wie kaum ein anderer diese Substanz mit einer radikalen Analyse der kapitalistischen Herrschaftsverhältnisse verbindet. Für ihn ist Emanzipation nicht nur ein Vorgang der individuellen Entfaltung, ein auf die persönliche Freiheit gerichteter Akt. Emanzipation ist ein historischer Prozess, der als gesellschaftliche Befreiung allen Menschen reale Chancen ihrer Selbstentfaltung eröffnet.

Und wir beanspruchen Aktualität, weil dieses Verständnis von Emanzipation durch alle Sphären der Erziehung und Bildung mitgedacht wird und selbst noch in der Lehrer-Schüler-Beziehung und in den Organisationsformen der Schule theoretisch und praktisch Gestalt annimmt. Es ist ein hoher Anspruch, der uns hier begegnet. Es ist ein Anspruch, mit dem auch fundamental die Verhältnisse und interpersonalen Beziehungen in verwalteten Bildungseinrichtungen infrage gestellt werden – bis hin zu der Rolle, in der sich Jouhy selbst verortete. Aus dieser Radikalität kann viel gelernt werden. Sie schärft den Blick auf das institutionalisierte Gestrüpp, in dem eigentlich die Bildung zu Hause sein sollte, und deckt dort die Interessen und Zurichtungen auf, die sich hinter den wohlklingenden Selbstdarstellungen verbergen. Doch Jouhy verzweifelte nicht. Gerade seine eigene Leidenschaft, mit der er zeitlebens selbst Lehrer war, bewahrte ihn davor.

Sich selbst in der Rolle als Lehrender überflüssig zu machen, das hat er oft genug als Ziel formuliert. Sein Verständnis von einer Selbstorganisation des Lernens ist allerdings an hohe Ansprüche gebunden. Erkennen, Begreifen und Verstehen, sich politisch und gesellschaftlich engagieren – dieser Kern des Pädagogischen steht im Zentrum seines Denkens, es sind »Klärungsprozesse« in praktischer Absicht. Eine vierbändige Sammlung seiner Schriften, die 1988 von seinem Freund Robert Jungk herausgegeben wurde, trägt aus gutem Grund diesen Titel. In einer Rezension ausgewählter Schriften, die 1982 erschienen ist, sind seine Texte und Gedichte Dokumente eines »unruhigen und beunruhigenden« Geistes und seine Biografie wird als eine pädagogische und »zugleich eine eminent politische« gewürdigt.[1]

In seinem ganzen politischen Leben stand Ernest Jouhy an der Seite der Benachteiligten und Unterdrückten, an der Seite der »Verdammten dieser Erde«. Er hielt, durch den Marxismus geprägt, zeitlebens an »Parteilichkeit« fest, gerade auch dann, wenn er die dogmatischen Verkrustungen des Parteimarxismus und des Stalinismus erkannte und überwand. Er setzte in seiner Tätigkeit als Hochschullehrer alles daran, das eurozentristische Denken in Pädagogik und Wissenschaft zu überwinden, Widersprüche zu akzeptieren und die Fruchtbarkeit spannungsreicher Gegensätze zu erkennen, zu nutzen und auszuhalten. Die »Brücke« als das Verbindende und immer neu zu Schaffende – wenn auch oft unvollendet – ist ein zentrales Motiv für Jouhys Denken und Handeln.

Die jüdische Herkunft hatte für Ernest Jouhy persönlich nur eine untergeordnete Bedeutung. Sie wurde ihm aber durch die Verfolgung und Deportation der Juden in Frankreich zum »Schicksal« und formte so seine persönliche Biografie. Sein alter Freund Robert Jungk hat für diese Biografie zu Recht das legendäre Bild des Ahasver verwendet und damit ein weites Spektrum der Deutung eröffnet.[2]

Eine »Heimat« zu finden und zu haben, durchzieht Leben und Lebenswerk von Ernest Jouhy. Er war viele Jahre in Frankreich Leiter von Heimen für Kinder aus jüdischen Familien, in der Odenwaldschule war seine »Familie« ein gesuchtes »Heim«, auch weil bei ihm »französischer« Lebensstil dem Zusammenleben eine eigene Note verlieh. In der Zeit, in der er in der Odenwaldschule lebte und lehrte, gründete er auch sein »französisches Heim«, den FIEF.

Viele Jahre sah er in der kommunistischen Weltbewegung und in der Résistance seine »Heimat«. Und zum Ende seines ruhelosen Lebens begründete er in einem langen Gespräch – gewissermaßen als Fazit seiner Lebenserfahrung – das öffentliche politische Engagement als »Heimat«. Jouhy verbindet mit diesem Verständnis von »Heimat« ein Stück bereits gelebter Utopie im Hier und Jetzt. Damit bekommt der strapazierte und oft auch denunzierte Begriff der Utopie eine Stimmigkeit, die für ein in die Zukunft gerichtetes Denken und Handeln unverzichtbar ist.

[1] Günther Böhme, Zwischen Besonnenheit und dem Willen zur Veränderung, Frankfurter Rundschau vom 26. Juli 1983.

[2] Robert Jungk, Der Lehrer Ahasver, in: Ernest Jouhy, Klärungsprozesse. Gesammelte Schriften Bd. 1, Frankfurt am Main, 1988, S. 7 ff.

11

Jouhys »Werk« besteht im Wesentlichen aus Essays, die in konkreten historischen Zusammenhängen entstanden und als Interventionen in politische und wissenschaftliche Diskurse zu verstehen sind. Sie richteten sich damals an Menschen, »für die und mit denen er gelebt hat«, und sie sind daher oft nur in diesem Kontext zu verstehen.[3] Daher haben wir diesen Kontext, wo wir es für sinnvoll und nötig erachtet haben, in einleitenden Informationen und Kommentaren den Texten vorangestellt. Um den »leidenschaftlichen Pädagogen« auch heutigen Leserinnen und Lesern näherzubringen, präsentieren wir Leben und Werk Ernest Jouhys mit Beiträgen über ihn und ausgewählten Texten und Gedichten von ihm, in denen wir eine geradezu brennende Aktualität erkennen.

In unserem Buch mussten wir viel auslassen, so Jouhys an Alfred Adler orientierte therapeutische Arbeit, aber auch das große Thema, das sich um sein Begriffspaar »matrigen« und »patrigen« rankt. Die Herausgeber haben sicherlich die Schwerpunkte für dieses Buch mit ihren Interessen und ihrer jeweils persönlichen Beziehung zu Ernest Jouhy gesetzt. Es gibt also darüber hinaus noch viel Anregendes bei Ernest Jouhy zu entdecken und ebenso weiterzutragen, wie wir das mit diesem Buch verfolgen.

Juni 2017
Bernd Heyl – Sebastian Voigt – Edgar Weick

---

[3] Gottfried Mergner, Zur Aktualität des Erziehungswissenschaftlers Ernest Jouhy für die Bildungsforschung mit den Ländern des Südens, in: Gottfried Mergner, Ursula v. Pape, Pädagogik zwischen den Kulturen: Ernest Jouhy, Frankfurt am Main, 1995, S. 135.

ANSTATT EINES VORWORTS
EIN GANZ PERSÖNLICHER RÜCKBLICK

Als ich gebeten wurde, als Sohn ein Vorwort zu diesem Buch zu schreiben, habe ich mich dazu zunächst nicht gerade berufen gefühlt. Neben vielen anderen Aktivitäten hat sich mein Vater zeitlebens beruflich vorwiegend mit Pädagogik beschäftigt. Meine Berührungspunkte mit diesem Fach wie auch mit anderen Bereichen der Sozialwissenschaften sind dagegen sehr beschränkt.

Ein Berührungspunkt mit dem Fach Pädagogik war bezeichnenderweise der Wechsel vom Wahlfach Sozialkunde bei einem gewissen Ernest Jouhy in der 11. oder 12. Klasse zu Pädagogik bei einem der Lehrer der neuen Generation, die Ende der sechziger Jahre an die Odenwaldschule gekommen waren. Nicht, dass ich den Unterricht meines Vaters schlecht gefunden hätte, inhaltlich und didaktisch war er mindestens so interessant für mich. Nein, ich wollte mich schlicht seinem Einfluss entziehen. Dieses distanzierende Verhalten zog sich durch mein gesamtes Jugend- und junges Erwachsenenalter.

Es ist hier also nicht meine Aufgabe, zu seinem Werk Stellung zu nehmen, sondern die Perspektive des Sohnes darzustellen. Warum nun habe ich diesen Abstand gesucht und was habe ich dennoch von ihm mitbekommen?

Es gibt das bekannte Sprichwort »Lehrerkinder, Pfarrers Vieh, gedeihen selten oder nie«, das viele Lehrerkinder kennen. Nicht, dass ich nicht gediehen wäre, auch meine ältere Schwester Eve würde das nicht von sich behaupten, aber wir haben beide schmerzlich erleben müssen, dass aufgrund seiner vielfältigen Aktivitäten für die Familie wenig Zeit blieb. Sogar im Urlaub, den wir jeden Sommer in Südfrankreich verbrachten, hat sich mein Vater mehr mit seinem »Kind« – dem FIEF – beschäftigt, den er Anfang der 1960er Jahre gegründet hatte, als mit Frau und Kindern. Ihm war das durchaus bewusst und hat ihm auch Gewissensbisse bereitet, geändert hat er es aber erst in seiner zweiten Ehe mit Gudrun (geborene Dressler), wo er sich intensiv auch um seine Adoptivtochter Mariam kümmerte. Da war er aber schon alt und starb kurz vor seinem 75. Geburtstag, als Mariam noch ein Kind war.

Jene Abwesenheit des Vaters, die in den 1950er und 1960er Jahren ja nicht ungewöhnlich war, kontrastierte mit der räumlichen Nähe durch das Internatsleben in der Odenwaldschule und dem Paradox, das in dem oben zitierten Sprichwort deutlich wird. Ausgerechnet der Pädagoge, den wir in seiner Tätigkeit ja immer vor Augen hatten, kümmerte sich um meine Schwester und mich recht wenig. Ob das zu meiner eigenen Distanzierung ab dem Jugendalter beigetragen hat, weiß ich nicht, möglich ist es.

Was sicher eine Rolle gespielt hat, ist seine insistierende und dominante Wesensart. Nicht dass er streng gewesen wäre, keineswegs. In großen Dingen war er äußerst tolerant, aber er hatte die Neigung in alles reinzureden und alles besser zu wissen. Viele seiner Schüler und Studenten fanden seine Ratschläge bereichernd, für mich als Sohn waren sie meist eher belastend, ließen mir zu wenig Raum zur Entfaltung. So hatte er mir beispielsweise immer wieder zum Medizinstudium geraten, aber erst nach einer gar nicht schöpferischen Pause von einem Semester im »Parkstudium« Pädagogik konnte ich diesen Weg wählen. Die Einschreibung in den Fachbereich Sozialpädagogik war nebenbei mein zweiter und letzter Berührungspunkt mit dem Fach, der sich allerdings im Wesentlichen auf das Erlangen des Studentenstatus beschränkte. Erst nach dieser Pause, als es, einer Offenbarung gleich, während eines Urlaubs unter Hippies in Marokko zu meiner (!) Entscheidung geworden war, Arzt werden zu wollen, war ich soweit.

Ein weiterer wesentlicher Grund für meine Distanzierung war das, wofür er von so Vielen geschätzt und zuweilen bewundert wurde. Er hatte ein großes, umfassendes Wissen, war klug und eloquent und hatte eine Vergangenheit als Widerstandskämpfer in der Résistance. Kurz, für mich als »post-68er« Rebell war der Kampf von vorne herein verloren. So erschien mir anfangs das Hippieleben attraktiver als eine grundlegende intellektuelle Auseinandersetzung mit seinem Denken, was nicht heißt, dass wir nicht manche Kämpfe miteinander ausgetragen hätten. Später fand ich in der Medizin einen Bereich, in den er mir nicht hineinreden konnte.

In diesem Zusammenhang war es mir nicht unrecht, dass der Name Jouhy, den die Familie während meiner gesamten Schulzeit trug, lediglich als Namenszusatz in den Papieren in Form eines Jablonski »dit Jouhy« (genannt Jouhy) verzeichnet war. Ab dem Abitur war ich nur noch Jablonski und damit endlich nicht immer gleich der »Sohn vom Jouhy«. Nebenbei hat sich auch der Rest der alten und neuen Familie außer meinem Vater etwa zur gleichen Zeit von diesem Namen getrennt.

Trotz meines Bemühens um Distanzierung von meinem Vater und zunächst auch von dem, was ich gerne als »Jouhy Dunstkreis« bezeichnet hatte, ist der Kontakt zu ihm nie abgebrochen. Aus der nötigen Distanz heraus war ich durchaus sehr stolz auf ihn und seine Leistungen. Natürlich hat er mich letztlich auch in meinem Denken, meinem Weltbild und meiner Identität stark beeinflusst. Hierbei kann ich nicht immer trennen, was ich meiner Mutter und was ich ihm verdanke, will an dieser Stelle meiner Mutter aber auf jeden Fall die Ehre erweisen!

Beide haben uns Kindern eine grundsätzlich versöhnliche Haltung vorgelebt. So sind sie auch nach ihrer Trennung und dem Auszug meiner Mutter 1968 wahrhaftige Freunde geblieben. Vermutlich nicht zuletzt, weil das freundschaftliche Element und die gemeinsamen Kriegserlebnisse von Anfang an das entscheidende Bindeglied gewesen waren.

Auch gegenüber den Deutschen war die Haltung letztendlich versöhnlich. Deutschfeindlichkeit war uns fremd, was nicht heißt, dass es insbesondere von mütterlicher Seite nicht auch Ressentiments gegeben hätte. Meine Mutter stammte aus Riga und sprach Russisch als Muttersprache. Aber immer war klar, Feinde waren die Nazis, nicht die Gesamtheit der Deutschen. Dass diese Haltung in jüdischen Familien nach dem Krieg eher die Ausnahme als die Regel war, ist mir erst viel später klar geworden.

Jüdische Familie, was ist das eigentlich? Unsere Eltern haben meiner Schwester Eve und mir immer klar vermittelt, dass wir Juden sind, obwohl wir keinerlei jüdische Feste gefeiert hatten, insbesondere mein Vater ein sehr kritisches Verhältnis zu Israel hatte, die jüdischen Freunde weit weg waren und Religion natürlich überhaupt keine Rolle spielte. Nichtsdestotrotz hat er in der Schule freiwillige Nachmittagskurse »Jüdische Geistesgeschichte« angeboten, an denen ich auch teilnahm. In Erinnerung ist mir daraus z. B. geblieben, dass mein Vater das dialogische Prinzip als etwas spezifisch Jüdisches herausstellte, was für ihn weiterhin Bedeutung hatte. Das »Du« und das soziale Element waren für ihn immer von größter Bedeutung. In diesem Sinne sah er sich als Diasporajude auch als Salz in der Suppe oder Hefe im Teig der Gesamtgesellschaft und nicht isoliert davon.

Ein anderes Erbe ist das Französische. In den 1950er Jahren wurde mein Vater in der Odenwaldschule noch als »Monsieur Jouhy« angesprochen. Bis zum Auszug meiner Mutter aus der Odenwaldschule nach Paris war Französisch die Familiensprache, wir hatten französische Papiere und eigentlich sollten wir Kinder nach dem Abitur nach Frankreich zum Studieren, was meine Schwester im Gegensatz zu mir auch tat. Erst spät wurde mir bewusst, dass beide Eltern französisch mit Akzent sprachen, und sehr gekränkt war ich, als mich eine frankophone Schweizerin auf meinen eigenen deutschen Akzent hinwies. Frankreich wurde von beiden Eltern sehr geliebt. Mein Vater hat durchweg nur französische Autos gefahren, das Essen war dort natürlich besser, der Humor feiner, die Züge pünktlicher und vieles andere mehr. Er kochte französisch und kochte gut. Die gemeinsamen Weihnachtsessen (so viel zur Jüdischkeit) waren immer ein Fest. Auch wenn ich inzwischen wesentlich besser deutsch spreche und sich diese Sprache mit der Zeit auch zwischen meinem Vater und mir einbürgerte, schlägt mein Herz z.B. beim Fußball immer nur für Frankreich, obwohl mir Fußball eigentlich egal ist.

»Geerbt« haben wir Kinder eine große Skepsis gegenüber allem, was dogmatisch daherkommt, insbesondere auch in den eigenen Reihen. Sehr prägend für mich war ebenfalls das stete Bemühen um Ganzheitlichkeit. In der Odenwaldschule hatte er den »Gesamtunterricht« eingeführt, wo Themen wie bspw. »Zeit« unter verschiedensten Aspekten, also philosophisch, physikalisch, biologisch, mathematisch, religiös usw. betrachtet wurden. Auch in der Medizin sah er die Allgemeinmedizin als die Krönung des Fachs an. Er war bewusst Generalist und meist bestrebt, Gegensätze zu integrieren oder zumindest auszuhalten, was ich an ihm ebenso wie seine Güte und Großherzigkeit immer sehr geschätzt habe.

All das und noch viel mehr habe ich trotz der oben beschriebenen Erschwernisse von ihm mitbekommen und dafür bin ich dankbar. Als ich nach sechsjähriger Abwesenheit Ende 1986 nach Frankfurt zurückkam, bedeutete dies für mich nicht nur eine rein räumliche Annäherung, auch wenn seine Person für die Entscheidung nach Frankfurt zu gehen, keine Rolle gespielt hatte.

Leider ist er sehr bald danach im Mai 1988 verstorben. Viel zu früh, wo wir jetzt beide füreinander offen waren.

Umso mehr freut es mich, dass er nicht in Vergessenheit geraten ist und sein Werk mit diesem Buch eine neue Würdigung erfährt.

André Jablonski, im Mai 2017

BEITRÄGE ZU LEBEN UND WERK

Sebastian Voigt

WIDERSPRUCH UND WIDERSTAND.
ZUM LEBENSWEG UND ZUR POLITISCHEN ENTWICKLUNG ERNEST JOUHYS

1. Über Herkunft und Politisierung in der Weimarer Republik

Ernest Jouhys Leben ist grundlegend von den Verwerfungen des 20. Jahrhunderts gekennzeichnet und sein individueller Lebensweg eingebettet in die kollektive Erfahrung deutsch-jüdischer Kommunisten. Diese Symbiose von Biografie und Zeitgeschehen brachte er selbst dergestalt zum Ausdruck: »Jede Etappe meiner Biografie und meiner Bewusstseinsbildung deckt sich mit einer historisch bedeutsamen Etappe, die ich am jeweiligen Brennpunkt des Geschehens erlebte, so zum Beispiel in Berlin.«[1] Als überzeugter Kommunist betrachtete Jouhy seine jüdische Herkunft lange Zeit als irrelevant. Parallel zur Abkehr vom dogmatischen Parteikommunismus nach dem Zweiten Weltkrieg wandte er sich jedoch verstärkt Fragen der Herkunft zu, die seine Entwicklung fundamental bestimmt hatte. Bis dahin war es aber ein weiter Weg.

Ernest Jouhy wurde als Ernst Leopold Jablonski am 19. Juli 1913 in Berlin geboren.[2] Seine russischstämmigen Eltern waren politisch liberal

---

[1]   Ernest Jouhy, Fragen an Ernest Jouhy zu seiner politischen Sozialisation, in: Robert Jungk (Hrsg.), Ernest Jouhy, Klärungsprozesse. Gesammelte Schriften, Band 1. Politische und historische Philosophie, Frankfurt am Main 1988, S. 17–48, hier S. 29f.

[2]   Das genaue Geburtsdatum von Ernest Jouhy geht aus offiziellen Papieren nach 1945 hervor, so etwa aus dem Antrag auf eine Arbeitserlaubnis, den die Odenwaldschule stellen musste, da ihm die deutsche Staatsangehörigkeit aberkannt worden war und er vom postnationalsozialistischen Staat nun als Ausländer behandelt wurde. Siehe das Ausländergenehmigungsverfahren der Ausländerstelle Darmstadt vom 12. August 1955. Hessisches Staatsarchiv Darmstadt, Archiv der

eingestellt. Der Vater stammte aus einer über ganz Europa verzweigten Gerberfamilie und die Mutter aus einer deutsch-jüdischen Kaufmannsfamilie in Posen.[3] Die Familie Jablonski lebte in einem wohlhabenden Viertel in Berlin-Westend. Bald jedoch brachen die weltgeschichtlichen Ereignisse über das Idyll herein. Der Vater wurde in den Ersten Weltkrieg eingezogen, sodass Ernest Jouhy die ersten Jahre vaterlos aufwuchs. Eingeschult 1919 im Jahr der Gründung der Weimarer Republik, besuchte er schließlich im Bayrischen Viertel in Berlin eine Schule, an der ein relativ hoher Prozentsatz der Schüler jüdischer Herkunft war. Bereits als Junge bekam er das aufgeheizte politische Klima zu spüren und wurde nolens volens in heftige Auseinandersetzungen verwickelt. Seine Schulklasse war hinsichtlich der Haltung zur Weimarer Republik tief gespalten. Dieser Bruch manifestierte sich in voller Schärfe anlässlich des Todes des Reichspräsidenten Friedrich Ebert im Jahre 1925.[4] Jouhy fühlte sich emotional der Republik verbunden und damit auch ihrem obersten Repräsentanten. Viele Mitschüler hingegen sahen in ihr die Konsequenz des durch die Novemberrevolution verlorenen Krieges und waren froh, dass der ›Sattlergeselle‹ gestorben war, wie Ebert in Anspielung auf seinen erlernten Beruf pejorativ bezeichnet wurde. Die Weimarer Republik wurde von vielen Gegnern als ›jüdisch‹ wahrgenommen und der Hass auf sie verband sich folglich mit Antisemitismus.[5]

Ernest Jouhy erhielt keine religiöse Erziehung. Seine Eltern gingen nur zweimal im Jahr an den hohen Feiertagen in die Synagoge. Während Jouhy sich auf die Bar Mitzwa vorbereitete, vertrat er zunehmend vehementer eine antireligiöse Position. Er stritt ständig mit seinem Onkel, einem orthodoxen Rabbiner. Parallel dazu eignete er sich die philosophischen Grundlagen der materialistischen Weltanschauung an. Er las Ernst Haeckel und Friedrich Albert Lange.[6] Die Herkunft und religiöse Zugehörigkeit waren

---

Odenwaldschule, Signatur 1839. Obwohl Jablonski sich erst seit der Résistance in Frankreich Jouhy nannte, wird der Name hier in dem Artikel durchgehend verwendet. Den Namen behielt Jouhy auch danach bei. Mittlerweile befinden sich die Akten der Odenwaldschule im hessischen Staatsarchiv in Darmstadt (HStAD), die Signaturen der Odenwaldschule wurden beibehalten.

[3] Vgl. Peter Henselder, Vorwort, in: Ernest Jouhy, Correspondances. Poèmes en deux langues. Dichtung in zwei Sprachen, Heidelberg 1964, S. 5–7, hier S. 6.

[4] Zu Eberts Wirken in der Weimarer Republik vgl. etwa Peter-Christian Witt, Friedrich Ebert. Parteiführer, Reichskanzler, Volksbeauftragter, Reichspräsident, Bonn 1987, S.117 ff.

[5] Vgl. etwa Ulrich Kluge, Die Weimarer Republik, Paderborn 2006, S. 233.

[6] Friedrich Albert Lange schrieb im Jahre 1866 das Buch »Geschichte des Mate-

aus Jouhys Sicht zwar irrelevant, dennoch wirkten sie sich nolens volens auf seine politische Entwicklung aus und hatten einen nicht geringen Anteil an der Hinwendung zum Marxismus. Dieser war für ihn ein Ausweg aus dem Dilemma von subjektiver Ablehnung des Judentums und häufigen antisemitischen Anfeindungen. Der Marxismus als universalistische Utopie versprach die Aufhebung jeglicher Partikularität. Die Auswirkung der Herkunft auf seine politische Haltung drückte Jouhy folgendermaßen aus:

> Mit der jüdischen Lebenswelt konnte ich also nichts anfangen, doch innerhalb der Klasse, innerhalb der Freundschaften und Kameradschaften, spielte die Zugehörigkeit oder Nicht-Zugehörigkeit zur Gemeinschaft der Juden eine außerordentlich prägende Rolle. Jude sein hieß für mich als Jungen, für die Weimarer Republik zu sein. Es war ja die ›Judenrepublik‹, und den Antisemitismus, den ich erfuhr, bezog ich eindeutig auf die deutsch-nationale chauvinistische Reaktion und nicht auf meine Qualität als Jude.[7]

Eine weitere Episode aus Jouhys Lebensweg verdeutlicht diesen Zusammenhang: Anlässlich des 10-jährigen Bestehens der Weimarer Republik fand in seiner Schule eine Veranstaltung statt. Von den Lehrkräften erschien lediglich der Sportlehrer, der aber nicht über den Jahrestag sprach, sondern eine Lobrede auf den 150. Geburtstag des nationalistischen und judenfeindlichen Turnvaters Friedrich Ludwig Jahn hielt. Ferner hob er die Höherwertigkeit der »deutschen Rasse« hervor. Diese Aussagen empörten Jouhy und weitere Klassenkameraden so sehr, dass sie einen Artikel für die liberale Zeitung *Berliner Tageblatt* verfassten und eine Gegenveranstaltung organisierten.

Damals war Jouhy außerdem in der Jugendbewegung aktiv, die ein antibürgerliches Selbstverständnis pflegte. Er lehnte sich früh gegen seine soziale Herkunft auf und ebnete damit den Weg zur Aneignung linkspolitischer Ideen. Er beschäftigte sich intensiv mit dem Grauen des Ersten Weltkriegs und las die Schriften von Ernst Toller und Erich Maria Remarque. Zu seiner Politisierung trug weiterhin die Konfrontation mit dem wachsenden ökonomischen Elend in den späten zwanziger Jahren bei. Durch einen Mitschüler, dessen aus Galizien stammender Vater ein Sozialist war, kam Jouhy erstmals mit den Gedanken von Karl Marx und Friedrich Engels in Berührung. Bereits als Jugendlicher schloss er sich mit 16 Jahren der kommunistischen Bewegung an und trat dem »Sozialistischen Schülerbund«

---

rialismus und Kritik seiner Bedeutung in der Gegenwart« und Haeckel verfasste 1899 »Die Welträthsel. Gemeinverständliche Studien über Monistische Philosophie.«

[7] Jouhy, Fragen, a. a. O., S. 30.

bei, einer Vorfeldorganisation der KPD. Jouhy wurde schließlich ›Reichs-leiter‹ dieser Organisation.[8]

Als kommunistischer Funktionär war er in den Kampf um die Straße verstrickt, der in den letzten Jahren der Weimarer Republik immer hef-tiger tobte. Die ersten Erfahrungen mit Straßenkämpfen sammelte er in einem armen Teil Charlottenburgs, in dem die nazistische Sturmabteilung vermehrt Kommunisten und Sozialdemokraten angriff. Mein »erster poli-tischer Einsatz in einer Zelle des kommunistischen Jugendverbands«, so Jouhy rückblickend, spielte sich in einer Straße ab, »in der der berüchtigte SA-Mordsturm 33 wütete. Mit siebzehn Jahren mussten wir bewaffnet zu unseren Zellenabenden kommen, um uns wehren zu können.«[9]

Die Konfrontation mit der nationalsozialistischen Gewalt und die Not-wendigkeit der Gegenwehr trugen zu seiner Radikalisierung und engeren Bindung an die Kommunistische Partei bei. Auch die Machtübertragung an die NSDAP im Januar 1933 erschütterte seine kommunistischen Überzeu-gungen keineswegs. Jouhy, der sich seinerzeit als Berufsrevolutionär ver-stand, erblickte darin keine qualitative Wandlung, sondern nur eine Zuspit-zung der gesellschaftlichen Situation. Adolf Hitler und die NSDAP wertete er nur als kleine Hindernisse auf dem Weg zur unaufhaltsamen Revolution. Diese Haltung war bei Kommunisten verbreitet und korrespondierte mit der offiziellen Sicht der Partei und der marxistischen Geschichtsphiloso-phie. Selbstkritisch räumte Jouhy retrospektiv ein:

> Nach dem Streik der Berliner Verkehrsbetriebe im November 1932 und dem großen Stimmenzuwachs der Kommunisten bei gleichzeitigem Stimmverlust der Nazis bei den Dezemberwahlen zum Reichstag, glaubten wir in eine re-volutionäre Phase eingetreten zu sein. Hitler nach General Schleicher, das war nur eine Episode, eine letzte Zuckung, ein Aufbäumen der zum Untergang ver-dammten kapitalistischen Herrscher […]. Wir mussten durch ein kurzes Tal von Terror, Leid und Blut hindurch, um zur siegreichen Revolution zu gelangen.[10]

Jouhy hatte 1931 an einem Realgymnasium in Berlin sein Abitur abgelegt und gerade ein Studium der Geschichte, Soziologie und Psychologie auf-genommen, als er im Frühjahr 1933 wegen kommunistischer Betätigungen

---

[8] Ironisch merkte Jouhy in einem Interview mit Heiner Boehncke an, dass er damals wohl der einzige Kommunist gewesen sei, der den Titel des »Reichs-leiters« getragen habe. Vgl. Heiner Boehncke, Ernest Jouhy – Porträt zum 75. Geburtstag, gesendet am 27. Juli 1988 auf Radio Bremen.

[9] Jouhy, Fragen, a. a. O., S. 24.

[10] Jouhy, Fragen, a. a. O., S. 33.

kurzzeitig verhaftet und dann von der Berliner Universität verwiesen wurde. Er musste in die Illegalität abtauchen, wo er konspirativ für die Partei arbeitete und sich der antifaschistischen Untergrundarbeit widmete.[11]
Außerdem war er weiterhin für den Sozialistischen Schülerbund tätig. Als
ein enger Mitarbeiter verhaftet wurde, erhielt er schließlich die Anweisung
der Partei, Deutschland zu verlassen.[12] Über die Schweiz kam er Ende Juli
1933 nach Paris. Damals war Ernest Jouhy gerade 20 Jahre alt.

2. Das Pariser Exil und die Anfänge
der deutschen Volksfront

In der ersten Hälfte des Jahres 1933 waren viele Kommunisten, Sozialdemokraten und Mitglieder kleinerer linker Gruppierungen nach Paris geflohen und hatten Exilstrukturen aufgebaut.[13] Jouhy betätigte sich in der
französischen Hauptstadt sofort wieder politisch und schrieb sich an der
Universität Sorbonne ein. Beeinflusst von dem Psychoanalytiker Alfred
Adler studierte er bei Henri Wallon Psychologie. Am 25. Juni 1935 legte
er seine Diplomprüfung ab.[14] Der als Marxist bekannte Professor befass-

[11] In der Einleitung zu einem autobiografischen Text, in dem Jouhy von sich in
der dritten Person schrieb, formulierte er dies dergestalt: »Der Umbruch 1933
fand aus diesem Grund [marxistische Überzeugungen; S.V], wohl aber auch wegen seiner mosaischen Abstammung, keinerlei Sympathie, setzte ihn sogar den
Nachstellungen durch die nationalsozialistischen Sturmtrupps und die Polizei
aus, führten zu kurzer Inhaftierung und zum Verweis von der Universität wegen
marxistischer Umtriebe.« Ernest Jouhy, Verrat. Die Begegnung zweier Deutscher
in Frankreich. Didaktische Hinweise für schulische und außerschulische Bildung,
in: Johannes Beck u. a. (Hrsg.), Terror und Hoffnung in Deutschland 1933–1945.
Leben im Faschismus, Reinbek bei Hamburg 1980, S. 256–275, hier S. 257.
[12] Zum Widerstand der KPD in den ersten Monaten nach der Machtübertragung
vgl. das Kapitel »Niederlage und Wiederaufbau Februar bis Juni 1933« in: Allan
Merson, Kommunistischer Widerstand in Nazideutschland, Bonn 1999, S. 44–59.
[13] Zu den unterschiedlichen politischen Gruppen des Exils vgl. den Abschnitt
»Politisches Exil und Widerstand aus dem Exil«, in: Claus-Dieter Krohn u. a.
(Hrsg.), Handbuch der deutschsprachigen Emigration 1933–1945, Darmstadt
1998, S. 469–680. Darin finden sich Aufsätze zu den Kommunisten, den Sozialdemokraten, Gewerkschaften, aber auch den linken Kleingruppen.
[14] Dies geht aus dem Personalblatt hervor, das Jouhy für das Hessische Staatsministerium für Kultur und Unterricht ausfüllen musste, um an der Odenwaldschule angestellt zu werden. Vgl.: HStAD, Archiv der Odenwaldschule, Ordnerregistratur 1842.

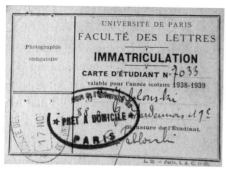

Abb. 1: Nach seiner Diplomprüfung war Ernest Jouhy weiter an der Université de Paris immatrikuliert.

te sich intensiv mit der psychologischen Entwicklung von Kindern. Diese Schwerpunktsetzung beeinflusste Jouhys weiteren intellektuellen und beruflichen Werdegang.

Neben verschiedenen Gelegenheitsarbeiten, um den Lebensunterhalt zu bestreiten, war er noch immer Funktionär in der kommunistischen Jugendbewegung. Das Erstarken der faschistischen Ligen in Frankreich, der drohende Staatsumsturz im Februar 1934 und die Anfänge der französischen Volksfront ließen ihn zur Überzeugung gelangen, dass eine Kooperation des gesamten deutschsprachigen Exils notwendig sei. Der Röhmputsch im Juni 1934 führte ihm vor Augen, dass die Nationalsozialisten ihre Macht konsolidiert hatten und die Hoffnung auf eine rasche Veränderung der politischen Situation illusorisch sei. In dieser Zeit lernte er auch seine spätere Ehefrau Lydia Hilman, eine aus Riga stammende Jüdin, kennen. Sie war ebenfalls in der kommunistischen Bewegung aktiv.[15]

Nachdem die Situation zwischen 1933 und 1935 für die Exilanten äußerst schwierig gewesen war und sich die politische Lage in Frankreich zugespitzt hatte, markierte die Wahl der Volksfrontregierung unter Léon Blum 1936 eine Zäsur. Die genaue Anzahl von deutschsprachigen Flüchtlingen war nicht bekannt, da viele illegal eingereist waren. Zwischen 1933 und dem Ausbruch des Zweiten Weltkriegs dürften aber an die 100.000 deutschsprachige Flüchtlinge nach Frankreich gekommen sein. Die abso-

---

[15] Sie wurde am 26. Juli 1911 in Riga geboren, wo sie ihr Abitur an einer russischen Schule ablegte. Dies geht aus dem Personalblatt hervor, dass Jouhy für das Hessische Staatsministerium für Kultur und Unterricht ausfüllen musste, um an der Odenwaldschule angestellt zu werden. Vgl.: HStAD, Archiv der Odenwaldschule, Ordnerregistratur 1842. Danach ging sie nach Heidelberg, lernte Deutsch und nahm ein Jurastudium auf. Bereits Anfang der dreißiger Jahre siedelte sie nach Paris über, um Literaturwissenschaft und Sprachen zu studieren. Nach ihrem Abschluss reiste sie nach England, Belgien und war in Brüssel als Lehrerin tätig. Zu den Eckdaten der Biografie Lydia Jouhys, vgl. OSO-Köpfe: Lida Jouhy, in: OSO-Hefte. Berichte aus der Odenwaldschule, 3. Jahrgang 1957, Heft 3, S. 23.

lute Mehrheit hatte sich in der Pariser Region niedergelassen und davon wiederum waren mehr als 80% Juden.[16] Allerdings waren die meisten von ihnen aus politischen Gründen geflohen, wie auch Ernest Jouhy.[17]

Die Entstehung der französischen Volksfront Mitte der dreißiger Jahre ermutigte die deutschen Exilanten. Die Anfänge einer Zusammenarbeit der verschiedenen deutschsprachigen Gruppierungen datierten bereits auf die Kampagnen zur Freilassung Georgi Dimitroffs und Ernst Thälmanns.[18] Daran wurde nun angeknüpft. Eine wichtige Rolle für die Koordination antifaschistischer Aktivitäten sowohl auf internationaler Ebene wie auch in Frankreich spielte Willi Münzenberg.[19]

Ausschlaggebend für die kommunistische Volksfrontpolitik war der Kurswechsel der kommunistischen Parteien 1935, die auf dem VII. Weltkongress der Komintern von der Sozialfaschismusthese Abstand nahmen und die Zusammenarbeit mit Sozialdemokraten und bürgerlichen Antifaschisten propagierten.[20] Es bildeten sich schließlich auch in der französischen Hauptstadt verschiedene Gruppen, die eine deutsche Volksfront

---

[16] Vgl. Julia Franke, Paris – eine neue Heimat? Jüdische Emigranten aus Deutschland. 1933–1939, Berlin 2000, S. 68.

[17] Es kam nicht selten zu Animositäten zwischen jüdischen und politischen Emigranten, die sich gegenseitig vorwarfen, bevorteilt zu werden. Vgl. hierzu Julia Franke, Unerwartet im selben Boot. Politische Exilanten und jüdische Emigranten aus Deutschland im Paris der dreißiger Jahre, in: Wolfgang Weist (Hrsg.), Beiträge zur Geschichte der Arbeiterbewegung, 2/2000, 42. Jahrgang, Berlin 2000, S. 3–19.

[18] Zum Komitee zur Freilassung Thälmanns vgl. Gilbert Badia, Le Comité Thaelmann, in: ders. (Hrsg.), Les bannis de Hitler. Accueil et luttes des exilés allemands en France (1933–1939), Paris 1984, S. 199–260.

[19] Allgemein zum Leben Münzenbergs vgl. das Buch seiner Lebensgefährtin Babette Gross, Willi Münzenberg. Eine politische Biographie, Stuttgart 1967. Er gehörte in der Weimarer Republik zu den einflussreichsten Verlegern linker Publikationen. Münzenberg war Mitglied der KPD, saß für die Partei im Reichstag und musste sofort 1933 Deutschland verlassen. Aufgrund seiner Kritik an den Moskauer Schauprozessen wurde er zunächst aus dem KPD Zentralkomitee ausgeschlossen und trat schließlich selbst ganz aus der Partei aus. Er starb unter mysteriösen Umständen 1940 in Frankreich.

[20] Hierzu Ursula Langkau-Alex, Zweimal Antifaschismus – zweierlei Antifaschismus? Front populaire und deutsche Volksfrontbewegung in Paris, in: Anne Saint Sauveur-Henn (Hrsg.), Fluchtziel Paris. Die deutschsprachige Emigration 1933–1940, Berlin 2002, S. 114–128, hier S. 117. Allgemein zur Geschichte der Volksfront vgl. Ursula Langkau-Alex, Deutsche Volksfront, 1932–1939. Zwischen Berlin, Paris, Prag und Moskau, Berlin 2002–2005.

anstrebten. Zu nennen ist hier vor allem der ›Lutetia-Kreis‹.[21] Außerdem wurde eine politische Plattform zur Sammlung aller deutschsprachigen Oppositionellen und zur Ausarbeitung eines Programms für ein post-nazistisches Deutschland ins Leben gerufen. Die Zusammenarbeit mit französischen Antifaschisten wurde forciert und eine Vereinigung der Jugendorganisationen geplant. Daran war auch Jouhy beteiligt. Bald schlossen sich verschiedene Gruppen in der »Freien Deutschen Jugend« (FDJ) zusammen. Die Aktivitäten als führender Funktionär und die Kooperation mit französischen Gruppen beschrieb er in einem Gespräch dergestalt:

> Gewiss arbeitete ich weiter in der ›FDJ‹, der deutschen Jugendorganisation der Partei, aber als politischer Journalist im ›Weltjugendkomitee für Frieden, Freiheit und Fortschritt‹, das von Henri Barbusse und Romain Rolland ins Leben gerufen worden war. Dort verband ich mich täglich mehr mit französischen Studenten, Arbeitern und Intellektuellen, diskutierte, agierte und demonstrierte mit ihnen und erlebte den gewaltigen sozialen und politischen Sieg der Volksfront 1936 in den streikenden Betrieben und auf den Straßen von Paris.[22]

Jouhy schilderte eindrücklich, wie inspirierend die Einigung der französischen Linken auf alle antifaschistischen Exilanten wirkte. Trotz Flucht, Verfolgung und widriger alltäglicher Bedingungen keimte in einer sich verdunkelnden Zeit ein Funke Hoffnung auf. Den Sieg der Volksfront in Frankreich und den Kampf der Internationalen Brigaden im Spanischen Bürgerkrieg sah er als Anhaltspunkte dafür, dass dem Vormarsch des Faschismus etwas entgegengesetzt werden konnte.

Die Kommunistische Partei Frankreichs (KPF) trug deshalb auch die Neutralität Frankreichs im Spanischen Bürgerkrieg nicht mit. Vielmehr war sie zusammen mit dem Internationalen Gewerkschaftsbund und dem »Weltkomitee gegen Krieg und Faschismus«, dem auch Ernest Jouhy angehörte, die wichtigste Organisation, die Hilfe für das republikanische Spanien organisierte. Sie leistete nicht nur humanitäre Unterstützung und

---

[21] Vgl. hierzu den Roman von Willi Jasper, Hotel Lutetia. Ein deutsches Exil in Paris, München/Wien 1994. Während der deutschen Besatzung in Frankreich diente das Hotel als Sitz der deutschen Abwehr und Gegenspionage. Nach der Befreiung war es ein Aufnahmezentrum für Deportierte. Danach wurde es wieder in ein Hotel umgewandelt und vor kurzem an einen israelischen Investor verkauft. Vgl. hierzu Stephen Heyman, Hostel takeover, The Left Bank's notorious Nazi lair has a new owner. Mazel tov?, in: International Herald Tribune Style Magazine, Spring Issue, April 9, 2011, S. 26–27.

[22] Jouhy, Fragen, a. a. O., S. 34.

koordinierte die Freiwilligenbrigaden, sondern organisierte auch Waffen-lieferungen.[23]

Neben der praktischen Unterstützung geflohener Antifaschisten und dem Engagement für Spanien spielte die Verteidigung der humanistischen Kultur eine entscheidende Rolle in der politischen Praxis der Exilanten. Es gründe-ten sich unzählige Zusammenschlüsse von Schriftstellern und Künstlern. Au-ßerdem wurden die »Freie deutsche Hochschule« organisiert und zahlreiche Zeitschriften herausgegeben. Die wichtigste war das von Georg Bernhard geleitete Pariser Tagblatt.[24] Ein Höhepunkt der gemeinsamen Aktivitäten war der im Juni 1935 in Paris durchgeführte »Erste internationale Schrift-stellerkongress zur Verteidigung der Kultur«. Trotz proklamierter Überpar-teilichkeit gab es Vorwürfe, dass er kommunistisch dominiert sei. Einige Schriftsteller verweigerten deshalb ihre Teilnahme. Auch war der Kongress bereits von den weiteren Entwicklungen innerhalb der kommunistischen Bewegung überschattet. Die Hetze gegen Abweichler und Trotzkisten hatte begonnen und die Moskauer Schauprozesse deuteten sich bereits am Hori-zont an.[25] Dennoch trug der Kongress zunächst zur Stärkung der Volksfront-bewegung bei und versammelte internationale Prominenz.[26] Sein Anspruch war es, die unterschiedlichen Ausrichtungen des Exils zu vereinen und das ›Deutschland von Goethe und Marx‹ zu repräsentieren. Der Kongress stellte

---

23 Zu den deutschsprachigen Freiwilligen in Spanien vgl. Klaus-Michael Mall-mann, Deutschsprachige Emigranten im Spanischen Bürgerkrieg, in: Claus-Dieter Krohn u. a. (Hrsg.), Handbuch der deutschsprachigen Emigration 1933–1945, a. a. O., S. 608–621.

24 Zum Pariser Tagblatt vgl. Hélène Roussel und Lutz Winckler, Pariser Tagblatt/ Pariser Tageszeitung. Gescheitertes Projekt oder Experiment publizistischer Akkulturation?, in: Exilforschung, Band 7, München 1989, S. 119–135. Zur Exiluniversität vgl. Hélène Roussel, L'Université allemande libre (fin 1935–1939), in: Badia, les bannis, S. 327–356. Zu Künstlervereinigungen im Exil vgl. dies., Les peintres allemands émigrés en France et l'Union des artistes libres, in: ebd., S. 287–326; Dieter Schiller, Die Deutsche Freiheitsbibliothek in Paris, in: Exilforschung. Ein Internationales Jahrbuch. Politische Aspekte des Exils, Band 8, München 1990, S. 203–220.

25 Zu den Moskauer Prozessen vgl. Theo Pirker (Hrsg.), Die Moskauer Schaupro-zesse 1936–1938, München 1963.

26 Zu den Reden und Materialien des Kongresses vgl. das Buch Paris 1935. Erster internationaler Schriftstellerkongress zur Verteidigung der Kultur, Reden und Dokumente. Mit Materialien der Londoner Schriftstellerkonferenz 1936. Ein-leitung und Anhang von Wolfgang Klein, herausgegeben von der Akademie der Wissenschaften der DDR, Berlin 1982.

sich ferner in die Tradition der Französischen Revolution 1789, der Pariser Kommune 1871 und der Oktoberrevolution von 1917. Teilnehmer waren neben Ilja Ehrenburg, André Malraux, Paul Nizan und André Gide auch die bekanntesten der vertriebenen deutschsprachigen Schriftsteller, darunter Bertolt Brecht, Anna Seghers, Ernst Toller, Egon Erwin Kisch und Heinrich Mann, der zum Präsidenten des Volksfrontausschusses gewählt wurde.

3. Das Institut zum Studium des Faschismus

Einen Knotenpunkt für die Vernetzung des kommunistischen Exils stellte das *Institut pour l'étude du fascisme* (INFA) dar, das stark von der KPF beeinflusst war. Es war Ende 1933 mit dem Ziel gegründet worden, um, wie es in den Statuen hieß,

> im Bereich der Ideologie gegen die Gefahr zu kämpfen, die der Faschismus für die Zivilisation darstellt. Das Institut untersucht systematisch alle faschistischen Bewegungen, analysiert sie und veröffentlicht regelmäßig die Ergebnisse seiner Arbeit. Es ist ein Zentrum der Dokumentation und des Widerstands gegen den Faschismus, in welcher Form auch immer er in Erscheinung tritt.[27]

Das Institut bot Emigranten die Möglichkeit, Vorträge zu halten. Beispielsweise sprach Walter Benjamin am 27. April 1934 zum Thema *Der Autor als Produzent*.[28] Auch Ernest Jouhy war im Umfeld des Instituts tätig. Manès Sperber war ebenfalls im Auftrag der KPD im Juni 1934 nach Paris gekommen und bekleidete fortan eine führende Position im INFA.

Sperber war 1905 in einem osteuropäischen Shtetl geboren worden, 1927 nach Berlin gezogen und der KPD beigetreten. Er wurde Mitglied der *Berliner Gesellschaft für Individualpsychologie*, die sich an den Theorien Alfred Adlers orientierte. Dort traf er zum ersten Mal auf Jouhy. Im Exil

---

[27] »[...] fondé pour lutter, sur le plan idéologique, contre le péril que le fascisme fait courir à la civilisation. L'Institut étudiera d'une façon systématique tous les mouvements fascistes, les analysera et publiera regulièrement les résultats de son activité. Ce sera un centre de documentation et de résistance au fascisme sous quelque forme qu'il se manifeste.« Zitiert nach Jacques Omnes, L'Institut pour l'étude du fascisme (INFA), in: Gilbert Badia, les bannis, a. a. O., S. 185–199, hier S. 188. Die Statuten wurden am 1. Januar 1934 veröffentlicht.

[28] Walter Benjamin, Der Autor als Produzent. Ansprache im Institut zum Studium des Faschismus in Paris am 27. April 1934, in: Gesammelte Schriften II, 2, herausgegeben von Rolf Tiedemann und Hermann Schweppenhäuser, Frankfurt am Main 1980, S. 683–701.

begegneten sie sich erneut in verschiedenen kommunistischen Gruppen. Als Führungsfigur der Jugendbewegung organisierte Jouhy häufig Schulungen. Anlässlich einer Gedenkfeier für Heinrich Heine war Sperber als Referent eingeladen. Die Begegnung schilderte Jouhy wie folgt:

> Sehr jugendbewegt saßen wir im Kreis und Manès ließ Heinrich Heine auferstehen. Da ist mir zum ersten Mal bewusst geworden, wie heimatlos wir beide waren. Dabei schien die politische Heimat noch intakt. [...] Nun bemühten sich im Wald von Fontainebleau zwei jüdische Intellektuelle, Heinrich Heine jungen Menschen zu vermitteln, die politisch verfolgt aus Deutschland geflüchtet waren. Die meisten waren Arbeiterkinder. Ihre kulturelle Heimat war nicht die Heinrich Heines und nicht die unsere. Bei aller politischen Gemeinsamkeit zwischen uns beiden und dieser jugendbewegten Versammlung fühlte ich mich mit Manès heimatlos allein.[29]

Hier machte Jouhy erstmals die Erfahrung, dass der universalistische Anspruch des Kommunismus als verbindendes Element scheinbar nicht mehr ausreichte. Trotz gemeinsamer politischer Auffassung spürte er einen Hiatus zwischen sich und Sperber auf der einen und den deutschen Arbeiterkindern auf der anderen Seite. Darüber konnte auch der Antifaschismus nicht hinwegtäuschen. Vielmehr überkam ihn ein Gefühl der Nichtzugehörigkeit. Damals verdrängte er die Implikationen seiner Herkunft noch und erklärte sowohl den Antisemitismus als auch den Nazismus gemäß der dogmatischen Faschismustheorie der KPD einzig als Konsequenzen aus den kapitalistischen Verhältnissen. Später setzte er sich selbstkritisch mit dieser Analyse auseinander und stellte seinen Lebensweg ganz bewusst in die Tradition jüdischer Geschichte:

> Dabei steht hinter der Heimatlosigkeit das jahrtausendealte jüdische Schicksal, das auch die Emanzipation nicht aufgehoben hat, das Gastland gleichzeitig als Heimat und als Fremde zu erleben. Manès und ich erlebten in dieser Feierstunde für den deutsch-jüdischen Heine mit jungen deutschen Arbeitern im französischen Asyl diese ebenso fruchtbare wie bedrückende Zugehörigkeit zu mehreren, einander fremden Kulturen.[30]

Im Exil dämmerte Jouhy die Relevanz der partikularen Herkunft. Weder die rechtliche Emanzipation noch der Assimilationswille hatten die Diskri-

---

[29] Ernest Jouhy, Begegnung mit Manès Sperber, in: Werner Licharz, Leo Kauffeldt und Hans-Rudolf Schießer, Die Herausforderung Manès Sperber. Ein treuer Ketzer auf der Brücke ohne anderes Ufer, Frankfurt am Main 1988, S. 119–121, hier S. 119 f.

[30] Ebd., S. 121.

minierung und Verfolgung der Juden beendet. Vielmehr wurden sie immer wieder auf ihre Herkunft zurückgeworfen und vor allem in Zeiten der Krise explizit als Juden angegriffen, unabhängig von ihrem Selbstverständnis. In der antisemitischen Ideologie blieben die Juden immer Juden, egal ob sie kommunistisch oder liberal, säkular oder religiös waren. Das Ausgeschlossensein und die prinzipielle Heimatlosigkeit erfuhr Jouhy in drastischer Weise im französischen Exil.

Doch nicht nur diese geteilte Erfahrung verband ihn mit Sperber, sondern auch der Hang zum abweichenden Denken. Sperber schilderte in seinen Erinnerungen eine Anekdote aus der Pariser Zeit. Bei einer Auseinandersetzung im Büro der *Weltbewegung der Jugend gegen Krieg und Faschismus*, wo sie ab 1935 fast zwei Jahre lang täglich mehrere Stunden zusammen verbrachten, habe Jouhy aus einer Rede von Nikolai Bucharin zitiert. Dieser war damals in der Sowjetunion bereits in Ungnade gefallen und als Agent des japanischen Imperialismus verleumdet worden. Es beeindruckte ihn nachhaltig, dass Jouhy es wagte, den zur Unperson degradierten Bucharin anzuführen. Sperber interpretierte dies wie folgt:

> Mein junger Freund wusste das natürlich, aber er war davon überzeugt, dass der zitierte Text gut und überzeugend war. Sonst rapid in Spruch und Widerspruch, hatte er noch nicht recht begriffen, dass es von der Parteiführung, d.h. von Moskau allein, abhing, ob die Sonne als leuchtendes Gestirn am Himmel gerühmt oder ob sie als eine Ölfunsel in einer Verbrecherspelunke enthüllt werden musste.[31]

Zu dieser schmerzlichen Erkenntnis kam Jouhy später auch. Die Affinität im Denken verband beide weit über die Exilerfahrung hinaus.[32]

---

[31] Manès Sperber, Er ist sich selbst treu geblieben, in: Ute Christ-Bode, Franz Decker und Leo Kauffeldt (Hrsg.), Zwischen Spontaneität und Beharrlichkeit. Ernest Jouhy zum siebzigsten Geburtstag, Frankfurt am Main 1983, S. 8 f., hier S. 8.

[32] Beide blieben ihr Leben lang befreundet, auch wenn sie große politische Differenzen hatten. Jouhy brach zwar 1952 mit der Kommunistischen Partei, weil Sperber einer stalinistischen Hetzjagd ausgesetzt war, aber er wurde kein Antikommunist, sondern blieb ein undogmatischer Marxist. Die divergierende Haltung zwischen beiden kam anlässlich eines offenen Briefs zum Ausdruck, den Jouhy an Sperber schrieb, nachdem dieser 1983 eine Rede in der Paulskirche gehalten und die Friedensbewegung scharf kritisiert hatte. Vgl. Ernest Jouhy, Brief an Manès Sperber, in: ders., Klärungsprozesse, Band 1, S. 129–132.

4. Die Aufnahme jüdischer Kinder in Frankreich

Die antijüdische Politik Deutschlands und seine außenpolitischen Expansionsbestrebungen verschärften die Situation in Frankreich im Laufe der dreißiger Jahre. Der Anschluss des Saarlandes 1935, der Einmarsch in Österreich und vor allem die Reichspogromnacht im November 1938 erhöhten die Anzahl jüdischer Flüchtlinge immens. Immer mehr jüdische Kinder, die aus dem deutschen Machtbereich flohen oder von ihren Eltern nach Frankreich in Sicherheit gebracht wurden, benötigten Unterstützung. Außerdem war die Einwanderungspolitik Frankreichs seit dem Ende der Volksfrontregierung 1938 restriktiver geworden.

Auf die Flüchtlingswelle nach der Pogromnacht mussten die französischen Juden reagieren. Die offiziellen Institutionen wehrten sich vor allem gegen die Anschuldigung, sie würden Frankreich durch ihre Kritik an der antisemitischen Politik Deutschlands in einen Krieg treiben. Diese Position wurde anlässlich der Stellungnahme des Großrabbiners von Paris, Julien Weill, deutlich, in der er darauf hinwies, dass niemand größere Sympathien für die deutschen Juden hege als er, aber zugleich auch nichts wichtiger sei als die Bewahrung des Friedens.[33] Derartige Aussagen riefen bei linken Juden und Immigranten Protest hervor. Der bekannte linke Zionist Wladimir Rabi warf dem Großrabbiner Verrat an den Flüchtlingen vor. Um jeden Preis betreibe er Friedenssicherung, auch wenn er dafür Frieden mit den Antisemiten schließen müsse.[34] Noch deutlicher wurde der ehemalige Ministerpräsident Léon Blum auf einem Kongress der *Ligue internationale contre le racisme et l'antisémitisme* (LICA) am 26. November 1938: Es gebe nichts Unwürdigeres auf der ganzen Welt als die Versuche der französischen Juden, die Grenzen Frankreichs für Flüchtlinge aus anderen Ländern zu schließen.[35] Doch nicht alle Organisationen folgten der Politik der offiziellen französisch-jüdischen Institutionen. Die schon 1860 gegründete *Alliance Israélite Universelle* (AIU) erreichte zusammen mit der *Œuvre de Secours aux Enfants* (OSE), dass die französische Regierung im Novem-

---

[33] Vgl. Vicki Caron, Prelude to Vichy. France and the Jewish Refugees in the Era of Appeasement, in: Journal of Contemporary History, Vol. 20, Nr. 1, January 1985, S. 157–177, hier S. 168.

[34] Vgl. Wladimir Rabi, Charles Péguy, Temóignage d'un Juif, in: Esprit, 1. Juni 1939, S. 321–332, hier S. 326.

[35] Die Rede wurde in der von LICA herausgegeben Zeitung »Le droit de vivre« abgedruckt. Vgl. Le discours de Léon Blum, in: Le droit de vivre, 3. Dezember 1938, S. 6.

ber 1938 eintausend Einreisevisa für deutsche und österreichische jüdische Kinder ausstellte. Die OSE war ursprünglich 1912 in Sankt Petersburg gegründet worden, bevor sie sich 1923 unter der Präsidentschaft von Albert Einstein in Berlin etablierte. 1933 verlegte sie ihren Sitz nach Paris und wurde zur wichtigsten Organisation der Rettung jüdischer Kinder.[36]

Zur Koordinierung der Aufnahme von Kindern nach den Novemberpogromen wurde das *Comité pour les Enfants venant d'Allemagne et d'Europe Centrale* (Komitee für die aus Deutschland und Mitteleuropa kommenden Kinder) gegründet, dem Baronin Germaine de Rothschild vorsaß. Zur Unterbringung wurden Heime in ganz Frankreich gegründet, in denen mehreren tausend Kindern das Leben gerettet wurde.[37]

So wurde in Villeneuve Saint-Denis, ungefähr 40 Kilometer östlich von Paris, das Kinderheim La Guette gegründet, mit dessen Leitung Ernst und Lydia Jouhy im Februar 1939 beauftragt wurden. Der Schwerpunkt von Jouhys Exiltätigkeit verlagerte sich nun hin zur psychologischen und pädagogischen Betreuung von Kindern. In der »Kinderrepublik«, wie er sie nannte, nahm er nach unzähligen Pseudonymen zeitweise wieder seinen ursprünglichen Namen Ernst Jablonski an.[38] Durch die kommunistische Tätigkeit im Untergrund hatte er seit 1933 unter falschen Identitäten gelebt. Die Rückkehr zu seinem richtigen Namen bedeutete somit auch eine symbolische Distanzierung von den Anforderungen der Kommunistischen Partei, die sich sukzessive weiter verstärkte.

Mitte des Jahres 1939 ereilte auch Jouhy das Schicksal der Staatenlosigkeit: Am 7. Juni 1939 entzog das NS-Regime ihm die deutsche Staatsbürgerschaft.[39] Die Ausbürgerung konvergierte nicht nur mit der sich verschlechternden Situation für Flüchtlinge in Frankreich, sondern auch mit einer Zuspitzung der außenpolitischen Spannungen, die im deutschen Überfall

---

[36] Vgl. Sabine Zeitoun, L'O.S.E. au secours des enfants juifs, in: Le sauvetage des enfants juifs de France. Actes du colloque de Guéret, 29 et 30 mai 1996, Guéret 1998, S. 93–104.

[37] Zur Rettung jüdischer Kinder in den Heimen der OSE zwischen 1938 und 1945 vgl. Katy Hazan und Serge Klarsfeld, Le sauvetage des enfants juifs pendant l'Occupation dans les maisons de l'OSE, 1938–1945, Paris 2009.

[38] Jouhy, Fragen, a. a. O., S. 34.

[39] Auf der Liste 116 vom 7. Juni 1939 fand sich unter der Nummer 98 folgender Eintrag: »Jablonski, Ernst Leopold, geb. am 29. Juli 1913 in Berlin-Wilmersdorf.« Vgl. Michael Hepp und Hans Georg Lehmann (Hrsg.), Die Ausbürgerung deutscher Staatsangehöriger 1933–45 nach den im Reichsanzeiger veröffentlichten Listen in chronologischer Reihenfolge, München u. a. 1985, S. 172.

auf Polen kulminierten. Jouhy wurde nach der französischen Kriegserklärung an Deutschland zunächst als *Prestataire*, als Hilfsarbeiter, in die Armee eingezogen. In Folge der französischen Niederlage wurde er im Juli 1940 demobilisiert, als er sich gerade mit seiner Einheit in den Pyrenäen befand. Im Winter 1940/41 wurde Ernest Jouhy in einem Lager bei Alby interniert. Er litt unter Hunger und Unterernährung.

Durch den Hitler-Stalin-Pakt im August 1939 waren Jouhy erste Zweifel an der kommunistischen Ideologie gekommen. Die Sowjetunion schien den Antifaschismus ihren machtpolitischen Interessen geopfert zu haben. Dennoch blieb er noch der Überzeugung verhaftet, sich einer grundlegend richtigen Sache verschrieben zu haben. Der deutsche Überfall auf die Sowjetunion im Juni 1941 rückte das antifaschistische Weltbild der parteitreuen Kommunisten erneut zurecht. Jouhy formulierte dies folgendermaßen:

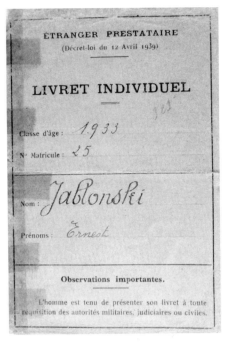

Abb. 2: »Wehrpass« von Ernest Jouhy

> Als dann 1941, nach dem Einfall Hitlers in die Sowjetunion, die Rote Armee, als erste nach der jugoslawischen, wirklichen Widerstand leistete, als es zwischen den Alliierten und der Sowjetunion zu einer Art internationaler Volksfront gegen Hitler kam, als langsam aber sicher die Gewissheit wuchs, dass diese Volkfront stärker war als die Hitlerbarbarei, wurden diese Zweifel unterdrückt. Der Krieg hat zunächst einmal eine Art von Verfestigung meines parteitreuen Denkens und Argumentierens bewirkt.[40]

Nach der Niederlage Frankreichs im Juni 1940 war Jouhy in der vom Vichy-Regime verwalteten Zone geblieben, zumal das Heim in La Guette aufgelöst und die Kinder evakuiert worden waren. Die Mehrzahl kam nach La Bourboule, in der Auvergne, das ebenfalls von der OSE geleitet wurde.

---

[40] Jouhy, Fragen, a. a. O., S. 37.

Die Notwendigkeit, sich um Kinder zu kümmern, wurde stetig größer, da die Anzahl der Waisen durch die antisemitischen Verfolgungen in Deutschland weiter anstieg.

5. Château de Chabannes

Ernest Jouhy wurde Anfang 1942 pädagogischer Leiter im Chatêau de Chabannes, einem alten Schloss, 50 Kilometer nordwestlich von Limoges in Mittelfrankreich. Seine Frau arbeitete dort als Sekretärin des Direktors. Das verlassene Schloss war 1939 von dem Generalsekretär des OSE Felix Chévrier übernommen worden. Die Bevölkerung in der Gegend war republikanisch und stand mehrheitlich in Opposition zum Vichy-Regime. Diese Faktoren waren der Hauptgrund dafür, dass die OSE in der Umgebung noch zwei weitere Schlösser, Chaumont und Le Masgelier, zu Kinderheimen umfunktionierte. Insgesamt überlebten die Besatzungszeit dort 3.000 Juden, darunter 1.000 Kinder.

Der Direktor Chévrier lehnte das Vichy-Regime aus politischen Gründen vehement ab. Die Rettung jüdischer Kinder betrachtete er nicht nur als humanitäre Maßnahme, sondern auch als eine Form von Widerstand.[41] In Chabannes selbst fand Unterricht für die jüngeren Kinder statt, während die etwas älteren nach Fursac, einem kleinen Ort in der Nähe, geschickt wurden, wo sie zusammen mit nichtjüdischen Kindern zur Schule gingen.

Das pädagogische Ziel von Ernest und Lydia Jouhy war es, den Kindern einen möglichst normalen Alltag zu bereiten und ihnen eine formale Schulausbildung zuteil werden zu lassen. Wie Jouhy in einem Brief darlegte, sollte aufgrund der traumatischen Erfahrungen der Kinder eine »Atmosphäre der Freundlichkeit und der Geborgenheit geschaffen werden, ohne die eine normale Kindheit nicht möglich ist«.[42] Ein Beispiel dafür war ein Buch anlässlich des zweijährigen Jubiläums der Kolonie. Im Vorwort wandte sich Chévrier an die Kinder und seine Kollegen: »Ihr bekennt euch zu einer Religion, die nicht die meine ist und ihr wisst das.« Dennoch sei

---

[41] 1999 erschien ein Film über die Kinder von Chabannes, der von Lisa Gossels produziert wurde. Der Ko-Produzent war Dean Wetherell. Gossels Vater überlebte als Kind in Chabannes. Vgl. Lisa Gossels, the Children of Chabannes. Der Film erzählt die Geschichte vieler überlebender Kinder und stellt die historischen Hintergründe gut dar. Es kommen auch die ehemaligen Lehrer zu Wort und Lydia Jouhy wird interviewt.

[42] Der Brief wird in dem Film von Lisa Gossels, the Children of Chabannes, gezeigt.

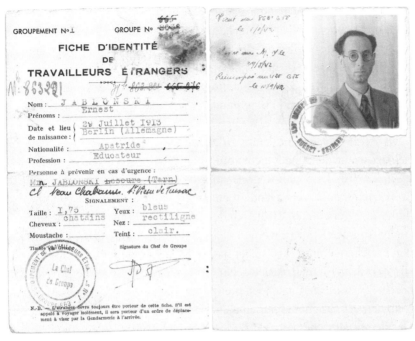

Abb. 3: Jouhys Identitätskarte für ausländische Arbeiter 1942

Abb. 4: Ernest Jouhy mit Flüchtlingskindern auf Château de Chabannes 1942/43

der Gott, zu dem er bete, der gleiche. Deshalb, so fuhr er fort, »kann ich euch nicht anders finden als mich, als ich in eurem Alter war. Mein Geist weigert sich, die Vorbehalte des Herrn Hitler gegen euch und die Eurigen zu teilen.«[43] Ansonsten finden sich in dem knapp 150-seitigen Buch Berichte von Kindern über ihre Ankunft in dem Schloss, Zeichnungen, selbst komponierte Lieder und Fotografien.

Die Aufrechterhaltung einer gewissen Normalität war unter den damaligen Bedingungen eine kaum zu bewältigende Aufgabe, denn auch im Schloss waren die Kinder nicht völlig sicher. Die sich verschärfende antijüdische Politik des Vichy-Regimes machte sich mehr und mehr bemerkbar. So führten französische Gendarmen am 26. August 1942 eine erste Razzia durch und verhafteten zwölf Kinder und zwei Erzieher, darunter Ernest Jouhy. Von den Kindern wurden sechs deportiert, während die anderen mit den Erziehern einige Tage später nach Chabannes zurückkehrten.

Nach dem Einmarsch deutscher Truppen in die Südzone im November 1942 wurde die Lage noch brenzliger. Bei einem Polizeieinsatz wurde Jouhy erneut zusammen mit einigen Kindern festgenommen. Er schilderte dies dergestalt: »Stefan [sic!] Hermlin und ich wurden in ein Durchgangslager gebracht. Nur Hermlin und ich wurden nicht deportiert, und das trotz meines Versuchs bei der französischen Lagerverwaltung, bei den Kindern bleiben zu können.«[44] Jouhy selbst war drei Tage in diesem Deportationslager, von dem aus die Kinder in den Tod abtransportiert wurden. Zusammen mit einer Sozialfürsorgerin gelang es ihm in dieser Zeit, einige Kinder zu retten, indem sie diese in Säcken versteckten, die mit dem Verpflegungswagen aus dem Lager hinausgeschafft wurden.[45]

Nach diesen Verhaftungen überlegten die Pädagogen Maßnahmen, um weiteren Razzien zu entgehen und die Kinder zu schützen. Neben vermehr-

---

[43] Das Dokument findet sich im Archiv des Centre de Documentation Juive Contemporaine, Fonds Félix Chévrier, Code CCCLXXIV-1, S. 2.

[44] Jouhy, Fragen, a. a. O., S. 34. Vgl. auch Jouhys Aufsatz zu Janusz Korczak, den er als Pädagogen bewunderte und der mit den ihm anvertrauten Waisenkindern in den Tod gegangen war. Darin meinte Jouhy, der Name Korczak stehe »für die namenlosen Kinder, die dem Völkermord zum Opfer fielen«. Ernest Jouhy, zum dreißigjährigen Todestag Janusz Korczaks, in: Jouhy, Klärungsprozesse, Band 1, S. 235–241, hier S. 235.

[45] Dies schilderte Jouhy in einer Sitzung der pädagogischen Arbeitsgemeinschaft vom 11. November 1952. Eine Abschrift seines Vortrags und die anschließende Diskussion befindet sich im nicht geordneten Bereich des Archivs der Odenwaldschule.

ten Informationen von Widerstandskämpfern, die eingeholt wurden, halfen auch Mitarbeiter von örtlichen Behörden, die das Heim rechtzeitig vor geplanten Durchsuchungen verständigten.[46] Häufig erfuhren Jouhy und seine Kollegen deshalb im Vorfeld die Namen der Kinder auf den Deportationslisten. Mit diesen gingen die Erzieher dann in den Wald und harrten dort aus, bis die Gefahr vorüber war. Die meisten Kinder, so Jouhy, besaßen ein Bewusstsein von der realen Gefahr, weil sie eine Razzia oder die Verhaftung ihrer Eltern bereits miterlebt hatten. Es habe folglich gar keine andere Möglichkeit bestanden, als ihnen die Wahrheit zu sagen. Häufig seien die Kinder ohnehin hellsichtiger als die Erwachsenen gewesen. Um dies zu verdeutlichen, zitierte Jouhy ein polnisch-jüdisches Kind, um das er sich gekümmert hatte: »Als die Deutschen das Warschauer Ghetto räumten, wurde uns dort gesagt: ›Wenn ihr angebt, wo sich noch andere versteckt halten, werdet ihr freigelassen.‹ Wir haben das natürlich nicht geglaubt, aber die Erwachsenen haben das natürlich geglaubt.«[47]

Im Januar und Februar 1943 erhielt die Kolonie viele Warnungen vor Durchsuchungen. Jouhy erklärte diese Steigerung damit, dass die Schlacht von Stalingrad eine Wende im Kriegsgeschehen eingeleitet hatte und dadurch viele französische Polizisten dazu gebracht wurden, sich sukzessive gegen die deutsche Besatzung zu stellen. Damit verbesserte sich die Lage aber noch nicht grundlegend.

Nach einer Nacht im Wald ohne Schlaf musste Jouhy sich aufgrund physischer Erschöpfung erholen. Ohne jegliche Warnung kamen französische Polizisten sehr früh am Morgen, um ihn zu verhaften und als ausländischen Antifaschisten auf Verlangen der Deutschen auszuliefern. Die Gendarmen gingen mit ihm zur Bushaltestelle, weil sie kein eigenes Auto zur Verfügung hatten. Seine Frau folgte ihnen mit einer Gruppe älterer deutschsprachiger Jungen aus dem Heim. Jouhy, dem keine Handschellen angelegt worden waren, rannte plötzlich los über ein Feld. Einer der Polizisten zog einen Revolver und drohte zu schießen. Lydia Jouhy beschrieb den weiteren Verlauf dergestalt:

Da fangen die Jungen an, vor ihm herumzuspringen, und wiederholen immer wieder: ›Schießen Sie nicht, schießen Sie nicht‹, aber er hält seinen Arm noch immer

---

46 Jean Michaud, L'administration creusoise et les juifs, in: Le sauvetage des enfants juifs de France. Actes du Colloque de Guéret, 29 et 30 mai 1996, Guéret 1998, S. 55–82.

47 Ernest Jouhy, Das Kind im Heim, in: ders., Klärungsprozesse, Band 4, S. 136–150, hier S. 147.

ausgestreckt ... (und Ernest ist noch immer nicht sehr weit gekommen). Da packt ihn einer der Jungen – Ossi Goldstein – fest beim Arm und drückt ihn nach unten.[48]

So entkam Jouhy und versteckte sich in einer nahe gelegenen Scheune. Da er nicht mehr zurück nach Chabannes konnte, tauchte er unter. Seine Frau besorgte ihm Blankopapiere von der Résistance. Aus der konspirativen Arbeit war er es bereits gewohnt, ein Pseudonym zu tragen, und jetzt entschied er sich dafür, den Namen Ernest Jouhy in die Papiere einzutragen. Die Abkürzung E. J. war identisch mit den bisherigen Initialen in seiner Wäsche. Seit diesem Tag hieß Ernst Jablonski Ernest Jouhy und diesen Namen legte er nicht wieder ab. Die Gründe hierfür benannte er wie folgt: »Weil ich durch das Geschehen des Widerstandes neu getauft worden war. Und auf diese Taufe war ich stolz. Seit dem Ende des Krieges und der Einbürgerung in Frankreich 1947 trage ich den Doppelnamen meiner Geburt und des französischen Widerstands ›Jablonski genannt Jouhy‹.«[49] Auch wenn er selbst recht pragmatische Gründe für die Wahl des Namens angab, sind doch die phonetischen Analogien zu französischen Wörtern nicht zu übersehen. Jouhy erweckt nicht nur die Assoziation zu *joie*, Freude, sondern vor allem auch zu dem Verb *jouir*, sich freuen, etwas auskosten. Den Namen gab sich Jouhy in einer Zeit ohne Freude, voller Entbehrungen und Gefahren. Er könnte deshalb auch als Protest gegen den status quo gedeutet werden, als Ausdruck des Wunsches, dass sich grundlegend etwas ändern möge.

Ferner liegt die Verbindung von Jouhy zu *juif*, Jude, nahe. Zur Zeit der Namenswahl war er durch die Umstände gezwungen, sich vermehrt mit Fragen der Herkunft auseinanderzusetzen. Durch seine Tätigkeit als Erzieher jüdischer Kinder war er damit konfrontiert, dass sie allein wegen ihrer Herkunft verfolgt und ermordet wurden.

6. Der bewaffnete Widerstand

Mit den falschen Papieren ging Jouhy zunächst nach Grenoble, das seit November 1942 von italienischen Soldaten besetzt war. Es liegt am Rande des Vercors, einem mit tiefen Tälern durchzogenen Gebirgsmassiv in den französischen Alpen. Da es schwer zugänglich ist, flohen viele junge Franzosen, die dem Zwangsarbeitsdienst, dem *Service du travail obligatoire* (STO)

---

[48] Lida Jablonski, Die rettende Zigarette oder die tapferen Jungen, in: Bode/Decker/Kauffeldt (Hrsg.), Spontaneität und Beharrlichkeit, S. 32–33, hier S. 32.
[49] Jouhy, Fragen, a. a. O., S. 35.

entgehen wollten, dorthin. Im Jahre 1942 war vom Vichy-Regime ein erstes Gesetz über den Einsatz französischer Arbeiter im Deutschen Reich erlassen worden. Für je drei Arbeiter wurde ein französischer Kriegsgefangener aus der Haft entlassen. Zwischen Juni 1942 und Juli 1944 waren insgesamt mehr als 600.000 Franzosen als Zwangsarbeiter in Deutschland.[50] Die Regelungen für den zunächst freiwilligen Dienst junger Franzosen wurden beständig verschärft, so dass sie sich nur noch durch Flucht entziehen konnten. Viele schlossen sich dem Maquis, dem französischen Widerstand, an, der sich sehr früh im Gebirgsmassiv Vercors formierte. Bereits kurz nach Abschluss des deutsch-französischen Waffenstillstands im Juni 1940 hatten sich dort die ersten Widerstandskämpfer in der unbesetzten Zone gesammelt.[51]

Jouhy hielt sich seit 1943 häufiger in den Bergen des Vercors auf. Von der Kommunistischen Partei Frankreichs war er mehrmals in die Gebirgsdörfer geschickt worden, um die Verbindung zur Widerstandsbewegung aufzunehmen. Bis zum Sommer 1943 war er in der Nähe der Kleinstadt Valence eingesetzt, um Kontakt mit deutschen Soldaten zu etablieren und dadurch an Informationen zu gelangen.

Danach arbeitete er getarnt als Erzieher in einem Ferienheim der Stadt Marseille, wo fast das gesamte Personal aus untergetauchten Antifaschisten bestand, darunter vielen Spanienkämpfern. Als eine Razzia stattfand, floh Jouhy erneut. Schließlich wurde er im Juli 1943 von der KPF nach Lyon beordert, in die Hauptstadt des französischen Widerstands.[52] Dort schloss er sich der *Francs-tireurs et partisans – Main d'Œuvre immigrée* (MOI) an und übernahm politische und militärische Aufgaben.[53] Auch Lydia Jouhy war dort aktiv.

---

[50] Zur STO vgl. Patrice Arnaud, Les STO. Histoire des Français requis en Allemagne nazie 1942–1945, Paris 2010.

[51] Zur Chronologie des Widerstands im Vercors vgl. Jean-Marc Collavet, Chronique du Vercors, du maquis d'Ambel au martyre de Vassieux, Valence 1994. Vercors war auch das Pseudonym des Schriftstellers Jean Bruller, der unter dem Namen Vercors 1942 das Buch *Le Silence de la mer* veröffentlichte. Es wurde in Genf gedruckt. Es war das erste Buch in der Untergrundpresse Éditions de la Minuit und wurde zu einem Standardwerk der französischen Résistance. Unmittelbar nach der Befreiung wurde es in unzähligen Versionen wieder aufgelegt. Vercors, Le Silence de la mer, Paris 1945.

[52] Vgl. Laurent Douzou, Étienne Fouilloux und Dominique Veillon, Lyon, in: François Marcot (Hrsg.), Dictionnaire historique de la Résistance, Paris 2006, S. 292 f.

[53] Die Francs-Tireurs et Partisans Français – Main d'Œuvre immigrée (FTP-MOI) war während des Zweiten Weltkriegs eine bewaffnete Widerstandsgruppe. Die MOI war in den 1920er Jahren von der Kommunistischen Partei Frankreichs gegründet worden, um Immigranten zu organisieren. Sie hatte zwölf Unter-

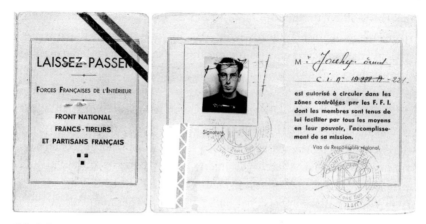

Abb. 5: Passierschein ausgestellt von Front National und Francs-Tireurs et Partisans Français

Sie mieteten sich in einem Vorort von Lyon in einer arisierten Villa ein, die ein Angehöriger der Milice Française an sich gerissen hatte. Diese war 1943 als paramilitärische Organisation des Vichy-Regimes gegründet worden, um gegen die Résistance vorzugehen.[54] Gemäß der Schilderungen Jouhys rühmte sich der Milizionär Meier damit, persönlich an Razzien gegen Juden beteiligt gewesen zu sein. Jouhy selbst gab sich als nach Lyon geflohener französischer Germanist aus. Die falschen Papiere wiesen ihn als Sohn eines französischen Vaters und einer Schweizer Mutter aus. Er hatte es ferner perfektioniert, Französisch mit deutschem Akzent zu sprechen. Als geflüchteter Lehrer, der sich durch Privatunterricht über Wasser hielt, erweckte er kaum Misstrauen. Die Wohnung suchten sie sich trotz der Gefahr bewusst aus, weil sie zwei vom Garten aus begehbare Zimmer hatte. Dort versteckten sie direkt unter den Augen eines Milizangehörigen Widerstandskämpfer und koordinierten die Résistanceaktivitäten.

Aufgrund ihrer Sprachkenntnisse wurden Ernest und Lydia Jouhy besondere Aufgaben im kommunistischen Widerstand zugeteilt. Sie sollten zur Zersetzung der feindlichen Streitkräfte beitragen. Ernest Jouhy beschrieb dies folgendermaßen:

---

gruppierungen, von denen die italienisch- und die jiddischsprachige die meisten Mitglieder aufwiesen. Unter der deutschen Besatzung gehörten Mitglieder der MOI zu den ersten, die den bewaffneten Widerstand aufnahmen. Vgl. Stéphane Courtois, Denis Peschanski und Adam Rayski, Le sang de l'étranger. Les immigrés de la MOI dans la Résistance, Paris 1989.

[54] Zur Milice vgl. Pascal Ory, Les collaborateurs 1940–1945, Paris 1976, S. 250.

Es war die Aufgabe einer kleinen Anzahl von deutschen Antifaschisten und französischen Widerständlern (mit perfekten Deutschkenntnissen), in diese Bastionen der Wehrmacht sich einzuschleusen, um einerseits die unersetzlichen Nachrichtendienste zu verstärken und auszubauen und andererseits zu versuchen, die Truppe zu zersetzen. Zu dieser Gruppe gehörten meine Frau (Deckname ›Nadja‹) und ich (Deckname ›Michael‹). Meine Frau verfasste illegales Material auf Russisch für die Wlassow-Truppe, und ich deutsches für die deutschen Wehrmachtsangehörigen.[55]

Lydia Jouhy wurde die Agitation von Soldaten der »Russischen Befreiungsarmee« (ROA) übertragen, die im Süden Frankreichs stationiert waren. Die ROA war ein Verband russischer Freiwilliger, die im Zweiten Weltkrieg auf Seiten der Deutschen kämpften. Ihr Anführer, Andrei Andrejewitsch Wlassow, war ein sowjetischer Generalleutnant, der in deutscher Kriegsgefangenschaft übergelaufen war. Zur ROA meldeten sich russische Kriegsgefangene und Zwangsarbeiter, aber auch antikommunistische Emigranten.[56]

Zusammen mit 16 Genossen war Ernest Jouhy für die moralische Zersetzung der deutschen Wehrmacht zuständig. Er sollte Kontakt zu Wehrmachtssoldaten herstellen, ihr Vertrauen gewinnen und kriegsrelevante Informationen erhalten oder die Soldaten zur Desertion ermutigen. Zu diesem Zweck verfasste er im Untergrund eine Broschüre für die deutschen Soldaten. Ihr Titel lautete: »300 Jahre deutscher Geschichte. Die Idee einer nationalen Einheit.« Im Wiederabdruck in den Gesammelten Schriften stellte Jouhy ein kurzes Vorwort voran, in dem er seine Rolle in dieser Zeit genauer erläuterte:

Im Frühjahr 1944 wurde ich in Lyon von der Sektion der M.O.I. (Mouvement des Ouvriers Immigrés), Teil des kommunistisch geleiteten Widerstands F.T.P.F. (Francs Tireurs et Partisans Français), beauftragt – neben meiner Tätigkeit für Personen und Waffen Verstecke auszukundschaften –, für die ideologische Arbeit innerhalb und außerhalb der Wehrmacht in Frankreich einen Abriss der Geschichte des deutschen Volkes zu schreiben, der nachweisen sollte, dass nicht der Nationalsozialismus, sondern der Widerstand das Erbe deutscher Entwicklung trägt und weiterführt.[57]

---

[55] So Ernest Jouhy in der Einleitung zu einer 1944 von ihm verfassten Broschüre zur Zersetzung der Moral deutscher Soldaten. Vgl. Ernest Jouhy, 300 Jahre deutscher Geschichte. Die Idee der nationalen Einheit, in: ders., Klärungsprozesse, Band 1, S. 159–182, hier S. 159.

[56] Zur Wlassow-Armee vgl. Matthias Schröder, Deutschbaltische SS-Führer und Andrej Vlasov 1942–1945: »Russland kann nur von Russen besiegt werden«; Erhard Kroeger, Friedrich Buchardt und die »Russische Befreiungsarmee.«, Paderborn 2002.

[57] Ernest Jouhy, 300 Jahre deutscher Geschichte. Die Idee einer nationalen Einheit (1944), a. a. O., S. 159–182, hier S. 159.

Die Broschüre wollte deutschen Soldaten deutlich vor Augen führen, dass die Nationalsozialisten nicht die Geschichte der deutschen Nation repräsentierten oder gar deren logische Konsequenz seien. Pathetisch heißt es dort: *»Für nationale Einheit und Größe kämpfen stets die fortschrittlichen, freiheitsliebenden, völkischen Elemente und Klassen*, während die Reaktion, in welchem Gewande sie auch auftrat, selbst unter dem ›nationalen Mantel‹, stets ein Hemmschuh der deutschen Entwicklung gewesen ist.«[58] Es folgt ein Parforceritt durch 300 Jahre deutscher Geschichte, wobei das 16. Jahrhundert den Ausgangspunkt bildet und der Exkurs mit dem Ersten Weltkrieg endet. Vermittelt wird eine (orthodox) marxistische Sicht auf den Verlauf der Geschichte und die Genese des modernen Nationalstaats. Die Nationalsozialisten stellten sich zu unrecht in die Tradition der deutschen Nation, so das oft wiederholte Hauptargument. Jouhy versuchte mit Hilfe dieser Deutung, patriotisch eingestellte Soldaten zur Abkehr vom Nationalsozialismus zu bewegen: »Mögen diese Zeilen dazu dienen, den deutschen Patrioten das stolze Bewusstsein zu verleihen, dass dreieinhalb Jahrhunderte deutscher Geschichte ihnen recht geben und das blutige Werk Hitlers verurteilen.«[59]

Jouhy war während seiner Résistancetätigkeit immer wieder großer Gefahr ausgesetzt. Er musste Inhaftierungen und Razzien entgehen und lebte in ständiger Angst, entdeckt und gefoltert zu werden. Die permanente Anspannung führte zu Magengeschwüren, deren Symptome Jouhy zunächst unterdrückte, bis die Geschwüre die Magenwand durchbrachen und ihm ein Großteil des Magens operativ entfernt wurde. Jouhy überlebte, konnte aber nie wieder normal essen.[60]

---

[58] Ebd., S. 160. Kursiv im Original.

[59] Ebd., S. 182. Das Verfassen von Broschüren stellte allerdings nur eine der Tätigkeiten Jouhys dar. In einem autobiografischen Text, der nach der Befreiung geschrieben wurde, schilderte er noch weitere Aspekte. Der Text war für die schulische und außerschulische Bildung gedacht und sollte den Schülern die Motive für den Widerstand gegen den Nationalsozialismus vor Augen führen, aber auch die Sicht der deutschen Soldaten berücksichtigen. Vgl. Ernest Jouhy, Verrat. Die Begegnung zweier Deutscher in Frankreich. Didaktische Hinweise für schulische und außerschulische Bildung, in: Johannes Beck, u. a. (Hrsg.), Terror und Hoffnung in Deutschland 1933–1945. Leben im Faschismus, Reinbek bei Hamburg 1980, S. 256–275, hier S. 257.

[60] Dies schilderte Jouhys Kollege an der Odenwaldschule Gerhard Ehl, der ihn nach und nach sehr gut kennengelernt hat. Die Eindrücke Ehls sind nicht publiziert, aber finden sich im noch nicht geordneten Teil des Archivs der Odenwaldschule. Gerhard Ehl, Ernest Jouhy und das FIEF, 16 Seiten.

Schließlich nahm er im September 1944 an der Befreiung Lyons teil.[61] Von den 16 Genossen, die für die Zersetzung der deutschen Armee verantwortlich gewesen waren, überlebten nur zwei. Jouhy wurde außerdem Zeuge der *épuration sauvage*, der wilden Säuberungen gegen (vermeintliche) Kollaborateure. Seine damaligen Gefühle beschrieb er folgendermaßen:

> Ich habe in Lyon nach der Befreiung angesehen, wie die jubelnde Menge in einer Straße eine angebliche oder wirkliche Kollaborateurin geschoren und halbnackt durch die Straße prügelte. Mein Weltbild wurde auch dadurch erschüttert, dass ich bei mir ein Gefühl entdeckte, von dem ich annahm, ich könne es gar nicht empfinden, nämlich blindwütigen, unbändigen Hass; jeder, der in Nazi-Uniform steckte, war für mich wie ein intelligentes und gefährliches Raubtier.[62]

Hier deuteten sich erneut Zweifel an seinem Weltbild an, die während des Zweiten Weltkriegs überdeckt worden waren. Im Jahre 1944 hatten ihn auch die ersten Nachrichten von der Judenvernichtung erreicht. Über die Schweiz hatte Jouhy von dem Vernichtungslager Auschwitz gehört, den Meldungen allerdings nicht geglaubt, sondern sie für alliierte Kriegspropaganda gehalten. Es entzog sich seinem Vorstellungsvermögen, obwohl er selbst Zeuge von Deportationen und Ermordungen der ihm anvertrauten Kinder geworden war. Das ganze Ausmaß der Verbrechen realisierte er seinerzeit jedoch nicht. Erst später erfuhr er, dass sein Vater in Auschwitz ermordet worden war.[63]

---

[61] Vgl. hierzu seine Erzählung »Der Bruch«, in der sich ein deutscher Offizier weigert, einen französischen Colonel gefangen zu nehmen, weil ihm bereits bewusst ist, dass der Krieg für Deutschland verloren ist. Vgl. Ernest Jouhy, Der Bruch, in: ders., Die Brücke, S. 77–89. Auch die Erzählung »Matchek« dreht sich um osteuropäisch-jüdische Widerstandskämpfer in Paris. Vgl. Ernest Jouhy, Matchek, in: ders., Die Brücke. 5 Erzählungen, Frankfurt am Main 1964, S. 90–122.

[62] Jouhy, Fragen, a. a. O., S. 37.

[63] Fabian Wurm u. Harald Bauer, »Heimat ist öffentliches Engagement.« Wanderer zwischen den Welten: Ernest Jouhy im Gespräch, in: päd.extra, 2/1985, S. 23–28, in diesem Buch ab S. 223.

7. Nach der Befreiung

Ende 1944 kehrte Jouhy in die französische Hauptstadt zurück, wo er sich als Pädagoge um jüdische Kinder kümmerte. Am 13. Dezember 1945 wurde Eve, das erste Kind von Ernest und Lydia Jouhy, geboren.[64] Zwischen 1945 und 1948 leitete er verschiedene jüdische Kinderheime. Zunächst betreute er in Ecouis in der Normandie Überlebende aus dem Konzentrationslager Buchenwald. Die OSE verwaltete das Haus. Die Erzieher repräsentierten eine große Vielfalt an Überzeugungen und unterschiedliche biografische Hintergründe. Dadurch, so Jouhy, sollte den Kindern die Erfahrung der Heterogenität und der Wichtigkeit von Toleranz vermittelt werden.[65] Er wurde außerdem Direktor der *Fédération Internationale des Communautés d'Enfants* (FICE), der Internationalen Gesellschaft für Heimerziehung, die Teil der UNESCO mit Sitz in Paris war.

Die theoretische Verarbeitung der Heimerziehungserfahrungen

Bereits im Jahre 1949 verfasste Jouhy zusammen mit Vica Shentoub ein Buch über die Auswirkungen des Zweiten Weltkriegs auf die Mentalität von Kindern: *L'évolution de la mentalité de l'enfant pendant la guerre.*[66] In der Einleitung verweisen sie darauf, dass die Literatur zu dem Thema bisher marginal und unsystematisch sei. Dem wollten sie Abhilfe schaffen. Als Ziel formulierten sie, die Kriegserfahrungen von Kindern in Verbindung zu ihren vorherigen Erlebnissen zu setzen und das Verhältnis der Kinder zu ihren Eltern zu untersuchen. Es handelte sich also um eine Pionierarbeit mit einem pragmatischen Ziel: eine neue Art der psychologischen Betreuung für die kriegsgeschädigten Kinder. Jüdische Kinder, so die Autoren, hätten alle Auswirkungen des Krieges auf einmal abbekommen, also den Einzug der Väter an die Front, die Bombardierungen, Vertreibungen, die Irregularitäten in der Schule, die Nervosität der Erwachsenen und die Unterernährung. Hinzu trete noch eine spezifische Erfahrungsebene: die

---

[64] Das Geburtsdatum geht aus dem Personalblatt A für Höhere Schulen hervor, das Ernest Jouhy anlässlich seiner Einstellung an der Odenwaldschule ausfüllen musste, in: HStAD, Archiv der Odenwaldschule, Ordnerregistratur 1842.

[65] Vgl. den Vortrag von Ernest Jouhy, Weltanschauung und Toleranz, gehalten bei der Pädagogischen Arbeitsgemeinschaft, 5. Sitzung vom 11. November 1952, in: HStAD, Archiv der Odenwaldschule, nicht registriertes Dokument.

[66] Ernest Jouhy u. Vica Shentoub, L'évolution de la mentalité de l'enfant pendant la guerre, Neuchâtel/Paris 1949.

Abb. 6: Ernest Jouhys Betriebsausweis der OSE

Verfolgung aus rassistischen Gründen, die Deportation der Eltern und Ge-
schwister sowie die Notwendigkeit, sich zu verstecken, die Herkunft, den
Namen und das vorherige Leben zu verschweigen.

Ein jüdisches Kind, so die Autoren, habe gewusst, dass es jüdisch sei.
Es konnte seiner Herkunft nicht entgehen, nicht einfach unbeschwert das
Haus verlassen und im Park spielen. Jeder Kontakt mit Fremden sei eine
Gefahr für die gesamte Familie gewesen. Einige Kinder hätten auch un-
mittelbar die Erfahrung mit dem Tod gemacht. Aus dieser permanenten
Ausnahmesituation sei das Gefühl entstanden, zu einer ganz spezifischen
Gruppe dazuzugehören.[67] Nach dem Krieg hörte das über Jahre antrainierte
Verhalten nicht einfach auf, sondern war weiterhin determinierend. Viele
Kinder im Alter zwischen sechs und 13 Jahren waren deshalb gegenüber
allen fremden Personen extrem misstrauisch. Auch die Vorstellung der Familie, die idealiter aus zwei Elternteilen und zwei Kindern bestand, sei
durch den Krieg vollständig verändert worden. Diese Vermutung konnten sie anhand von Kinderzeichnungen nachweisen. Kinder, die zwischen
1939 und 1944 älter als vier Jahre waren, machten die ultimative Erfahrung
der Relativität aller Anweisungen, Normen und Anforderungen. Außerdem
erlebten sie die Machtlosigkeit der Erwachsenen, die eigentlich eine Auto-

---

[67] »Le ›rôle‹ devait être tenu perpétuellement, il était impossible de s'en évader.
Cela signifiait la défense de sortir de la maison, d'aller au parc, l'impossibilité
de jouer avec d'autres enfants. Cela signifiait, dans d'autres cas, qu'il fallait
mentir sans brocher, qu'il fallait savoir par cœur son nouveau nom, prénom et
adresse. Sinon, quelque chose de grave pouvait arriver à toute famille. D'autres
savaient déjà qu'il s'agissait de l'arrestation, de la déportation, de la mort. Le
sentiment d'appartenir à un clan était né.«, ebd. S. 42.

rität darstellten. Dieser Widerspruch führte bei vielen Kindern zu einer sehr frühen Reife, einer Unabhängigkeit und sehr häufig zu Nonkonformismus. Die Nachkriegssituation habe also massive Implikationen für die Theorie und die Praxis der Pädagogik. Es müsse eine rationalistische Denkweise gelehrt werden, die die Kinder zu autonomen Individuen erziehe. Jouhy und Shentoub schließen mit der Feststellung, dass der Krieg den Kindern die Freude einer unbeschwerten Kindheit genommen und sie stattdessen mit Zerstörung und Leid konfrontiert habe. Die Autoren hofften, mit ihrer Schrift zur Sensibilität gegenüber den jüdischen Kriegsopferkindern beizutragen.[68] Jouhy beließ es jedoch nicht bei theoretischen Reflexionen. Es ging ihm darum, seine Postulate in der Praxis umzusetzen. Diesen Anspruch verwirklichte er als Heimleiter in Frankreich und als Direktor der Internationalen Gesellschaft für Heimerziehung.

8. Von Paris in den Odenwald

In dieser Funktion traf Jouhy den damaligen Leiter der Odenwaldschule, Kurt Zier, 1952 auf einer Tagung in Paris.[69] Dieser lud ihn zu einem Besuch an die Schule ein, die nach der Wiedereröffnung 1945 zu einem staatlich anerkannten Landeserziehungsheim geworden war. Jouhy entschied sich, ein Stellenangebot anzunehmen, allerdings mit dem Vorsatz, nur eine kurze Zeit zu bleiben. Deshalb ging er 1952 zunächst alleine nach Heppenheim, holte aber bald seine hochschwangere Frau nach.

Eine besondere Schwierigkeit hinsichtlich des Umzugs nach Deutschland resultierte für die Jouhys aus ihrer Vergangenheit als Partisanen in Frankreich. Ernest Jouhy war aus Berlin vertrieben worden und hatte jahrelang gegen das Land gekämpft, in das er nun zurückkehrte. Das Ende des nationalsozialistischen Regimes lag nur wenige Jahre zurück und seine ideologischen Nachwirkungen waren noch überall zu spüren. Auch viele Kollegen an der Odenwaldschule hatten im Krieg auf deutscher Seite gekämpft und sich,

---

[68] »La guerre qui a rendu les enfants plus difficiles à éduquer, qui les a privés de façon irrémédiable des conditions matérielles et psychiques du bonheur d'être enfants, leur a légué en même temps un lourd héritage de destruction et de problèmes que leur génération aura à résoudre. […] Si ces quelques pages ont pu contribuer dans une certaine mesure, à nous rendre conscients de l'étendue de notre devoir à leur égard, elles auront entièrement rempli leur but.«, ebd., S. 82.

[69] Vgl. Gerhard Ehl, Ernest Jouhy und das FIEF, in: HStAD, Archiv der Odenwaldschule, nicht registriertes Dokument, S. 1.

wenn überhaupt, nur langsam für einen passiven Widerstand entschieden. Dennoch unterrichteten an der Odenwaldschule verhältnismäßig viele Remigranten, wie die erste Schulleiterin Minna Specht, ihr Nachfolger Kurt Zier, Wolfgang Edelstein oder auch Trude Emmerich, eine gläubige Christin, die als Mitglied der ›Bekennenden Kirche‹ in England im Exil gewesen war.[70] Die gesellschaftlich vorherrschende Atmosphäre stellte für Remigranten eine große psychische Belastung dar. Erschwerend für die Jouhys kam noch die ländliche Gegend hinzu. In deutlichen Worten schilderte Jouhy seine Eindrücke:

Abb. 7: Ernest Jouhy (rechts vorne) und Walter Schäfer (links vorne) beim Rundgang durch die Odenwaldschule

Für meine Frau als russische Jüdin aus Lettland war diese menschliche Umgebung wohl noch viel schwerer zu ertragen als für mich. Der Anblick von Bauern, die ihre alten Militärmäntel auftrugen, die spießige Borniertheit und menschliche Zudringlichkeit in den provinziellen Cafés und Gaststätten Heppenheims, die idealistische und kirchlichgefärbte Ideenwelt der Kollegen, die nach einer demokratischen Orientierung und einem Anknüpfen an die Ideen der Reformpädagogik der zwanziger Jahre suchten, das totale Unverständnis für mein bisheriges kommunistisches Engagement waren mein alltägliches Ambiente.[71]

Bei aller Provinzialität nahm die Odenwaldschule dennoch eine Sonderstellung ein. Sie war ein progressives Reforminternat, das quer zu den

---

[70] Trude Emmerich war am 6. April 1905 in Karlsruhe geboren worden. Sie arbeitete 1933 in der kirchlichen Gemeindearbeit und schloss sich dem von Martin Niemöller gegründeten »Pfarrernotbund« und der »Bekennenden Kirche« an. Deshalb wurde sie 1935 entlassen, mehrmals denunziert. Aus Angst vor Verhaftung durch die Gestapo verließ sie Deutschland. Nach vier Jahren in der Schweiz und einem kurzen Aufenthalt in Paris, blieb sie noch acht Jahre in England, bevor sie 1947 zurück nach Deutschland kam und Lehrerin an der OSO wurde. Vgl. OSO-Köpfe: Trude Emmerich.

[71] Jouhy, Fragen, a. a. O., S. 40.

hegemonialen Tendenzen der gesellschaftlichen Entwicklung Anfang der 1950er Jahre in Westdeutschland lag. Somit kehrte Jouhy nicht an einen beliebigen Ort nach Deutschland zurück, sondern in eine außergewöhnliche Umgebung, die ihm als Remigranten großen Gestaltungsspielraum gewährte. Außerdem stand die Rückkehr nach Deutschland in einem engen Verhältnis zu seinem bisherigen kommunistischen Engagement. Seit seiner Jugend war er im Umfeld der Kommunistischen Partei aktiv gewesen. Die ersten Zweifel an der Richtigkeit der kommunistischen Ideologie und dem Handeln der Partei, die mit dem Hitler-Stalin-Pakt vom August 1939 gekommen waren, wurden durch den antifaschistischen Kampf wieder überdeckt. Als Kommunist wähnte er sich auf der richtigen Seite der Geschichte. Schließlich war es die Rote Armee gewesen, die einen großen Anteil am militärischen Sieg über das nationalsozialistische Deutschland beanspruchen konnte. Die Widersprüche waren jedoch nie ganz gewichen und wurden durch die eigenen Erfahrungen verstärkt. So hatte Jouhy bereits Mitte der 1930er erlebt, wie das ehemalige Mitglied des Zentralkomitees des PCF, Jacques Doriot, zu einem Faschisten geworden war. Nach seinem Austritt aus der KP hatte Doriot 1936 die rechtsextreme *Parti populaire français* gegründet, eine der bedeutendsten Organisationen, die mit den Nationalsozialisten kollaborierte. 1944 organisierte Doriot auch die *Légion des volontaires français* (LVF), die in deutschen Uniformen an der Ostfront kämpfte.[72]

Diese Entwicklung weckte erste Bedenken über den für Jouhy so wichtigen Stellenwert des Antifaschismus bei anderen Kommunisten. Ausschlaggebend für die Distanzierung vom Kommunismus waren auch die Diskussionen mit seinem früheren Genossen Manès Sperber, dem er im Winter 1944 in Paris wieder begegnete. Sperber war bereits 1937 wegen der stalinistischen Säuberungen aus der Kommunistischen Partei ausgetreten. Er hielt Jouhy nach der Befreiung Frankreichs die Moskauer Prozesse, den stalinistischen Terror und den Hitler-Stalin-Pakt vor. Außerdem kam er auf den Tod des kommunistischen Funktionärs Willi Münzenberg zu sprechen, den Jouhy aus dem Pariser Exil kannte. Dieser war im Herbst 1940 unter mysteriösen Umständen tot aufgefunden worden. Sperber vermutete, dass er von stalinistischen Agenten ermordet worden sei, weil er sich im Zuge der Moskauer Schauprozesse zu einem Dissidenten entwickelt hatte.

---

[72] Zum Werdegang Doriots, der nicht als Einziger vom Kommunisten zum Faschisten wurde, vgl. Philippe Burrin, La dérive fasciste. Doriot, Déat, Bergery 1933–1944, Paris 1986.

Noch einschneidender waren für Jouhy aber die Entwicklungen in den späten vierziger Jahren. In den Schauprozessen in Osteuropa wurden enge Freunde von ihm als Verräter oder imperialistische Agenten angeklagt. Ehemalige Genossen wurden zum Tode verurteilt und hingerichtet. Deshalb brach Jouhy 1952 endgültig mit der Kommunistischen Partei und trat aus. Da diese jedoch mehr war als eine beliebige politische Verbindung, hatte der Bruch weitreichende Implikationen. Die Partei war für ihre Funktionäre meist das gesamte Lebensumfeld. Die daraus resultierenden Schwierigkeiten beschrieb Jouhy dergestalt:

> Ich brach mit der Partei 1952, aber indem ich mit ihr brach, brach ich auch eine ganze Kette von ineinandergreifenden beruflichen, gedanklichen und personalen Verflechtungen und Beziehungen.[73]

Somit fielen die endgültige Abkehr vom stalinistischen Kommunismus und der Austritt aus der Kommunistischen Partei für Jouhy mit einem Ortswechsel zusammen. Die äußere Veränderung dürfte den innerlichen Bruch nicht nur erleichtert haben, sondern dessen notwendige Voraussetzung gewesen sein. Das strikte antikommunistische Klima Westdeutschlands unterstützte diesen Schritt. So stellte die Bundesregierung am 23. November 1951 einen Verbotsantrag gegen die KPD.[74] In dieser gesellschaftlichen Situation war der Bruch sicherlich leichter als im Nachkriegsfrankreich, wo die KPF nach der Befreiung eine starke politische Kraft war. Dass Jouhy die Zäsur vollzog, indem er als verfolgter Jude und ehemaliger Kommunist in das post-nationalsozialistische Deutschland ging, war nicht nur eine Ironie der Geschichte. Dieser Weg verweist auch darauf, dass die spezifischen Erfahrungen Jouhys nirgends einen Platz hatten. Die jüdische Perspektive spielte im Nachkriegsfrankreich keine Rolle und die Stärke der KPF grenzte dissidente Positionen aus. Doch auch die Rückkehr nach Deutschland änderte nichts an Jouhys marginalisierter Situation. Zwar hatte er mit dem orthodoxen Kommunismus gebrochen, aber er hielt an einem undogmatischen Marxismus fest. Außerdem kehrte er nun als Staatsbürger eines anderen Landes in sein früheres Heimatland zurück, das ihn ausgebürgert, aller Rechte beraubt und vertrieben und gegen das er mehrere Jahre lang gekämpft hatte. Sowohl in Frankreich als auch in Deutschland befand sich Jouhy selbst nach 1945 in der Rolle des Parias.

---

[73] Jouhy, Fragen, a. a. O., S. 39.

[74] Das Verbot wurde erst 1956 gerichtlich bestätigt. Vgl. hierzu Georg Fülberth, KPD und DKP 1945–1990. Zwei kommunistische Parteien in der vierten Periode kapitalistischer Entwicklung. Zweite, überarbeitete Auflage, Heilbronn 1992, S. 86–92.

9. Jüdische Fragen

Aufgrund dieser persönlichen Erfahrungen widmete er sich immer stärker den Fragen der Herkunft und beschäftigte sich mit jüdischer Geschichte. Davon legen nicht nur seine autobiografischen Erzählungen Zeugnis ab, sondern viele weitere Schriften.[75] Er interessierte sich dafür, wie sich über einen äußerst langen geschichtlichen Zeitraum die kulturelle Identität der Juden herausgebildet und tradiert hatte. Darin erblickte Jouhy nämlich das herausragende, distinkte Kennzeichen jüdischer Geschichte.

Der Bildung komme dabei eine erhebliche Bedeutung zu, allerdings in einer sehr spezifischen Weise. In den meisten Gesellschaften und Kulturen sei Bildung mit politischer Macht gekoppelt, also klassenabhängig; nicht so bei den Juden. Jouhy schreibt:

> Von der babylonischen Gefangenschaft an waren die Juden ›das Volk des Buches‹. Das besagt, dass die schriftlich fixierte Sinn- und Gesetzgebung der hebräischen Bibel Gemeingut aller Juden wurde. Der Erwerb dieses ›sinngebenden Wissens‹ war das einigende Band aller jüdischen Enklaven in den antiken, den mittelalterlichen und den modernen Gesellschaften. Die Zentren der jüdischen Existenz waren nicht die der politischen Macht, sondern die der biblischen *Bildung*.[76]

Die Bildung sei folglich das einigende Band aller jüdischen Gemeinschaften gewesen und von den anderen Buchkulturen hätten sich die Juden durch den demokratischen Zugang zu ihrem heiligen Buch unterschieden. Diese Tendenz habe auch zu einem offenen Umgang mit sakralen Schriften geführt, der unterschiedliche Auslegungen und eine Kultur der Textexegese hervorbrachte. Außerdem verhinderte die »relative Machtlosigkeit der jüdischen Herrscher«[77] die Vereinnahmung der heiligen Schrift für politische Zwecke.

---

[75] Sein Freund und Kollege von der OSO, Heinrich Kupffer, formulierte Jouhys Verhältnis zu seiner Herkunft folgendermaßen: »Nach seiner Überzeugung hatten die Juden in der Welt eine Mission zu erfüllen, die sich weder religiös noch rassisch begründen ließ. Deswegen blieb er skeptisch dem Staat Israel gegenüber, wo die Juden zu einem ›normalen‹ Staatsvolk wurden wie alle anderen. Für Ernest Jouhy hatten die Juden die Funktion des ›Sauerteigs‹: sie sollten, in Kooperation mit nicht-jüdischen Gleichgesinnten, so etwas wie das Gewissen der Welt darstellen.« Heinrich Kupffer, Mein Freund Ernest Jouhy und die Odenwaldschule, in: OSO-Hefte. Berichte aus der Odenwaldschule, Neue Folge 13, 1988/89, S. 130–139, hier S. 134.

[76] Ernest Jouhy, Drinnen und Draußen – eine Deutung jüdischer Geschichte, in: ders., Klärungsprozesse, Band 1, S. 220–234, hier S. 221.

[77] Ebd., S. 224.

Jouhy befasste sich des Weiteren noch mit den israelischen Kibbuzim als kollektive Organisationsformen. In modernen Gesellschaften sei die Existenz der Individuen fragmentiert, was gut mit dem Marx'schen Begriff der Entfremdung zu fassen sei. Zur Kompensation erstrebe das Individuum, im privaten Bereich unverwechselbar zu sein. Daraus entstehe ein Gefühl permanenter Frustration. Eine Konsequenz seien die verschiedenen kompensatorischen Ideologien der Jugendbewegung, wie die revolutionär-sozialistische oder auch die leninistische. Ihr universeller Anspruch nivellierte alle Differenzen zwischen den Ländern und die Partei offerierte eine neue, weltumspannende Heimat. Diese Erfahrung machte Jouhy selbst in der kommunistischen Jugendbewegung. Der positive Bezug auf den propagierten kommunistischen Universalismus ließ die partikulare Herkunft in den Hintergrund treten. Ferner versprach er die Aufhebung aller Differenzen und die Erschaffung einer Menschheit, in der jedes Individuum emanzipiert ist. Der Wunsch nach Aufhebung von Diskriminierung und Ausgrenzung entstand bei Jouhy auch durch die antisemitischen Ressentiments.

Die Kibbuz-Bewegung propagiere jedoch nicht die Negation der eigenen Gesellschaft. Im Gegenteil, sie beabsichtige eine Erneuerung des jüdischen Selbstbewusstseins und eine Rückkehr ins Land der Väter. Jouhy formulierte diesen Gedanken folgendermaßen:

> Der Aufbruch in die Stein- und Distelwüste Palästinas unter türkischer und englischer Herrschaft war gleichzeitig die radikale Verweigerung der materiellen Misere der Händler, Handwerker und ›Luftmenschen‹ des osteuropäischen Gettos wie der bürgerlich-›modernen‹ Leere und Geschäftigkeit emanzipierten jüdischen Bourgeois in den industriellen Gesellschaften des Westens.[78]

Die Kibbuznik waren die praktischen und theoretischen Vorreiter der zionistischen Kolonisation und sie repräsentierten eine progressive Lösung der ›Judenfrage‹, die in Europa nicht gelöst wurde. Nach dem Holocaust schien diese Antwort der einzig mögliche Ausweg, zumal auch die Hinwendung zum Kommunismus und die Hoffnung auf die Revolution, die Juden nicht vor der Vernichtung bewahrte, wie Jouhy selbst schmerzlich erfahren hatte. Auch in diesem Aufsatz verarbeitete er eigene Erfahrungen, die er in einen größeren Zusammenhang der jüdischen Geschichte einreihte. Dadurch bekommen seine Überlegungen eine Relevanz über den einzelnen Lebensweg hinaus.

---

[78] Ernest Jouhy, Die ›zersplitterte Existenz‹ und die Alternativen, insbesondere der Kibbuzim. Ein Beitrag zur Ideologiegeschichte (1980), in: ders., Klärungsprozesse, Band 1, S. 242–252, hier S. 249.

Deutlich wird diese Überlegung auch an einem anderen Aspekt, mit dem sich Jouhy theoretisch befasste: der Rolle des Kindes für die historische Erinnerung. Die Grundlage hierfür waren seine Tätigkeiten als Pädagoge in Kinderheimen. Er interessierte sich besonders für die Gründe für Dissidenz und Nonkonformismus. Exemplarisch hierfür steht der Aufsatz mit dem bedeutungsvollen Titel »Das Pariakind als historischer Zeuge«. Aufgrund der Erfahrungen im französischen Exil und im Widerstand, vor allem aber durch die Betreuung elternloser Kinder, rückte die Figur des Außenseiters, des Parias, ins Zentrum seiner Überlegungen. Gerade aus einer marginalisierten Perspektive heraus sollten allgemeine Erkenntnisse über die moderne Gesellschaft ableitbar sein.

Jouhy beobachtete ähnliche Verhaltensmuster bei jüdischen Kindern, die durch Besatzung und Verfolgung traumatisiert worden waren, und bei nicht-jüdischen Kindern die schwer erziehbar oder verhaltensauffällig waren. Er formulierte diese Beobachtung dergestalt: »Die Heranwachsenden, deren Entwicklung als deviant erscheint, sollen hier für die Gesamtheit ihrer Generation stehen, gleichsam als Zeuge im Prozess gegen die Bedingungen, unter denen alle Kinder heranwachsen müssen.«[79] Jouhy wollte diese Bedingungen verbessern, wobei die Dialektik von Menschen und Umständen beachtet werden müsse. Diese Relation fasste er klassisch marxistisch auf und nahm an, dass die Menschen die Geschichte machen, allerdings nicht unter selbst gewählten Umständen.

Immer wieder rekurrierte Jouhy auf Beispiele aus der jüdischen Geschichte, um seine Thesen zu verdeutlichen. So sei der fundamentale Zweifel den Juden schon in der ägyptischen Gefangenschaft durch die äußeren Umstände aufgezwungen worden. Er schrieb:

> Schon das 2. Buch Moses zeigt uns das: Das Kind des Pharao gleicht im Widerspruch zur herrschenden Vorstellung von seiner göttlichen Genealogie derart dem Kind des hebräischen Sklaven, dass der Sklavenfindling Moses wie ein Prinz von Geblüt aufgezogen werden konnte. Mussten die Juden nicht allein durch die Erfahrung an der vorgegebenen Gottähnlichkeit ihrer ägyptischen Herren Zweifel fassen? Durch alle historischen Konstellationen hindurch befürchten die konservativen Gruppen eben diese Erfahrung der Unterdrückten und begegnen deshalb dem Phänomen der Kindheit mit Misstrauen, hüllen sich ihm gegenüber in einen Mantel von Würde und Autorität und suchen seinen

---

[79] Ernest Jouhy, Das Pariakind als historischer Zeuge, in: ders., Das programmierte Ich, München 1973, S. 151–203, hier S. 151.

Drang zur Selbstfindung und Infragestellung vorgeschriebener Normen durch unduldsame und oft unbeherrschte Strenge zu kanalisieren oder zu brechen.[80]

Die Kindheit sei die Phase der individuellen Entwicklung mit dem größten Veränderungspotential. Diese Situation müsse die progressive Pädagogik nutzen, um den Kindern Möglichkeiten zur Selbstentfaltung zu eröffnen. Sie sollten zu selbstständigen, kritisch denkenden Menschen heranwachsen. Gerade nach dem Zweiten Weltkrieg und den Erfahrungen jüdischer Kinder käme Waisenhäusern eine wichtige Rolle zu. Deshalb schloss Jouhy mit einem historischen Überblick über ihre Entstehung und Entwicklung, die im Hundertjährigen Krieg Mitte des 14. Jahrhunderts ihren Ursprung hätten. Mit dem Pädagogen Johann Heinrich Pestalozzi sei sukzessive ein Bewusstsein für die Zeugnisrolle des Pariakindes entstanden. Deren Bedeutung habe sich im Zuge der industriellen Entwicklung der Gesellschaft noch gesteigert. Die Pariakinder seien die schwächste aller Gesellschaftsgruppen, aber in ihnen zeige sich »die gesamte soziale und psychologische Problematik nicht nur der Kinder in ihrer Generationsgegenwart, sondern der gesellschaftlichen Zukunft [...].«[81] Die Beschäftigung mit der Kindheit und den Sozialisationsbedingungen seien demnach nicht nur Aufgaben für Pädagogen, sondern der gesamten Gesellschaft. In ihnen entscheide sich die zukünftige Entwicklung. Gerade durch die Auswirkungen des Zweiten Weltkriegs auf die sozialpsychologische Situation aller Kinder habe die Pariaperspektive größere Relevanz gewonnen, weil sie selbst zum Normalfall geworden sei. Verhaltensweisen, die bisher ausschließlich bei Pariakindern festgestellt worden seien, hätten sich verallgemeinert. Die UNESCO versuchte, diesem Phänomen durch die Einrichtung von Erziehungsgemeinschaften entgegenzuwirken. Die bisherigen gesellschaftlichen Institutionen, also die Familie und die Schule, seien der Situation nicht gewachsen. Deshalb stellten sich nach 1945 alle Probleme der Erziehung neu. Dabei konnte auf pädagogische Ideen der Zwischenkriegszeit zurückgegriffen werden, als die ersten Kindergemeinschaften entstanden waren. Jouhy nannte drei konkrete Beispiele: La Cité de l'Enfance und die École de Beauvallon in Frankreich sowie die Odenwaldschule in Deutschland.

Die École de Beauvallon beispielsweise wurde 1929 in Dieulefit im Département Drôme von Marguerite Soubeyran und Catherine Krafft ge-

---

[80] Ebd., S. 157 f.
[81] Ebd., S. 165 f.

gründet.[82] Alle genannten Einrichtungen verfolgten einen reformpädagogischen Ansatz, der sich an den Theorien von Johann Amos Comenius, Jean-Jacques Rousseau und Johann Heinrich Pestalozzi orientierte. Das Kind sollte in seinen eigenen Entwicklungsprozess einbezogen werden und mitbeeinflussen. Die aktive Rolle des Kindes werde zu einer allseitigen Persönlichkeitsentwicklung beitragen.

Jouhy hoffte, dass die genannten Institutionen die Transformationsstufe vom ständischen Internat zum demokratischen Schulmodell darstellen. Die Landschulheime könnten einen fortschrittlichen Zweck erfüllen, weil sie durch ihre andere Struktur neue menschliche Beziehungen und soziale Umgangsformen hervorbrächten. Als Lehrer und Erzieher bemühte er sich, diesen Anspruch selbst an der Odenwaldschule umzusetzen.

10. Frankreich und der Kommunismus

Die Beschäftigung Jouhys mit Frankreich und der französischen Geschichte hielt sein Leben lang an. Häufig pflegte er einen komparativen Ansatz, um die Differenzen zwischen Deutschland und Frankreich zu verstehen und deren jeweilige Spezifik herauszuarbeiten. Hierfür steht der Aufsatz »Diachrone und synchrone Strukturen der französischen und deutschen Gesellschaft«.[83] Bis zum Dreißigjährigen Krieg im 17. Jahrhundert sei die Entwicklung von Deutschland und Frankreich grosso modo gleich verlaufen, ohne markante Unterschiede. Danach entwickelte sich in Frankreich eine gesellschaftliche Spannung, die bis heute die Entwicklung bestimmt. Einerseits existierten ein ausgeprägtes Traditionsbewusstsein und ein Stolz auf das kulturelle Erbe. Andererseits würden rationale Entwürfe der Gesellschaft hoch geschätzt. Diese Spannung berge ein Innovationspotenzial und entfalte häufig eine Hebelwirkung:

> Diese Spannung wird in allen Epochen der Geschichte so sichtbar, dass Marx – zur Illustration seiner historischen Dialektik der Klassenkämpfe – die französische Geschichte wählte, insbesondere die des 19. Jahrhunderts. Pétainismus

---

[82] Marguerite Soubeyran arbeitete nach 1945 auch für die OSE. Für ihr Engagement wurde sie als »Gerechte unter den Völkern« geehrt. Vgl. https://yadvas hem-france.org/les-justes-parmi-les-nations/les-justes-de-france/dossier-493/ [10. November 2016].

[83] Ernest Jouhy, Diachrone und synchrone Strukturen der französischen und deutschen Gesellschaft, in: ders., Klärungsprozesse, Band 1, S. 183–204.

versus Résistance, Gaullismus und ›Mai 68‹, Akademismus und Expressionismus, Kunst und Kitsch: erst gemeinsam ergeben sie ein Bild französisch-diachroner Struktur.[84]

In Deutschland hingegen spaltete sich das geistige Leben von gesellschaftlichen Fragen ab und blieb ohne Bezug zur miserablen Wirklichkeit. Diese Besonderheit brachte zwar eine ausgeprägte Philosophie und Dichtung hervor, aber weder rationale Zukunftsentwürfe, wie sie in Frankreich anzutreffen waren, noch eine pragmatische, wirklichkeitsbezogene Haltung, wie sie in der angelsächsischen Tradition vorherrschte. Auch die außergewöhnliche Dynamik des Pariser Mai 1968 erkläre sich aus der grundlegenden gesellschaftlichen Spannung.

Eine konkrete Analyse der historischen Entwicklung als Strukturzusammenhang nahm Jouhy anhand des Drômetals vor.[85] Es liegt im Süden Frankreichs in der Nähe von Lyon, wo er selbst in der Résistance aktiv war. Dabei untersuchte er den Raum, das Licht, die Landschaftsform, das Klima und die Zusammensetzung der Bevölkerung. In einem weiteren Aufsatz geht Jouhy auf die Relevanz der menschlichen Sprache ein, wiederum am Beispiel Frankreichs. Der Aufsatz beginnt dergestalt:

> Da für die menschliche Gesellschaft Sprache nicht nur die äußere Form oder das Vehikel ihrer materiellen Existenz darstellt [...], sondern vielmehr die Grundlage der Existenzbedingung aller individuellen und sozialen Wirkung, muss sich in ihr und durch sie die Besonderheit aller gesellschaftlichen Erscheinungen in besonders prägnanter Weise ausdrücken.[86]

Diese Aufsätze zeigen nicht nur die Vielfältigkeit seines intellektuellen Schaffens, sondern auch den permanenten Bezug zu Frankreich. Daneben befasste sich Jouhy noch sein Leben lang mit einem weiteren Thema: dem Kommunismus.

Der Bruch mit der Kommunistischen Partei 1952 bedeutete für ihn keineswegs eine völlige Abkehr vom Marxismus. Vielmehr intendierte er eine unorthodoxe Wiederaneignung der Marx'schen Theorie. Hierbei interessierten ihn wiederum die Differenzen zwischen Deutschland und Frankreich. Wie er am eigenen Leib erfahren hatte, herrschte in der Bundesrepublik ein strikter Antikommunismus vor, der auch keiner inhaltlichen

---

[84] Ebd., S. 189.

[85] Ernest Jouhy, Raum und Geschichte am Beispiel der Drôme (1966), in: ders., Klärungsprozesse, Band 1, S. 205–210.

[86] Ernest Jouhy, Sprache als historischer Faktor. Das Beispiel Frankreich (1967), in: ders., Klärungsprozesse, Band 1, S. 211–219, hier S. 211.

Überprüfung unterzogen wurde. Weil Kommunisten im politischen Leben nach der Gründung der Bundesrepublik nur eine geringe Rolle spielten, musste er durch konkrete Erfahrungen nicht revidiert werden. Jouhy spielte hier auf das Verbot der KPD und anderer kommunistischer Gruppen in den fünfziger Jahren an. In Frankreich war die Situation nach der Befreiung völlig anders. Davon handelt der Aufsatz »Zum Beispiel französischer Kommunismus« aus dem Jahre 1965. In Frankreich war die Kommunistische Partei ein wichtiger Faktor in der Parteienlandschaft und viele Intellektuelle bekannten sich offen zu ihr, ohne dass dies die gesellschaftliche Ächtung zur Folge hatte.

Historisch beruhe der französische Kommunismus auf anderen Wurzeln als der deutsche, was sich bis in die Gegenwart auswirke. Er beginne mit der politischen Philosophie im 18. Jahrhundert, gehe über Jakobinertum des Konvents und der Revolutionskriege hin zu Gracchus Babeuf, Henri Saint-Simon und Pierre-Joseph Proudhon und schließe auch die revolutionären Erfahrungen von 1848 und der Pariser Commune 1871 mit ein.

Die inhaltlich-philosophische Basis sei eine konsequente Diesseitigkeit und das Konzept einer logisch ableitbaren Ordnung der Gesellschaft. Auch die Methoden des französischen Kommunismus unterschieden sich, da sich in demokratischen Kämpfen die parlamentarische und außerparlamentarische Bewegung häufig verbunden hätten. Für Frankreich sei fernerhin der Gegensatz zwischen Säkularem und Religiösem kennzeichnend, wobei mit der Durchsetzung des Laizismus Anfang des 20. Jahrhunderts jede Form der Religion aus dem staatlichen Leben verbannt wurde.

Außerdem habe die Industrialisierung in einem starken Maße zum Zentralismus beigetragen, der die Struktur Frankreichs kennzeichnete. Paris war nicht nur das politische, sondern auch das industrielle Zentrum und damit der Hauptkampfort der Arbeiterbewegung. Damit einher ging ein Misstrauen gegenüber der Provinz, das bis in die Zeit der Französischen Revolution zurückreichte. Die Grundhaltung der Republikaner manifestierte sich in der Schulpolitik, die die Schule zur wichtigsten Vertreterin des Staates machte und den Volksschullehrer zum Stützpfeiler des republikanischen Staatsverständnisses.

Ferner ging Jouhy auf die Rolle der Intellektuellen in der französischen Gesellschaft ein, die intervenierten und sich als Teil einer progressiven Bewegung begriffen. Zum Abschluss thematisierte er das Verhältnis der Arbeiterbewegung zur Nation, das sich grundlegend von Deutschland unterscheide. Er schreibt:

Die Nation ist das Ergebnis evolutionärer und revolutionärer Volksbewegung. Patrioten nannten sich die Jakobiner und sahen darin keinen Widerspruch zu ihrem revolutionären Internationalismus. […] So gab es in Frankreich nicht den Begriff der ›vaterlandslosen Gesellen‹ und kein Bedürfnis der Linken, ihre Zugehörigkeit zur Nation durch Einschränkung ihrer oppositionellen Vehemenz unter Beweis stellen zu müssen.[87]

Der Nationalismus war in Frankreich folglich anders konstituiert als in Deutschland. Die Entstehung des Nationalstaates war in Frankreich die Konsequenz einer erfolgreichen Revolution. Der Kampf für fortschrittliche Ziele wurde im Namen der republikanischen Nation geführt. Diese Einstellung sei auch in der Résistance gegen die deutsche Besatzung und das Vichy-Regime vorherrschend gewesen. Die Beteiligung der Kommunisten am Widerstand habe die Zugehörigkeit der KPF zu Frankreich unterstrichen, die trotz der Hörigkeit gegenüber Moskau nie in Zweifel gezogen worden sei.

Auch die Spaltung der Arbeiterbewegung nach dem Ersten Weltkrieg verlief in Frankreich anders als in den restlichen europäischen Staaten. Die Mehrheit der Sozialisten stimmte auf dem Parteitag in Tours für den Beitritt zur Dritten Internationalen und damit zum Bolschewismus. Wichtige Schritte in der weiteren Entwicklung des französischen Kommunismus waren die faschistischen Putschversuche 1934, die Volksfront, der Spanische Bürgerkrieg, der Hitler-Stalin-Pakt und schließlich der deutsche Überfall auf Frankreich.

Thesenartig fasste Jouhy die Existenzbedingungen der KPF zusammen und stellte sie den deutschen Verhältnissen gegenüber. Zum einen erscheine die Geschichte der Nation in Frankreich als Kontinuität, die sich fast mit logisch-systematischer Notwendigkeit ergebe. Auch die KPF werde als Teil dieses Kontinuums angesehen. Die deutsche Geschichte hingegen sei voller Brüche. Ebenso erscheine den Franzosen das Individuum als von Natur aus mit unveräußerlicher Würde und auch Ansprüchen gegenüber dem Staat und der Gesellschaft ausgestattet. Das Aufbegehren gegen Ungerechtigkeit gelte als Pflicht, der sich die anderen anzuschließen hätten, während in Deutschland der Nonkonformismus geächtet sei. In Frankreich gebe es eine kontinuierliche theoretische Beschäftigung und Weiterentwicklung der revolutionären Ideen, wohingegen der Kommunismus in der Bundesrepublik von staatlicher Seite vor allem als juristisches Problem gesehen werde.

---

[87] Ernest Jouhy, Zum Beispiel französischer Kommunismus (1965), in: ders., Klärungsprozesse, Band 2, S. 219–242, hier S. 223 f.

Abb. 8: Mitgliedsausweis der Association Nationale des Anciens Combattants mit Werbung für die Wochenzeitschrift France d'abord *(Frankreich zuerst)*

Diese Faktoren seien der Grund für die Stärke der KP in Frankreich und für ihre gesellschaftliche Verwurzelung. Diese Situation habe es der Partei auch gestattet, alle ideologischen Kurven und Kehrtwendungen zu verkraften, ohne einen massiven Mitgliederverlust hinnehmen zu müssen. Die Partei fungiere als große Familie und ein Ausschluss komme einer sozialen Ächtung gleich. Der zunehmende Dogmatismus habe einer Sterilisierung und praktischen Entmachtung der Arbeiterbewegung Vorschub geleistet. Die KP habe bei der Entstehung neuer Ideen nach 1945 keine ernstzunehmende Rolle gespielt. Diese Erstarrung habe sich aber langsam wieder aufgelöst und so

> besteht heute kein Zweifel mehr, dass die entscheidenden Denkansätze zur Bewältigung von Gegenwart und Zukunft sich auch im Blickfeld der Kommunisten nicht mehr nach ihrer Nähe zur oder Distanz von der Parteiideologie beurteilen lassen.[88]

Auch die Reflexionen Jouhys zur Rolle des Kommunismus in Frankreich sind durchzogen von eigenen Erfahrungen. Er erlebte in den Reihen der kommunistischen Résistance sowohl den patriotischen Widerstand gegen die Deutschen und die Verwurzelung der KPF in der Gesellschaft. Er war Zeuge der ersten Wahlen nach der Befreiung, in denen die Kommunistische Partei zur stärksten politischen Kraft wurde. Zugleich beobachtete er aber auch die dogmatische Erstarrung der Ideologie. Außerdem kannte er die vereinnahmende Tendenz der Kommunistischen Partei, die viel

---

[88] Ebd., S. 240.

mehr war als eine beliebige politische Gruppierung. Für ihre Mitglieder war sie wie eine Familie, die alle Bereiche des Lebens bestimmte. Zwar brach Jouhy damit, aber er blickte nicht mit Verachtung auf seine eigene Vergangenheit in der Kommunistischen Partei zurück. Vielmehr analysierte er die historischen Gründe für die Entwicklung des Kommunismus und für die nationale Spezifik.

Zur Beschäftigung mit dem Kommunismus trat die Frage nach dem richtigen Umgang mit der nationalsozialistischen Vergangenheit und den Verbrechen. Als Widerstandskämpfer hatte Jouhy diese Verbrechen unmittelbar miterlebt. Ehemalige Genossen waren gefoltert und ermordet worden. Eine adäquate Thematisierung war für ihn die conditio sine qua non zum Wiederaufbau deutsch-französischer Beziehungen. Im »Vortrag eines französischen Widerständlers vor jungen Deutschen«[89] plädierte er deshalb dafür, sich der Vergangenheit zu stellen. Wie so oft begann er mit seinen subjektiven Erinnerungen: dem unerwartet schnellen Zusammenbruch der französischen Armee im Mai 1940, der Armee, die als die stärkste Europas galt, dem Hitler-Stalin-Pakt und seit dem deutschen Überfall auf Polen »die unverständliche Tatenlosigkeit der französischen Armee«.[90] Es folgte die Errichtung der Diktatur Pétains und die Ersetzung von ›Freiheit – Gleichheit – Brüderlichkeit‹ durch ›Familie – Vaterland – Arbeit‹. Die autoritäre Umgestaltung der Gesellschaft setzte ein und führende Politiker der III. Republik wurden vor Gericht gestellt. Die Teilung Frankreichs war ein Schock und die Versenkung der französischen Flotte durch die britische Luftwaffe eine weitere Schmach. Dass das ehemalige Mitglied des Zentralkomitees der KP, Doriot, zum Begründer der nationalsozialistischen Massenorganisationen in Frankreich wurde, war für Jouhy dennoch erstaunlich. Er fasste seine Erinnerungen wie folgt zusammen:

> So war weit mehr zusammengebrochen als die Armee: der Glaube an die Ideale von Demokratie und Fortschritt – die ironische Selbstgefälligkeit der Rationalisten – der Glaube an Sozialismus und internationale Solidarität – der Glaube aber auch an Nationalismus, Konservatismus und Klerikalismus. Denn die Internationalisten von gestern predigten nationalen Widerstand und die Chauvinisten von gestern priesen den Sieger und predigten Unterwerfung unter ein Geschick göttlicher Vorsehung.[91]

---

[89] Ernest Jouhy, Vortrag eines französischen Widerständlers vor jungen Deutschen (1966), in: ders., Klärungsprozesse, Band 2, S. 260–266.

[90] Ebd., S. 262.

[91] Ebd., S. 263 f.

Der sich langsam formierende Widerstand und das weltweit durch die Deutschen verursachte Leid führten zu einem neuen Gefühl der Zusammengehörigkeit der Résistants. Darauf habe sich die Hoffnung einer Erneuerung und des Aufbaus einer friedlichen Welt gegründet. Diese Zukunft sei von französischen Literaten während der Besatzung schon antizipiert worden. Zugleich sei das Eingedenken in die Zerbrechlichkeit der aufgeklärten Kultur und der demokratischen Gesellschaften eine zwingende Konsequenz aus dem Nationalsozialismus. Dem Widerstand und den Opfern der Unterdrückung müsse in Form von Denkmälern gedacht werden, damit die Erfahrungen an die kommende Generation weitergegeben würden. Dabei komme ehemaligen Résistants eine Schlüsselfunktion zu.

Diese Gedanken griff Jouhy fast zwanzig Jahre später erneut in dem Aufsatz »Verständnis und Mißverständnis der französischen Linken. Versuch einer historisch-psychologischen Deutung«[92] auf. Zunächst verdeutlichte er seinen eigenen Standort und merkte an, dass seine politische Sozialisation im Berlin der Weimarer Zeit ihren Ausgangspunkt nahm. Mit 13 Jahren war er Pimpf in der Jugendbewegung, mit 16 Jungkommunist, bereits mit 19 Emigrant und mit 21 Jahren Berufsrevolutionär in Paris, wo er die Ereignisse in Nazi-Deutschland der französischen Linken zu erklären suchte. Bei Kriegsausbruch wurde er als deutscher Kommunist interniert, später wurde er als Armierungssoldat mobilisiert, daraufhin vom Pétain-Regime erneut interniert. Mit 29 Jahren war Jouhy vollamtlich in der Résistance in Südfrankreich, mit 35 wurde er eingebürgert und mit 39 verließ er die Kommunistische Partei wieder und ging nach Deutschland zurück. Seit dieser Zeit versuchte er, der bundesrepublikanischen Linken die französischen Verhältnisse nahezubringen. Dieses Vorhaben sei ihm nicht wirklich gelungen, wie er leicht resigniert einräumte. Das Scheitern wiederum stehe im Zusammenhang mit der Selbst- und Fremdwahrnehmung und dem Verständnis für die anderen. Zur Verdeutlichung lieferte Jouhy ein Stück Selbstanalyse und verwies darauf, dass seine erste Eigengruppe, die für seine Sozialisation prägend war, bereits an zwei nicht deckungsgleichen, historischen Interpretationsschemata partizipierte und sowohl die jüdische als auch die deutsche Wahrnehmung betraf. Das dominante Wahrnehmungsmuster sei das deutsche gewesen und doch wurde ihm an alltäglichen Dingen immer wieder bewusst, dass dies nicht das einzige war. So wurde der

---

[92] Ernest Jouhy, Verständnis und Mißverständnis der französischen Linken. Versuch einer historisch-psychologischen Deutung, in: ders., Klärungsprozesse, Band 2, S. 267–295.

Weihnachtsbaum nicht für ihn, das jüdische Kind, geschmückt, sondern für die christliche Haushälterin. Beim Tod des Reichspräsidenten Ebert wurde ihm deutlich, dass viele nichtjüdische Klassenkameraden in ihm das Symbol für die ›Judenrepublik‹ gesehen hatten. Diese Erlebnisse hatten weitreichende Auswirkungen, die Jouhy folgendermaßen beschrieb:

> Wollte ich meine Identifikation mit der Eigengruppe Deutschland aufrecht erhalten, musste ich die ›Deutschen Völkischen‹ als Fremdgruppe aussondern, musste – wie meine Eltern und die Gesamtheit des deutsch-jüdischen Bürgertums – die Eigengruppe ›deutsch‹ auf den Teil beschränken, der die Weimarer Republik bejahte und zu ihrer gesellschaftlichen Heimat machte. Aber selbst diese eingeschränkte deutsch-jüdische Identifikation erschien mehrfach gebrochen.[93]

Verstärkt wurde dieser Bruch noch durch die Auseinandersetzungen zwischen links und rechts, die in der Literatur der Weimarer Republik ihren Niederschlag fanden. Die Sympathien Jouhys galten u. a. Brecht, Tucholsky, Ossietzky, Rühle und Sperber. Durch diese Intellektuellen bildete er eine kommunistische Haltung aus, die alle anderen vorherigen Identifizierungen in die psychische Latenz abdrängte. Auch nach der Emigration rechnete er sich noch zur kleinen Gruppe der ›vaterlandslosen Gesellen‹, die bestenfalls in der Sowjetunion das Vaterland aller Werktätigen erblickte:

> Erst das Hinweinwachsen über Sprache, Studium, Arbeitswelt in die französische Wirklichkeit ließ in mir aufdämmern, dass es eine ganz andere linke Heimat gab als die, die ich mir in meinem deutsch-jüdisch jugendbewegten Kopf als vaterlandsloser Kommunist vorgestellt hatte, die französische linke Heimat der ›Grande Illusion‹ und der ›Marseillaise‹.[94]

Der Begriff der Nation sei in Frankreich im Unterschied zu Deutschland nicht mit Blut und Boden assoziiert, sondern mit einem universalistisch-revolutionären Erbe. Sie stelle den positiven Referenzpunkt aller politischen Strömungen dar. Deshalb würden die ideologischen Kämpfe innerhalb der französischen Nation umso heftiger ausgetragen und die Differenzierung von Freund und Feind spiele eine wichtige Rolle. Viele grundlegende Fragen in Frankreich seien deshalb Bürgerkriegsfragen. Die Gründe erläuterte Jouhy wie folgt:

> Der historisch-nationale Nährboden aller sich bekämpfenden Richtungen wird vom einzelnen als die unveräußerlich sichere Grundlage seines Ich behütet und gepflegt. Die *Montagne* mag die *Gironde* umbringen und beide mögen den *Ma-*

---

[93] Ebd., S. 269.
[94] Ebd., S. 270.

rais hassen, Thiers die Kommune niederkartätschen und Pétain die Résistance mit dem Raffinement faschistischer Grausamkeit verfolgen, jeder handelt im Namen der gemeinsamen Geschichte der Nation. Jeder Franzose betrachtet die Eigengruppe als Vertreterin des ›wahren Frankreich‹.[95]

Für Jouhys Selbstverständnis bedeutete diese Widersprüchlichkeit, dass er sich gerade über die Zugehörigkeit zur französischen Nation mit einem historisch übergeordneten Ganzen identifizieren konnte. In Deutschland sei diese Verbindung unmöglich und es existiere kein vergleichbares verbindendes Band. Die westlich-bürgerliche Vorstellung der Nation und des Nationalstaates, die ursprünglich einen emanzipatorischen Charakter aufwies, wurde mit der Entstehung des Imperialismus und einer sich Richtung Osteuropa steigernden ethnischen Vorstellung der Nation sukzessive zurückgedrängt. Mit der Konzeption Lenins, der Oktoberrevolution 1917 und der Verschiebung des Machtzentrums von Europa in die USA veränderte sich die Situation nochmals grundlegend. Das mechanisch-deterministische Geschichtsbild des Marxismus war angekratzt und die Linke spaltete sich in ein sozialdemokratisches und ein kommunistisches Lager. Die Entwicklung der Arbeiterbewegung bis zum Zweiten Weltkrieg war aber nicht einheitlich, sondern wies große nationale Unterschiede auf. Die Krise der Linken wurde durch den Zweiten Weltkrieg auf der einen Seite verschärft, auf der anderen Seite kaschiert. Die Frontstellung des Krieges machte den Gegensatz zwischen links und rechts, Fortschritt und Reaktion, Humanität und Barbarei erneut in Reinform deutlich. Die Linke in Frankreich fühlte sich auf der richtigen Seite, auf Seiten der Sieger der Geschichte und sie knüpfte an das Erbe der Französischen Revolution an. Vergessen waren damit die Gräueltaten des Kolonialismus und Imperialismus, der Hitler-Stalin-Pakt und die Verbrechen des Stalinismus. Vergessen war auch die französische Außenpolitik der Zwischenkriegszeit, die ausbleibende Unterstützung während des Spanischen Bürgerkriegs und das Münchner Abkommen. Mit dem sich zuspitzenden Kalten Krieg zerbarst dann aber die Vorstellung der traditionellen Linken:

> Mit dem Rücktritt de Gaulles und dem Ausscheiden der Kommunisten aus der Regierung, mit der sozialistischen Politik der Unterstützung der Militärs in Indochina, in Madagaskar und Nordafrika zersetzte sich rapide die gesamte traditionelle Vorstellungswelt der Linken.[96]

---

[95] Ebd., S. 272 f.
[96] Ebd., S. 287.

62

Forciert wurde diese Entwicklung noch durch die Schauprozesse in Osteuropa, den Bericht Chruschtschows auf dem XX. Parteitag der KPdSU und der Niederschlagung des ungarischen Aufstands 1956. Anhand des Algerienkriegs spaltete sich auch die demokratische Linke und ermöglichte dem Gaullismus den triumphalen Aufstieg.

In der Bundesrepublik war die Linke traditionell viel schwächer und weniger an einem rationalen Zukunftsentwurf interessiert als an unhistorisch-radikalen Utopien. Diese Situation brachte Jouhy dergestalt auf den Punkt:

> Gerade weil jede Schranke traditionellen linken Denkens im Unterschied zu Frankreich fehlte, weil nach 1945 weder eine historische noch eine aktuelle Identifizierung mit der politischen Ideenwelt der etablierten Eliten der BRD möglich war, wurden die Elemente der Geschichte, die – wie oben angedeutet – den Universalismus und die politische Heimatlosigkeit der Linken in Deutschland ausmachten, angesichts der kritischen Weltsituation, bei aller Blauäugigkeit, zu einem gewaltigen Reservoir politisch sehr ernstzunehmender neuer Ansätze.[97]

Die französische Linke hingegen verarbeitete die Verbrechen des Stalinismus erst mit einiger historischer Verspätung. In diesem Parforceritt durch die Geschichte der Linken zweier Länder spiegelte sich auch der Lebensweg Jouhys:

> Mir will scheinen, dass der bei mir durch die Zeitläufte bedingte Verlust selbstverständlicher Zugehörigkeit zur Kultur, in der ich sprechen und denken lernte, wie der schmerzliche Abschied von den Fiktionen einer nur ideologischen Heimat die fundamentalen Gemeinsamkeiten und Unterschiede, die Stärken und Schwächen der deutschen und der französischen Linken als Teil meiner eigenen Entwicklung haben entdecken lassen. Mein eigenes politisches Gewissen wurde durch die Bemühung um die doppelte Identifikation wachgerufen und geschärft.[98]

Deshalb verortete Jouhy sich in der politischen Linken beider Länder. Er glaubte noch immer an die Möglichkeiten einer rationalen Gestaltung der Gesellschaft und wandte sich aufgrund seiner lebensgeschichtlichen Erfahrung gegen die eine welterlösende, seligmachende Ideologie. Den Aufsatz schließt er folgendermaßen:

> Schließlich lehrt die französische Linke die deutsche über den politischen Umgang mit der Macht und die deutsche die französische im politisch wirksamen Bruch mit der ethnozentrisch eingeschliffenen Identifikation mit logisch ge-

---

[97] Ebd., S. 289.
[98] Ebd., S. 293.

schlossenen Ideologien. Darum begreife ich meine politische Identität als kritische und solidarische Identifikation mit der französischen wie mit der deutschen demokratischen Linken.[99]

11. Ernest Jouhy in der Odenwaldschule

Die Odenwaldschule war auch für Ernest Jouhy ein exzeptioneller Ort. Er lag in Westdeutschland, aber hatte gleichsam etwas Ungleichzeitiges. Durch seine räumliche Abgeschiedenheit und die progressiven Maximen wurde die Schule zu einem Experimentierfeld. Den 1952 gefassten Vorsatz, nur für eine kurze Zeit als Lehrer an der Odenwaldschule zu unterrichten, gab er bald auf. Die zunächst zögerlich zugesagten drei bis sechs Monate verstrichen schnell und die Jouhys entschieden sich, dauerhaft in Deutschland zu bleiben. Im selben Jahr wurde auch ihr Sohn, André, geboren. Ernest Jouhy unterrichtete Französisch, Geschichte und Sozialkunde, während Lydia Jouhy als Erzieherin arbeitete. Beide stellten sich wie alle anderen Pädagogen auch in einem kurzen Porträt in den schuleigenen OSO-Heften vor. Diese kurzen biografischen Abrisse brachten die Lehrkräfte den Schülern näher. Sie sind somit aussagekräftig hinsichtlich des Selbstverständnisses, aber auch hinsichtlich der Außenwahrnehmung. Lydia Jouhy, die ihr Porträt in der dritten Person verfasste, erwähnte zunächst die Zeit in Riga, den Umzug zum Studium nach Heidelberg, wo sie Deutsch lernte. Es folgten das Studium in Paris und die Ausbildung als Lehrerin. Sie wies darauf hin, dass sie seit 1939 in Kinderheimen und Internaten lebte, was nur durch zwei Jahre Illegalität in der Widerstandsbewegung unterbrochen war. 1952 habe sie mit ihrem Mann den Leiter der Odenwaldschule, Kurt Zier, auf einem Lehrerseminar in Frankreich getroffen. Als Gründe für die Schwierigkeit des Entschlusses, nach Deutschland zu gehen, nannte sie zwei Aspekte, die ihr Leben nachhaltig bestimmten: sie seien »Juden und Widerstandskämpfer«.[100] Als Résistancekämpfer nach Deutschland zurückzugehen, war außergewöhnlich. Sie sprach ganz offen von der Wichtigkeit der Herkunft, während dieser Aspekt in dem Porträt ihres Ehemanns nur implizit benannt wurde.

Ernest Jouhy wies darin darauf hin, dass er 1939 das erste Kinderheim leitete, während des Krieges in vielen verschiedenen Lagern war und als

---

[99] Ebd., S. 295.
[100] OSO-Köpfe, Lida Jouhy, in: OSO-Hefte. Berichte aus der Odenwaldschule, 3. Jahrgang 1957, Heft 3, S. 23.

Widerstandskämpfer die Befreiung Lyons erlebte. Er erwähnte nicht ausdrücklich, dass er sich um jüdische Kinder gekümmert hatte, sondern sprach hier chiffriert von »Flüchtlingskindern«. Jedoch betonte er einen anderen Punkt: Er sei »bereits mit 16 Jahren mit der Arbeiterbewegung in Berührung« gekommen, »was mein ganzes Leben entscheidend beeinflusste«.[101]

Einer seiner Kollegen, Gerhard Ehl, erinnerte sich daran, wie er Jouhy zum ersten Mal begegnete. Auf dem Sommerfest des Jahres 1952 stellte der Schulleiter Kurt Zier die neuen Lehrer des nächsten Jahres vor, wobei er namentlich »Monsieur Ernest Jouhy« nannte. Alle Anwesenden gingen davon aus, dass es sich bei dem neuen Mitglied des Kollegiums um einen Franzosen handele. Seit 1947 besaß Jouhy auch offiziell die französische Staatsangehörigkeit, die er aufgrund seiner Tätigkeit im Widerstand erhalten hatte. Viele Zuhörer waren dann erstaunt, dass er in akzentfreiem Deutsch sprach. Jouhy bedankte sich für die Offenheit, die ihm entgegengebracht wurde. Er wolle sich nun einer Aufgabe widmen, deren Bedeutung ihm während der doppelten Bedrohung als Jude und als Widerstandskämpfer durch die Gestapo und durch die französische Miliz in vollem Maße klar wurde: dem Austausch zwischen der deutschen und der französischen Jugend. Dadurch sollten die Nachwirkungen der nationalsozialistischen Ideologie bekämpft und das Trennende zwischen den Nachbarländern sukzessive überwunden werden.

Er bemühte sich, dieses Anliegen in verschiedenen Bereichen umzusetzen. Gemäß dem pädagogischen Prinzip der Einheit von Erziehung und Unterricht, das an der Odenwaldschule propagiert wurde, lebten Lehrer, oftmals ein Ehepaar, und knapp zehn Schüler zusammen in einer Familie. Ernest und Lydia Jouhy gründeten die ›französische Familie‹, in die Kinder kamen, die entweder schon gut Französisch sprachen oder Französisch als Pflichtsprache gewählt hatten. Dort wurde konsequent Französisch gesprochen. Häufig wurde auch Französisch gekocht und mit der Gründung des in einem kleinen Pavillon untergebrachten ›Café de Paris‹ schufen sie eine französische Atmosphäre auf dem Gelände der Odenwaldschule.

Jouhy besorgte französischsprachige Literatur für die Schulbibliothek und kümmerte sich beispielsweise um ein Abonnement der Wochenzeitschrift *Les Lettres Françaises*, einer KP-nahen Zeitung, in der linke Geistesgrößen schrieben. Gegründet worden war sie 1941 unter deutscher Besatzung und zählte unter anderem Jean-Paul Sartre, Louis Aragon, Paul Elu-

---

[101] OSO-Köpfe, Ernest Jouhy, in: OSO-Hefte. Berichte aus der Odenwaldschule, 4. Jahrgang, Oktober 1958, Heft 4, S. 51.

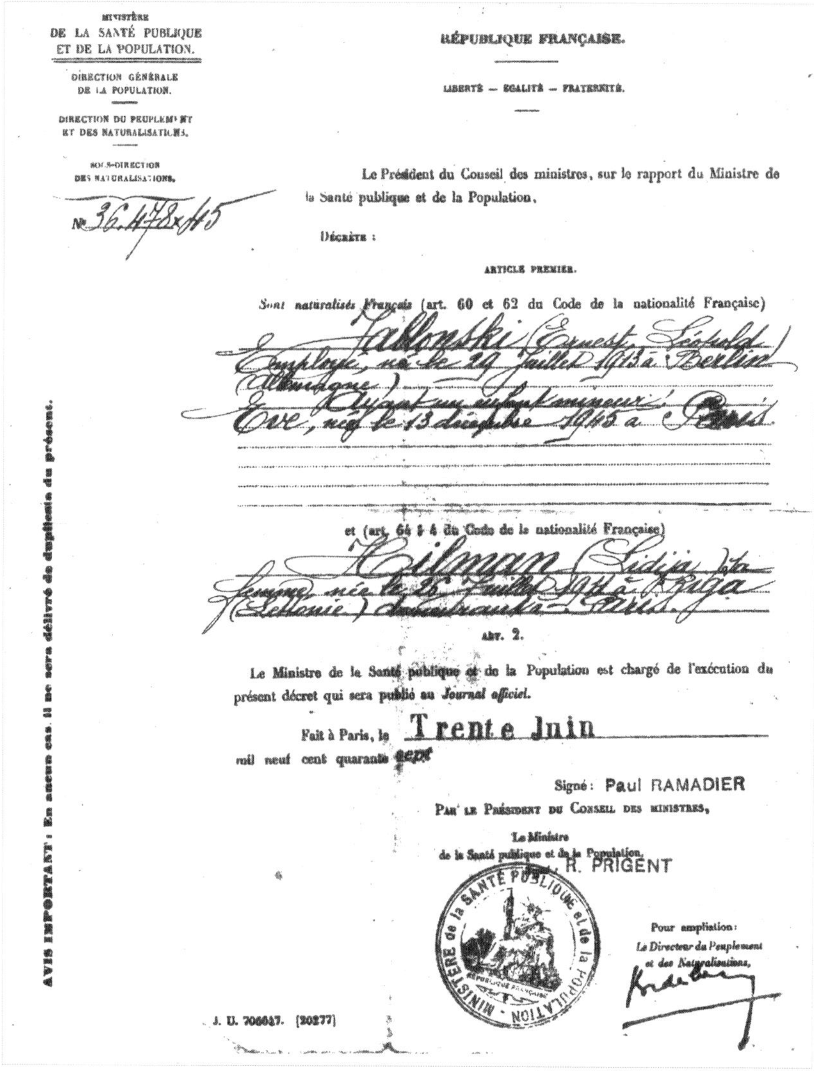

MINISTÈRE
DE LA SANTÉ PUBLIQUE
ET DE LA POPULATION.

DIRECTION GÉNÉRALE
DE LA POPULATION.

DIRECTION DU PEUPLEMENT
ET DES NATURALISATIONS.

SOUS-DIRECTION
DES NATURALISATIONS.

№ 36.478 x 45

RÉPUBLIQUE FRANÇAISE.

LIBERTÉ — ÉGALITÉ — FRATERNITÉ.

Le Président du Conseil des ministres, sur le rapport du Ministre de la Santé publique et de la Population,

DÉCRÈTE :

ARTICLE PREMIER.

Sont naturalisés Français (art. 60 et 62 du Code de la nationalité Française)

Jablonski (Ernest, Léopold) Employé, né le 29 juillet 1913 à Berlin (Allemagne)
Ayant un enfant mineur: Eve, née le 13 décembre 1945 à Paris.

et (art. 64 § 4 du Code de la nationalité Française)

Hilman (Lidija) sa femme, née le 25 juillet 1914 à Riga (Lettonie) demeurant à Paris.

ART. 2.

Le Ministre de la Santé publique et de la Population est chargé de l'exécution du présent décret qui sera publié au *Journal officiel*.

Fait à Paris, le Trente Juin
mil neuf cent quarante sept

Signé : Paul RAMADIER

PAR LE PRÉSIDENT DU CONSEIL DES MINISTRES,

Le Ministre
de la Santé publique et de la Population,
Signé : R. PRIGENT

Pour ampliation :
Le Directeur du Peuplement et des Naturalisations,

J. O. 706047. [20277]

AVIS IMPORTANT : En aucun cas, il ne sera délivré de duplicata du présent.

Abb. 9: République Française: Einbürgerungsurkunde von Lydia und Ernest Jablonski ard, André Breton und Paul Nizan zu ihren Autoren.[102] Jouhy hatte die im Untergrund hergestellte und verbreitete Zeitschrift bereits im Widerstand als geistigen Orientierungspunkt geschätzt. Möglicherweise war die Bibliothek der Odenwaldschule Anfang der 1950er Jahre die einzige Schulbibliothek in der ganzen Bundesrepublik, die diese Zeitschrift abonniert hatte.

Ergänzt wurden diese Aktivitäten Jouhys in der Schule durch die Festigung und den Ausbau von Kontakten nach Frankreich. Schon im Sommer 1953 unternahm er mit seiner ›Familie‹ einen mehrwöchigen Aufenthalt.[103] Durch die Bekanntschaft mit pädagogischen Leitern französischer Heime schuf er für seine deutschen Kollegen weitere Austauschmöglichkeiten und machte sich daran, eine eigenständige Institution aufzubauen. Dieses Ansinnen gipfelte 1961 in der Gründung des *Foyer International d'Études Françaises* (FIEF) in La Bégude, einem kleinen Dorf in der Region Rhône-Alpes.[104] Durch die Résistance war er mit dieser Region verbunden.[105] Seine Verbundenheit mit dem Vercors schilderte auch der frühere Kollege Ehl, dessen Familie 1954 von Jouhy auf einen Ausflug in das Gebirgsmassiv begleitet wurde. Er beschrieb, wie stark dieser bewegt war:

> Es fiel mir auf, dass er bei der Schilderung der Kriegshandlungen vom Juli 1944, die zu den blutigsten, ja, hier darf man sagen: zu den tragischsten des letzten Krieges zu zählen sind, im Gegensatz zu seiner meist unbeschwerten Beredsamkeit sehr verhalten zu uns sprach. Er wollte, er musste sich zu den Ereignissen äußern, unter deren traumatischen Wirkungen er, 10 Jahre nach der Libération offensichtlich noch immer zu leiden schien.[106]

---

[102] Zur Geschichte der Zeitschrift von ihrer Gründung bis zur Auflösung vgl. Pierre Daix, Les Lettres Françaises, Jalons pour l'histoire d'un journal, 1941–1972, Paris 2004.

[103] Diese Aufenthalte fanden von da an regelmäßig statt. Vgl. etwa die Schilderung einer Schülerin der 12. Klasse aus dem Jahr 1957: Karin Zehnder: Leben in La Bégude, in: OSO-Hefte. Berichte aus der Odenwaldschule, 3. Jahrgang 1957, Heft 4, S. 20 f. Siehe auch den Beitrag Exemplarisches Lernen und Verstehen. Ernest Jouhy und das Foyer International d'Études Françaises (FIEF) in diesem Buch.

[104] Die Planung für das Projekt zog sich jahrelang hin und stieß immer wieder auf Schwierigkeiten. Ernest Jouhy nahm sogar einen persönlichen Kredit bei der OSO auf, um ein Grundstück zu erwerben. Die genaue Entstehung des FIEF ist im Archiv der OSO dokumentiert. Allgemein zu La Bégude vgl. Hessisches Staatsarchiv Darmstadt (HStAD), Archiv der Odenwaldschule, Signatur 1763. Zur Darlehensangelegenheit vgl. die Akte Signatur 1761.

[105] Vgl. hierzu die Beschreibung Jouhys auf der homepage des FIEF, http://www. fieflabegude.com/fc/viewtopic.php?f=128&t=711 [30. September 2016]

[106] Gerhard Ehl, Ernest Jouhy und das FIEF, a. a. O.

Mittwoch, 21. Dezember **Seite 3**

Prof. Dr. Ernest Jouhy wurde mit dem Großen Verdienstkreuz des Verdienstordens der Bundesrepublik Deutschland ausgezeichnet. Der hessische Kultusminister Hans Krollmann (links) überreichte die hohe Auszeichnung in einer kleinen Feierstunde in Wiesbaden.

Großes Verdienstkreuz für Prof. Ernest Jouhy

Abb. 10: Der Uni-Report der Johann Wolfgang Goethe-Universität berichtet am 21. Dezember 1983 über die Verleihung des großen Verdienstkreuzes der Bundesrepublik Deutschland an Ernest Jouhy.

Jouhy war immer auch bestrebt, seine Erfahrung aus der Résistance an die Schüler zu vermitteln. Er ging davon aus, dass das beste Mittel zur Herausbildung einer toleranten Haltung die unmittelbare Begegnung mit anderen sei. Deshalb organisierte er Austauschprogramme, die auch französische Schüler an die Odenwaldschule brachten.[107] Er setzte sich ferner in verschiedenen Texten mit der Problematik der interkulturellen Beziehungen auseinander.[108] Außerdem schrieb er viel zur Unterrichtskonzeption und zur Heimerziehung.[109] Doch die Beziehungen zu Frankreich waren nicht die einzigen internationalen Kontakte, die an der Odenwaldschule gepflegt wurden.

---

[107] Zum deutsch-französischen Austausch und zu den Sitzungsprotokollen der deutsch-französischen Gesellschaft in der OSO vgl.: HStAD, Archiv der Odenwaldschule, Signatur 1617.

[108] Vgl. Ernest Jouhy, Das ›Foyer International d'Etudes Françaises‹, in: OSO-Hefte. Berichte aus der Odenwaldschule, 9. Jahrgang, Oktoberr 1963, Heft 3, S. 47–49.

[109] Vgl. etwa Ernest Jouhy, Die Stellung der Erziehungsgemeinschaften im sozialpsychologischen Feld des Kindes von heute, in: Wolfgang Edelstein und Walter Schäfer (Hrsg.), Erziehung und Unterricht heute – Beiträge zur Theorie und Praxis. Schriftenreihe der Odenwaldschule. Heft 2, Heimerziehung in der modernen Gesellschaft, Frankfurt am Main 1964, S. 9–29; ders., Das Ausland zwischen den beiden Weltkriegen, in: Wolfgang Edelstein und Walter Schäfer (Hrsg.), Erziehung und Unterricht heute – Beiträge zur Theorie und Praxis. Schriftenreihe der Odenwaldschule. Heft 4/5, Fächerübergreifender Unterricht in der gymnasialen Oberstufe. Gemeinschaftskundlicher Gesamtunterricht, Frankfurt am Main 1965, S. 36–42, und ders., Psychologie, in: ebd., S. 99–106.

Es fanden unter anderem auch Studienreisen nach Israel und Tunesien statt.[110]

Für seinen Einsatz für die deutsch-französische Verständigung erhielt Ernest Jouhy 1983 schließlich das Große Verdienstkreuz der Bundesrepublik Deutschland, das er nur mit Zögern akzeptierte, denn schließlich waren Angehörige von ihm von den Deutschen in Auschwitz ermordet worden. In einem fiktiven Dialog mit seinem toten Vater rechtfertigte er sich, einen Preis von einem Nachfolgestaat des NS-Regimes angenommen zu haben. Er begründete es mit einem Verweis auf die Sisyphos-Interpretation von Albert Camus, dass es doch die Tragik der menschlichen Existenz auszeichne trotz aller Grausamkeiten weiterzumachen, weiter den Stein den Berg hochzuschieben: »Aber wir rollen ihn, Du, Vater und ich, Dein Sohn, und weil wir ihn weiter rollen, soll man uns auch anerkennen: ja, das ist ein Verdienst!«[111]

Zusätzlich setzte Jouhy auch immer wieder politische Akzente. Ohnehin fanden an der Odenwaldschule viele Veranstaltungen statt und eine Auseinandersetzung mit zeitgeschichtlichen Fragen begann zu einem recht frühen Zeitpunkt. So wurden sowohl Mitarbeiter des Münchner Instituts für Zeitgeschichte als auch Professoren der nicht weit entfernten Heidelberger Universität zu Vorträgen nach Oberhambach eingeladen.[112]

Jouhy ergriff darüber hinaus oftmals selbst die Gelegenheit, seine Perspektive darzulegen und seine Erfahrungen als Widerstandskämpfer zu schildern. Ein Beispiel dafür war die Abituransprache, die er an die Abiturienten des Jahrgangs 1958 hielt. Er trug Auszüge aus dem Gedicht ›An die Nachgeborenen‹ von Bertolt Brecht vor.[113] Er leitete seine Ausführun-

---

[110] In Israel wurde 1958 eine Delegation der Odenwaldschule, der auch Lydia Jouhy angehörte, vom Staatspräsidenten begrüßt. Dort setzten sie sich mit dem Schulsystem in Israel auseinander und besuchten auch verschiedene Kibbuzim. Vgl. Heinrich Kupffer, Studientagung in Israel, in: OSO-Hefte. Berichte aus der Odenwaldschule, 4. Jahrgang, Juli 1958, Heft 3, S. 35–38. In Tunesien fand 1961 das Treffen der Fédération Internationale des Communautés d'Enfants (FICE) statt, an dem Heinrich Kupffer teilnahm. Vgl. ders., Mit der FICE in Tunis, in: OSO-Hefte. Berichte aus der Odenwaldschule, 7. Jahrgang, Dezember 1961, Heft 5.

[111] Fabian Wurm u. Harald Bauer, »Heimat ist öffentliches Engagement.«, a. a. O., S. 28.

[112] Zum Vortrag von Hans Buchheim vom IfZ am 19. Juni 1956 vgl. Bernward Leist, Das Institut für Zeitgeschichte, München, in: OSO-Hefte. Berichte aus der Odenwaldschule, 2. Jahrgang, 1956, Heft 3, S. 60 f. Mehrmals trug Werner Conze, dessen Sohn die Schule besuchte, in Oberhambach vor, so etwa am 10. Mai 1960. Vgl. Kalender, in: OSO-Hefte. Berichte aus der Odenwaldschule, 6. Jahrgang, Juli 1960, Heft 2, S. 105.

[113] Bertolt Brecht, An die Nachgeborenen, in: ders., Brecht. Werke, Bd. 3, Gedichte, Bd. 1, Frankfurt am Main 1997, S. 349–351.

gen folgendermaßen ein: »Heute zum Zeichen, dass ich von Eurer Jugend Abschied nehme und Euch als voll verantwortliche Menschen begrüße, hört an, was unsere Generation zu ihrer eigenen Rechtfertigung zu sagen hat.«[114] Jouhy sprach also nicht nur von sich, sondern von seiner Generation, deren Verständnis er den Schülern vermitteln wollte. Die von Brecht in dem Gedicht dargelegte Erfahrung der Vertreibung, des Exils und des antifaschistischen Kampfes waren auch seine eigenen. Er hoffte ebenso wie Brecht, dass die Nachgeborenen nicht von solch drastischen historischen Entwicklungen gezeichnet würden und mit Nachsicht auf seine eigene Generation blicken könnten, die im Kampf gegen das Unrecht oft ihre eigenen Ansprüche an Humanität und Freundlichkeit nicht erfüllt hatte. Dem Gedicht von Brecht ließ er als Abschiedsgruß noch eigene Verse folgen. Die letzten beiden Strophen lauteten:

So dient ich nur als Steg
Über der Opfer Graben
Damit die Hoffnung Euch
Als Erben noch erreiche –

Ich liebte Euch, weil Ihr
Dies so beschwerlich' Gut
Vom Abgrund weiter fort
Bereit wart selbst zu tragen.[115]

Neben den autobiografischen Erzählungen schrieb Jouhy auch Gedichte, die 1964 im Lambert Schneider Verlag unter dem Titel *Correspondances. Poèmes en deux langues. Dichtung in zwei Sprachen* erschienen.[116] Der 1925 gegründete Verlag war in der Weimarer Republik vor allem durch die von Martin Buber zusammen mit Franz Rosenzweig vorgenommene Neuübersetzung des Alten Testaments bekannt geworden. Später stand der Verlag in enger Kooperation mit dem Schocken Verlag, der die Judaica übernahm und dessen Hersteller und kaufmännischer Leiter Lambert Schneider 1931 wurde. Nach dem Krieg erschienen in diesem Verlag wichtige Schriften zur Förderung demokratischen Denkens. So gab der Lambert Schneider Verlag die bedeutende Monatsschrift ›Die Wandlung‹ heraus, die Hannah Arendt, Karl Jaspers und Dolf Sternberger zu ihren Autoren zählte. Außerdem wurde das

---

[114] Ernest Jouhy, Ansprache zum Abitur 1958, in: OSO-Hefte. Berichte aus der Odenwaldschule, 4. Jahrgang, März 1958, Heft 1, S. 8f.

[115] Ebd., S. 8.

[116] Ernest Jouhy, Correspondances. Poèmes en deux langues. Dichtung in zwei Sprachen, Heidelberg 1964.

Tagebuch der Anne Frank dort erstmals 1950 veröffentlicht. Wie schon für seine Erzählungen hatte sich Jouhy für die Gedichte einen Verlag gesucht, der ein breites Programm an jüdischen Schriften aufwies. Die in dem Band versammelten Gedichte sind von Ernest Jouhy jeweils in deutscher und französischer Sprache verfasst. Er wollte dadurch die jeweilige Eigenheit der Sprache, ihre Intonation und ihren Klang zur Geltung kommen lassen. Das Ziel dieses Experiments war es wiederum, den Austausch zwischen zwei Zivilisationen und zwei unterschiedlichen literarischen Traditionen voranzubringen, »die in ein und derselben Person zusammentreffen«.[117]

Er verarbeitete auch in der literarischen Form des Gedichts die Erfahrung des Exils, der Marginalisierung und des Wandelns zwischen verschiedenen Kulturen. Im Gedicht *Suche/Recherches* heißt es in der ersten Strophe der deutschen Version:

Habe Bleche gestanzt
Und im Oktober
Die Trauben gekeltert –
Eins meiner Zimmer
Stank nach frierender Armut
Aber ich schlief auch am Meer
Und hütete die Wolken

Auf keiner Karte
Ist meine Heimat verzeichnet[118]

Jouhy thematisierte nicht nur die widrigen Umstände und die Armut, die er hatte erdulden müssen, sondern auch den Zustand der prinzipiellen Heimatlosigkeit, die er als tausend Jahre alte jüdische Erfahrung begriff. Er selbst suchte dennoch immer nach einer Heimat, aber nicht im herkömmlichen Sinn. Seine spezifische Auffassung von Heimat als Konsequenz aus seinem bewegten Leben und seinen politischen Erfahrungen formulierte er später in einem Interview folgendermaßen: »Heimat existiert nicht im privaten Glück. Heimat beginnt im gemeinsamen öffentlichen Engagement.«[119]

Die innerliche Zerrissenheit und die Ambivalenz von Zugehörigkeit brachte er auch in dem nur auf Französisch verfassten Gedicht *Identité* zum Ausdruck.[120] Die letzte Strophe lautet:

---

[117] So Jouhy im Vorwort zu Correspondances, a. a. O., S. 11.
[118] Ebd., S. 14.
[119] Fabian Wurm u. Harald Bauer, »Heimat ist öffentliches Engagement.«, a. a. O., S. 28.
[120] Ernest Jouhy, Vorwort, Correspondances, a. a. O., S. 26.

L'identité rabat ses deux battants
Sur un désir qui meurt
Et qui s'étonne
Qui fus-je qui fut-ce: toi?

Jouhy trug seine Gedichte auch in der Schule vor und las dort ebenso aus seinen Erzählungen.[121] Seine literarischen Texte und damit seine historischen Erfahrungen waren also an der Odenwaldschule präsent. In seinen Reden rekurrierte er oft auf die jüdische Geschichte, um wichtige Aspekte zu unterstreichen.[122] Zugleich hielt er die Geschichte der Arbeiterbewegung hoch, wenn er etwa vor Schülern über die Bedeutung des 1. Mai sprach.[123] Diese beiden Erfahrungsebenen, die jüdische Geschichte auf der einen und die der Arbeiterbewegung auf der anderen Seite, waren bei ihm unauflösbar ineinander verwoben.

Neben seiner Lehrertätigkeit an der Odenwaldschule schloss Jouhy auch noch eine Promotion im Fach Psychologie an der Universität Sorbonne in Paris ab.[124] Er etablierte außerdem gute Kontakte zur pädagogischen Fa-

---

[121] Vgl. den Eintrag im Schulkalender vom 20. Oktober 1963: »In der Abendfeier der Oberstufe las Herr Jouhy aus seinem gerade erschienenen Buch ›Die Brücke‹«, in: OSO-Hefte. Berichte aus der Odenwaldschule, 9. Jahrgang, Dezember 1963, Heft 4, S. 49.

[122] Vgl. Ernest Jouhy, Maß Regel Maßregel, in: Oso-Hefte. Berichte aus der Odenwaldschule, 7. Jahrgang, Mai 1961, Heft 2, S. 30–38. Darin diskutiert er die Entstehung und Entwicklung der Begriffe Regel und Freiheit am Beispiel der Juden zur Zeit des Alten Testaments und der Griechen zur Zeit der Blüte Athens, bevor er auf die Französische Revolution und den Marxismus zu sprechen kommt.

[123] »1. Mai hielt Herr Jouhy eine Abendfeier für die Klassen 8–12 zum 1. Mai«, in: Oso-Hefte. Berichte aus der Odenwaldschule, 6. Jahrgang, Juli 1960, Heft 2. Vgl. außerdem die Rede von Ernest Jouhy zum 1. Mai 1961, in: Oso-Hefte. Berichte aus der Odenwaldschule, 7. Jahrgang, Juni 1961, Heft 3, S. 43–48. Darin rekapitulierte er die Entstehung des 1. Mai als Weltfeiertag der Arbeiterklasse zur Zeit der Zweiten Internationale. Mit der Französischen Revolution, so führt er aus, sei die Idee des irdischen Glücks entstanden, die Annahme, dass der Mensch seine Geschicke selbst in die Hand nehmen könne und nicht einfach seinem Schicksal ausgeliefert sei. Dies umzusetzen, sei die Arbeiterbewegung angetreten. Jouhy schließt mit einem eindringlichen Appell: »Nicht die Kreatürlichkeit des Menschen wollen wir verändern oder leugnen, sondern der menschlichen Kreatur, die ihre angemessene Ordnung durch unsere eigene Arbeit zu geben versuchen. Dazu sind wir aufgerufen, vom Anblick der Welt oder vom Glauben an Gott, ganz gleich, aber aufgerufen. Entzieht euch diesem Ruf nicht. Das scheint mir der Appell des 1. Mai.« Ebd., S. 48.

[124] Die Promotionsurkunde datiert auf den 10. 5. 1962. Vgl. das Personalblatt A

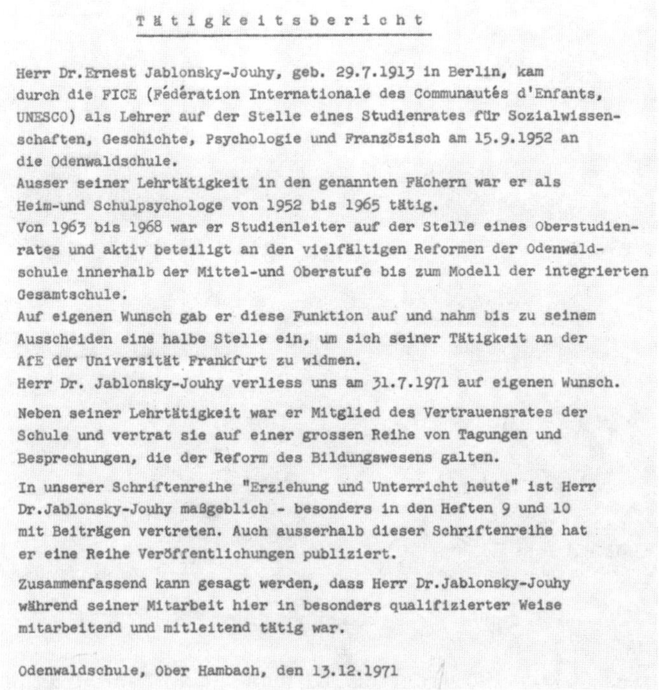

```
                    T ä t i g k e i t s b e r i c h t

Herr Dr.Ernest Jablonsky-Jouhy, geb. 29.7.1913 in Berlin, kam
durch die FICE (Fédération Internationale des Communautés d'Enfants,
UNESCO) als Lehrer auf der Stelle eines Studienrates für Sozialwissen-
schaften, Geschichte, Psychologie und Französisch am 15.9.1952 an
die Odenwaldschule.
Ausser seiner Lehrtätigkeit in den genannten Fächern war er als
Heim-und Schulpsychologe von 1952 bis 1965 tätig.
Von 1963 bis 1968 war er Studienleiter auf der Stelle eines Oberstudien-
rates und aktiv beteiligt an den vielfältigen Reformen der Odenwald-
schule innerhalb der Mittel-und Oberstufe bis zum Modell der integrierten
Gesamtschule.
Auf eigenen Wunsch gab er diese Funktion auf und nahm bis zu seinem
Ausscheiden eine halbe Stelle ein, um sich seiner Tätigkeit an der
AfE der Universität Frankfurt zu widmen.
Herr Dr. Jablonsky-Jouhy verliess uns am 31.7.1971 auf eigenen Wunsch.

Neben seiner Lehrtätigkeit war er Mitglied des Vertrauensrates der
Schule und vertrat sie auf einer grossen Reihe von Tagungen und
Besprechungen, die der Reform des Bildungswesens galten.

In unserer Schriftenreihe "Erziehung und Unterricht heute" ist Herr
Dr.Jablonsky-Jouhy maßgeblich - besonders in den Heften 9 und 10
mit Beiträgen vertreten. Auch ausserhalb dieser Schriftenreihe hat
er eine Reihe Veröffentlichungen publiziert.

Zusammenfassend kann gesagt werden, dass Herr Dr.Jablonsky-Jouhy
während seiner Mitarbeit hier in besonders qualifizierter Weise
mitarbeitend und mitleitend tätig war.

Odenwaldschule, Ober Hambach, den 13.12.1971
```

Abb. 11: Tätigkeitsbericht des OSO Schulleiters Walter Schäfer für Ernest Jouhy

kultät der Goethe-Universität in Frankfurt, vor allem zu Heinz-Joachim Heydorn. Nachdem er mehrere Semester einen Lehrauftrag wahrgenommen hatte, wechselte er schließlich 1968 dorthin, unterrichtete aber weiter bis 1971 mit halber Stelle an der Odenwaldschule. Die Goethe-Universität tat sich schwer damit, einen ›Ausländer‹ einzustellen, zumal Jouhy schon relativ alt war. Deshalb erhielt er zunächst eine befristete Anstellung. Aus pragmatischen Gründen entschloss er sich dann, die deutsche Staatsangehörigkeit wieder anzunehmen. 1971 wurde er ordentlicher Professor für Sozialpädagogik. Im Erziehungswissenschaftlichen Fachbereich richtete er das Institut »Pädagogik : Dritte Welt« ein.[125] Außerdem engagierte er

---

für Höhere Schulen von Ernest Jouhy. HStAD, Archiv der Odenwaldschule, Ordnerregistratur 1842.

[125] Zu Jouhys pädagogischer Theorie vgl. Benjamin Ortmeyer, Ernest Jouhy. Der Frankfurter Erziehungswissenschaftler. Leben und Werk, Manuskript der Antrittsvorlesung an der Goethe-Universität, 16. Dezember 2008, online unter: http://www.uni-frankfurt.de/fb/fb04/download/ortmeyer/Antrittsvorlesung.pdf

Abb. 12: Ernest Jouhy als Lehrer an der Odenwaldschule, fotografiert von Abisag Tüllmann

sich im ›Arbeitskreis Bürgerinitiativen Rhein-Main‹.[126] In Bürgerinitiativen erblickte Jouhy eine Möglichkeit der Selbstorganisation von Menschen, um Einfluss auf die politischen Verhältnisse zu nehmen. Gewissermaßen stellten sie für ihn die zeitgemäße Fortsetzung der außerparlamentarischen Opposition aus den späten 1960er Jahren dar, die Jouhy schon unterstützt hatte. In Bürgerinitiativen, so hoffte er, werde sich ein kritisches Bewusstsein für gesellschaftliche und wirtschaftliche Zusammenhänge herausbilden und basisdemokratische Umgangsformen gelernt. Insofern seien sie eine Form gelebter Demokratie jenseits des Parlamentarismus. Durch ihre bildende Funktion nähmen sie eine zentrale Stellung in der Weiterentwicklung des demokratischen Zusammenlebens ein. Bis zu seinem Tod im Jahre 1988 hielt Jouhy also auf vielfältige Weise am grundlegenden Ziel einer anderen, besseren Gesellschaft fest.

[13. Oktober 2011]. Als Kurzfassung: Benjamin Ortmeyer, Résistance und Universität. Der Frankfurter Erziehungswissenschaftler Ernest Jouhy – Überarbeitete Fassung der Antrittsvorlesung, in: Tribüne, Zeitschrift zum Verständnis des Judentums, Jg. 48, (2009), Heft 191, S. 165–172. Zum Thema »Pädagogik : Dritte Welt« siehe auch den Beitrag von Bernd Heyl in diesem Band, ab S. 117.
[126] Vgl. Jouhy, Fragen, a. a. O., S. 45.

Edgar Weick

DAS »VERNÜNFTIGE VERTRAUEN«
IN DER EMANZIPATORISCHEN PÄDAGOGIK

Eine Spannung liegt in der Sache, um die es hier geht. Sie auszuhalten, gelingt nur, wenn die Ausgangspunkte beschrieben werden, von denen aus die Annäherung an die Sache unternommen wird. Aktualität ist einer dieser Ausgangspunkte – und aufgesucht werden muss zu allererst die Pädagogik selbst, das Bild, das sie öffentlich vermittelt, die Bedeutung, die ihr zugewiesen und zugeschrieben wird.

Von der frühkindlichen Erziehung bis zur Forschung und Lehre an den Universitäten lässt sich ein Grundmuster skizzieren, dem alle Anstrengungen unterworfen sind, die den Menschen für die an ihn gerichteten Ansprüche ausrüsten sollen: Kompetenzen zu erwerben für eine zunehmend »digitalisierte« Welt, eine auf einen aktiven Einsatz gerichtete Verschränkung von erworbenem Wissen, Anwendungsfähigkeit und Einstellungsbereitschaft unter der Vorgabe einer permanenten und sich steigernden Optimierung. Es scheint so, als sei ein ideelles Bild des »Unternehmers« zum Inbegriff der menschlichen Existenz geworden, Unternehmer seiner selbst zu werden, das rückt ins Zentrum aller pädagogischen Anstrengungen.[1]

Die Instrumente des Pädagogischen werden gegenwärtig über den Begriff der »digitalen Bildung« konkret. Das Ziel wird als eine »digitale Ertüchtigung« anspruchsvoll markiert. So ließe sich der »Wandel« bestmöglichst bewältigen. Das Wort »Digitalisierung« ist in seiner Plastizität zur

---

[1] Was hier nur mit einem Stichwort erwähnt werden kann, das hat Gernot Koneffke bereits 1969 in seinem Aufsatz »Integration und Subversion. Zur Funktion des Bildungswesens in der spätkapitalistischen Gesellschaft«, erschienen in der Zeitschrift »Das Argument«, Heft 54, S. 389–430 in aller Schärfe analysiert. Ludwig A. Pongratz aktualisiert diese bis ins Details heute noch gültigen Betrachtungen in seinem Aufsatz »Glücksritterakademien. Die Anrufung des unternehmerischen Selbst«. In: Harald Bierbaum u. a. (Hrsg.), Nachdenken in Widersprüchen. Gernot Koneffkes Kritik bürgerlicher Pädagogik. Wetzlar 2007, S. 103 ff.

Abb. 13: Ernest Jouhy fotografiert von Otto Herz

Beschreibung der Aktualität der Pädagogik multifunktional verwendbar. So diagnostizieren Erziehungswissenschaftler, dass durch die Digitalisierung die Lehrkräfte ersetzt werden können. Sie werden als »Lernumgebungsdesigner« oder »Navigatoren« gebraucht, um mit individuellem Zugriff »passgenaues« Lernen zu ermöglichen. Zeitgemäß ist daher auch, die Modernität und den Ertrag dieser Pädagogik mit dem Wort einer »digitalen Dividende« zu erfassen.[2] Bildung soll im Zeichen der Industrie 4.0 von Grund auf neu organisiert werden, die Veränderungen in der Industrie sollen auf das Engste mit dem System der Bildung verzahnt werden. Es wird überhaupt kein Hehl daraus gemacht, dass unter den Vorgaben ökonomischer Interessen diese »Digitalisierung der Bildung« betrieben wird.

Das skizzierte Bild, in der nur mit den Schlüsselworten der öffentlichen Diskussion der Horizont der pädagogischen Aktualität abgesteckt wurde, spricht für sich. Verflüchtigt hat sich der Gedanke der Bildung, auch der Gedanke der Emanzipation, der einmal zum Inbegriff der Bildung gehörte. Nur noch einen Hauch der Erinnerung gibt es an die vergangenen großen

---

2 Ein »Digitalpakt Schule« ist inzwischen im Gespräch, für den der Bund in einem Zeitraum von 2018–2022 fünf Milliarden Euro zum Ausbau der IT-Infrastruktur an den allgemeinbildenden Schulen zur Verfügung stellen will. Siehe: https://bildungsklick.de/schule/meldung/laender-bekennen-sich-zu-eckpunkten-des-digitalpakts-schule/ [16. Juni 2017].

Debatten über Bildung und Emanzipation.[3] Daher müssen auch diese Ausgangspunkte aufgesucht werden, um die Praxis der Unbildung zu begreifen, die uns umgibt, die das Leben der Menschen zu durchdringen droht und sich als System von Herrschaft dauerhaft etablieren will.

Es geht um Bildung – und um »vernünftiges Vertrauen«

Es geht um Bildung, auch um die Mühe, sich wieder zu vergewissern, dass in der Pädagogik selbst der Gedanke erst herausgearbeitet werden musste, bevor er zu einer Maxime der Erziehung, des Lehrens und Lernens werden konnte. Die Frage, was unter Bildung heute noch verstanden werden könnte und ob es darüber eine klärende Übereinkunft geben kann, ist allerdings durchaus berechtigt.

Der Versuch soll unternommen werden, nicht mit einem definitorischen Anspruch, wohl aber mit der Absicht, das Vielfältige in den Blick zu nehmen: Bewusstsein und Verhalten des Menschen, sein Verstehen und Können, sein Verhältnis zu sich selbst, zu seinen Mitmenschen und zur Welt, in der er lebt. Also: Wissen und Erkenntnis, Können und verantwortbares Verhalten, Reflexion und praktische Tat, Empathie und Distanz, Hoffnung auf Freiheit, Humanität und Selbstentfaltung im Bewusstsein des immer auch möglichen Scheiterns. Bildung heißt Kritik, Aufklärung, Verankerung des humanen Gehalts in den Verhältnissen, die der Mensch hervorgebracht hat – und die seine Heimstatt sein und werden sollen.

Ernest Jouhy verwendet 1982 in einem kleinen Aufsatz über Gemeinschaftsgefühl und Toleranz, der in der Zeitschrift »Beiträge zur Individualpsychologie« veröffentlicht wurde, den Begriff des »vernünftigen Vertrauens«[4] und beschreibt damit nicht nur eine menschliche Haltung und Einstellung. Der Begriff hat bei ihm auch eine aktive, auf Tätigkeit gerichtete Seite. Und Bildung ist hier nicht nur der Hintergrund, Bildung trägt geradezu das Vernünftige des Vertrauens und gibt dem Vertrauen einen gesellschaftlich substantiellen Gehalt:

---

[3] Es sei an dieser Stelle nur auf Hans-Jochen Gamm, Kritische Schule. Eine Streitschrift für die Emanzipation von Lehrern und Schülern, München 1970, und auf Klaus Mollenhauer, Erziehung und Emanzipation. Polemische Skizzen, München 1968, verwiesen.

[4] Er taucht ganz unerwartet am Ende eines 1982 veröffentlichten Aufsatzes »Kritische Überlegungen zu den Begriffen ›Gemeinschaftsgefühl‹ und ›Toleranz‹« auf, in: Ernest Jouhy, Klärungsprozesse. Gesammelte Schriften, Band 4, S. 13 ff.

Vernünftiges Vertrauen heißt … ein Ja zur Notwendigkeit von Erkenntnis und ihrer historischen Beschränktheit, heißt ein Ja zur Anerkennung, zum bewussten weiterführenden Entwurf wie zur Kritik dessen, was sich als bewusste kollektive und individuelle Leistung in den Kulturen kristallisiert hat. Vernunft als menschliches Instrument zur Bewältigung der vorgegebenen Natur und historischen Konstellation erzeugt Vertrauen in die individuellen und gesellschaftlichen Potentiale und verhindert dadurch den Allmachtswahn von der universellen Machbarkeit. Sie verbindet mit den anderen und erzeugt das Vertrauen in die gemeinsame Aufgabe und den gemeinsamen Wegebau. Sie stellt Anforderungen und bietet keine falschen Versöhnungen an, sie akzeptiert das Versagen als zur Leistung gehörig und vermittelt dem Versagenden, Leidenden, Kranken im vernünftigen Vertrauen die Wärme und Aufgehobenheit der Solidarität.[5]

Emanzipation ist hier mitgedacht, dem Menschen zugewandt – und mitgedacht in den Schranken der Verantwortung, in denen sich Prozesse der gesellschaftlichen Praxis zu bewegen haben. Ein kluges Wort ist dieses »vernünftige Vertrauen«, und es könnte zugleich ein pädagogischer Gedanke von einer ernsten Aktualität sein, wenn es an den Orten der Pädagogik Zeit und Ruhe zum Nachdenken über das Ureigene, die Bildung in einem empathischen Sinne, gäbe. Mitgedacht ist auch die Solidarität, das Mächtigste, das die Arbeiterbewegung einmal aufgeboten hatte, um sich der Herrschaft des Kapitals zu widersetzen. Was immer auch diesem System abgetrotzt werden konnte, es war nur möglich durch solidarischen Kampf. Solidarität verkörpert die Idee und zugleich das Organisationsprinzip der Gewerkschaften.

Ohne große analytische und historische Begründung hat Ernest Jouhy in diesem hier eher beiläufig verwendeten Begriff des »vernünftigen Vertrauens« der Pädagogik einen gewichtigen Anstoß zu einer Selbstreflexion gegeben, die dem Gedanken der Emanzipation einen bislang wenig bedachten Gehalt geben kann. Es soll daher hier der Versuch unternommen werden, diesen Gedanken weiterzuverfolgen und zu klären, ob er geeignet ist, die emanzipatorischen Ansprüche in der Pädagogik zu bereichern und mit einem überzeugenden Profil auszustatten. Offen bleiben muss allerdings, ob damit gegenwärtig die Orte der Pädagogik und das dort tätige Personal zu erreichen sind.

---

[5] Ebd., S. 16. – Es soll an dieser Stelle nicht unerwähnt bleiben, dass der Begriff des »vernünftigen Vertrauens« bereits den Philosophen Friedrich Bouterwek (1766–1828) beschäftigt hat. Er wägt Misstrauen und Vertrauen gegeneinander ab und beschreibt die Beziehungen, die durch dieses Vertrauen entstehen. Siehe: Friedrich Bouterwek, Kleine Schriften philosophischen, ästhetischen und literarischen Inhalts, Göttingen 1818, S. 260 ff.

Von diesen Orten und an diesen Orten wird Verwertbares erwartet. Sie stehen unter einem konkurrierenden Druck, auch unter der permanenten Auflage, sich auf dem »Bildungsmarkt« zu profilieren und das Verwertbare zu demonstrieren. Es ist hinreichend untersucht worden, wie es dazu kommen konnte, dass inzwischen die Schule ihre »pädagogische Substanz« verfehlt und eine moralische Apathie geradezu zur Grundhaltung des pädagogischen Betriebs wurde.[6] Doch wie an dieser »Substanz« festgehalten werden könnte und sie Schubkraft bekäme für ein Umdenken, Umlenken und eine Neuorientierung, das ist gerade vor dem Hintergrund der aktuellen politischen Verschiebungen schwer zu denken, geschweige denn ins Werk zu setzen. Marginal sind die Ansätze einer »Bildungsbewegung« in der Landschaft der »Bildungsinstitutionen« zu erkennen, die in die komplexen Strukturen der marktorientierten Steuerung eingreifen und im Gebäude der Domestizierung auch nur für etwas Unruhe sorgen könnten.

Mit dem Appell an »radikale Aufklärung« und die Prinzipien des Humanismus alleine ist es daher nicht getan. Die hier mitgedachten Mündigkeitsentwürfe entleeren sich oft schon im Pathos der anklagenden Kritik. Sie finden allenfalls einen eher lähmenden Widerhall im Meinungsstreit und dokumentieren so die immer kürzer werdenden Verfallszeiten pädagogischer Leitbegriffe. Zu welchen Erkenntnissen kommen wir, wenn wir mit dem Finger auf diejenigen zeigen, die anzuklagen wären? Aufzuhellen ist doch, wie die Institutionen des Kapitals die der Bildung durchdrungen und die Sache selbst beschlagnahmt haben. »Globalisierung« und »Digitalisierung« sind dafür gegenwärtig die entsprechenden Begriffe, die so übermächtig die öffentliche Diskussion bestimmen, dass oft kaum mehr eine Frage gestellt wird. Die Begriffe beanspruchen schon für sich auch die Antwort selbst zu sein.

Im Bildungswesen als Subsystem der gesellschaftlichen Reproduktion gibt es funktional keine Autonomie des Pädagogischen. Was als Steuerung von außen erscheint, das ist längst Ausdruck einer Bestimmung. Die gewaltige Steigerung der Produktivkräfte, die mit einer entsprechenden Wissensproduktion einhergeht, verlangt die Integration dieses Subsystems in

---

[6] Verwiesen sei hier nur auf einige herausragende Veröffentlichungen: Jochen Krautz, Ware Bildung. Schule und Universität unter dem Diktat der Ökonomie, Kreuzlingen/München 2007, Andreas Gruschka, Verstehen lehren. Ein Plädoyer für guten Unterricht, Stuttgart 2011, Andreas Gruschka: Adeus Pädagogik? In: Pädagogische Korrespondenz (2014) 49, S. 43–58, Konrad Paul Liessmann, Geisterstunde. Die Praxis der Unbildung. Eine Streitschrift, Wien 2015.

das gesellschaftliche Gefüge, das immer noch und zurecht als Kapitalismus bezeichnet werden muss. Die in den 50er Jahren des vergangenen Jahrhunderts entstandene Bildungsökonomie hat dafür die Begründung und die entsprechenden Instrumente bereitgestellt. Der Pädagogik ist da nichts entgangen. Pointiert stand damals am Anfang einer Analyse der Funktion des Bildungswesens in der spätkapitalistischen Gesellschaft:

> Bildungsökonomie, weithin mit Bildungsplanung identisch, fasst das Bildungswesen auf als ein Instrument, dazu bestimmt, über die Umstrukturierung des Arbeitsmarktes auf dessen Angebotsseite bestimmte Bedarfslücken des gesellschaftlichen Reproduktionsprozesses zu schließen.

Die Absicht dieser Bildungsplanung sei »die allseitige Verfügbarkeit des Menschen zu perfektionieren«.[7]

Heute ist der Begriff der »Kompetenz« das neue Paradigma. Damit wird das Notwendige ausgedrückt, das ungebrochenen Fortschritt und das Überleben auf dem weltweiten Markt gewährleisten soll. Und mit der Forderung nach Chancengleichheit, die scheinbar den Menschen in den Blick nimmt, sollen alle nur erschließbaren Ressourcen des »Humankapitals« mobilisiert werden – um nichts anderes geht es.

Hat der Gedanke der Emanzipation
in der Pädagogik noch eine Chance?

Geht diese Rechnung auf? Haben der Gedanke der Emanzipation und die Idee einer »emanzipatorischen Pädagogik« in diesem System überhaupt noch eine Chance, mit Substanz und auf seine reale Entfaltung hin überhaupt auch nur noch gedacht zu werden? Diese Frage darf nicht zu lange zurückgehalten werden, wenn mit einer Betrachtung der gegenwärtigen Verfassung des Bildungswesens die in ihr bereits institutionalisierte Ohn-

---

[7] Gernot Koneffke, Integration und Subversion. Zur Funktion des Bildungswesens in der spätkapitalistischen Gesellschaft, in: Das Argument, Dezember 1969, S. 389. – Bildungsplanung, Bildungsökonomie und die Umwandlung des Bildungs- und Erziehungssystems in ein kapitalistisches Dienstleistungsunternehmen standen Anfang der 1970er Jahre im Mittelpunkt einer kritischen Diskussion. Siehe dazu auch: Elmar Altvater, Freerk Huisken (Hrsg.), Materialien zur politischen Ökonomie des Ausbildungssektors, Erlangen 1971, Hans-Jochen Gamm, Das Elend der spätbürgerlichen Pädagogik, München 1972, Klaus Hurrelmann, Erziehungssystem und Gesellschaft, Reinbek bei Hamburg 1975.

macht nicht noch verstärkt werden soll, die in der pädagogischen Praxis alltäglich erlebt wird. Die Anstrengung muss daher geleistet werden, in der Dialektik von Bildung und Herrschaft die Widersprüche aufzuspüren, in denen im Gegenwärtigen das Gegenteil gedacht werden kann.[8]

Wie immer auch der Gedanke der »Mündigkeit« ausgehöhlt werden und zur leeren Formel verkommen konnte, er transportiert unterschwellig und letztlich unauslöschbar seine Nähe zur »Emanzipation«. Der »mündige Bürger« kann als Lernziel nicht aus dem Verkehr gezogen werden – und so bleiben auch die Orte im Blick, an denen sich seine »Mündigkeit« reiben wird. Herrschaft ist dann einer Legitimation ausgesetzt und Ungleichheit sitzt auf der Anklagebank. Emanzipatorische Pädagogik hat damit, vorausgesetzt, das pädagogischen Personal sieht sich diesem Gedanken überhaupt verpflichtet, das Terrain gefunden, in dem sie Kontur, Schärfe, Inhalt und Ziel finden kann.[9]

---

[8] Es bleibt das große Verdienst von Heinz-Joachim Heydorn in seinen theoretischen Arbeiten den schärfsten Blick auf diese Widersprüche gerichtet zu haben. In seinem grundlegenden Werk »Über den Widerspruch von Herrschaft und Bildung«, das erstmals 1970 erschienen ist, erschließen sich seine Erkenntnisse nur nach einer anstrengenden Lektüre. In einer zusammengefassten Form können sie in »Zu einer Neufassung des Bildungsbegriffs«, Frankfurt 1972 erschienen, gelesen werden. Werke (Studienausgabe) Bd. 4, Wetzlar 2004, S. 56 ff.

[9] Selbst Andreas Gruschka lässt hier in seiner radikalen Abrechung »Adeus Pädagogik?« einen Rest an Hoffnung zu, wenn er am Ende schreibt: »Bleibt die Frage nach dem empirischen Fundament des Pädagogischen. Dieses müsste sich noch hinter den Tendenzen ausmachen lassen, die es verändert haben. Noch in ihrer verworfenen Gestalt müsste die Aufgabe der Erziehung, der Bildung und der Vermittlung aufbrechen, wenn wir davon mit Recht sprechen wollen, die Grundlage für alles Reflektieren, Entwerfen, Kritisieren und Erschließen sei die Eigenstruktur des Pädagogischen. Diese empirische Frage hat der Autor sich in manchen seiner empirischen Projekte gestellt. Gezeigt werden konnte, dass noch in der methodenorientierten Einübung ins Präsentieren, eine Erziehung zur Mündigkeit intendiert wird, dass das »Menschenrecht des Verstehens« (Wagenschein) sich immer auch dann anmeldet, wenn das Verstehen von etwas gar nicht der Ausgangs- und Zielpunkt der pädagogischen Kommunikation war. Wer akzeptiert hatte, was er lernen sollte, wollte nicht selten verstehen, was das war, was er lernen sollte. Wer dagegen nicht lernen konnte, was ihm gelehrt wurde, scheiterte am Mangel an Verstehen. Noch die trivialsten didaktischen Hilfestellungen wurden immer wieder gerechtfertigt als Mittel zum Zweck der Herstellung von Lernerfolgen in der Sache. Das bedeutet, dass das Pädagogische verfehlt, ausgehöhlt, ignoriert und abgewertet werden kann. Aber zugleich lässt es sich nicht als strukturelle Voraussetzung, Implikation und Folge einfach negieren.« Siehe Pädagogische Korrespondenz (2014) 49, S. 58.

»Bildung zielt auf Gegengesellschaft, um über sie neues Land zu finden. Das ist ihr Beitrag.«[10] Nur mit einem großen Sprung ist diese Hoffnung zurückzugewinnen, und auch nur, wenn wir uns auf diese Widersprüche mit aller Radikalität einlassen. Das heißt, sie zuerst einmal wahrzunehmen, in ihnen nicht nur ein »sowohl – als auch« zu sehen – und sie sich dann vom Hals zu schaffen. Es heißt, in sie gedanklich so einzudringen, dass in ihnen die antagonistischen Kräfte aufgedeckt werden können, die die Dynamik gesellschaftlicher Entwicklung bestimmen. Das ist harte Arbeit – und sie wird noch nicht einmal mit einer Gewissheit belohnt:

> Es gibt kein Gesetz, nach dem sich Geschichte vollziehen muss, es gibt Tendenzen, innerhalb derer wir handeln können. Freiheit über Erkenntnis geht in die objektiven Prozesse ein, in vorgegebene Größen, deren wir mächtig werden sollen. Das verwundete Leben muss dort gesucht werden.

Diese Zurückhaltung wird uns von Heydorn am Ende seines fundamentalen Werkes »Über den Widerspruch von Bildung und Herrschaft« nahegelegt. »Findung ist ungewiss … Die Gewissheit, dass es gelingen wird, ist letztlich eine Frage des Glaubens, dem der Indikator nicht widerspricht, der durch ihn aber nicht abgedeckt wird.«[11]

Das heißt real und pädagogisch verpflichtend: Festhalten an einer menschlichen Bestimmung, die menschheitsgeschichtlich herausgearbeitet wurde und Ausdruck unserer Kultur geworden ist, die sich niedergeschlagen hat in der Allgemeingültigkeit von Menschenrechten und zum ethischen Maßstab unseres Urteilens geworden ist. Mit diesem Maßstab werden zivilisatorische Grenzlinien gezogen, deren Konturen im Begriff des »vernünftigen Vertrauens« aufleuchten. Ernest Jouhy ist da Heinz-Joachim Heydorn sehr nahe.

»Vernunft« und »Vertrauen«

»Vernunft« und »Vertrauen« sind höchst anspruchsvolle Bestimmungen, sobald sie wie hier bei Ernest Jouhy in das pädagogische Denken eingeführt werden. Mit dem Anspruch der Vernunft rückt dem Menschen und seinem Verhältnis zur Welt die rationale Begründbarkeit seines Denkens und Verhal-

---

[10] Heinz-Joachim Heydorn, Zu einer Neufassung des Bildungsbegriffs, 1972, S. 150, Werke (Studienausgabe) Bd. 4, Wetzlar 2004, S. 144.

[11] Heinz-Joachim Heydorn, Über den Widerspruch von Bildung und Herrschaft, 1970, S. 337, Werke (Studienausgabe) Bd. 3, Wetzlar 2004, S. 301.

```
werden nur durch Gegenmacht und Machtteilung,–Gewaltenteilung

wie Montesquieu genial politisch voraussah,– in Schranken

gehalten. Öffentliche T ugend  ist Misstrauen der Macht gegenüber,
bei gleichzeitigem
und Vertrauen in die Menschen, die sie zu vertreten haben.

Ein Widerspruch. Aber ein fruchtbarer.  Der Beweis? Die Stand ebd.

Die Ehrung, die mir heute zuteil wird, ist Ausdruck genau dieses
Ich versuche dabei,
Widerspruchs: die Gegenmacht der Basis gegenüber aller etablier-

ten herrschaftlichen Institution, die ich zu verkörpern suche,
Eben dies bedeutet,                    demokratische
gilt eben dieser etablierten Institution als unerlässlicher. Dieud
und Verdienst an,              aber
Bestandteil der Gesellschaft. Und Damit gilt sie, die etablierte

demokratische Institution und ihre Repräsentanten als ebenso für mein
Existenz und Arbeit                                        Garant
unerlässlicher, ordnungs-und-friedensstiftender Faktor, der mich
                    den
als Hindernis von wölfisch um Macht kämpfenden Kräfte und Mächte dieser Gesell-
                schützt
schaft für mich als Bürger als ihr Garant, Ihre Entscheidung, meine
Leistung zu würdiehrt mich, ganz unabhängig davon, welche Gruppe die Vormacht
repräsentiert,
heute hat.Es ist ein sher gutes Zeichen für Demokratie, dass

ein ehemals kommunistischer, deutscher Jude, der F ranzose

geworden ist und mit der Waffe in der Hand die deutsche

Wehrmacht bekämpft hat, das Bundesverdienstkreuz der

Bundesrepublik zuerkanntbekommt, wie es ein gutes Zeichen

v on Demokratie ist, dass eben dieser in der Bundesrepublikl
```

Abb. 14: Aus Seite 2 des Manuskriptes der Rede Jouhys aus Anlass der Verleihung des Bundesverdienstkreuzes mit handschriftlichen Korrekturen von Ernest Jouhy

tens ins Zentrum seiner Existenz. Die Vernunft macht ihn erst zum Menschen, sie befreit ihn damit aus der auferlegten Naturverhaftung. Die Geschichte des menschlichen Denkens kulminiert in der Präzisierung des Begriffs der Vernunft. Ihn aus der Philosophie in die Erziehung und Bildung des Menschen herüberzuholen, bringt die Erziehung selbst in die Nähe philosophischer Reflexion. Die Verfügung über die Vernunft ist Ausdruck der erreichten Mündigkeit, es ist die in Gedanken manifestierte Emanzipation. Sie erhebt sich als Erkenntnis über den Verstand, sie setzt dem Verstand Regeln des rationalen Umgangs und dem Wollen Maßstäbe der Bewertung des Verhaltens.

Die begriffliche Ausfächerung des »Vernünftigen« bei Ernest Jouhy nimmt das praktische Leben des Menschen in den Blick, sie ist – so gedacht – eine Lebensform, die sich selbst dem Humanen verpflichtet sieht, weil sie das, was sie für sich beansprucht, auch dem anderen unmittelbar und konkret zubilligt, ja für sich nur gelten lässt, wenn es auch für den anderen gilt. Das Vernünftige steht hier in der Tradition des Humanismus und der

Aufklärung. Dieses Verständnis von Vernunft lässt sich nicht für Allmachts-
phantasien missbrauchen. Es steht geradezu konträr zu einer »instrumentellen Vernunft«,[12] die sich von jeder humanen Verpflichtung abgelöst hat und
die nackte Zweckrationalität zum Inbegriff der Vernunft macht.

Ernest Jouhy bindet das Wort »vernünftig« an das »Vertrauen«. Kühn ist
allein schon dieser Gedanke, bringt doch schon alleine das Wort »Vertrauen«
einen ganzen Kosmos von menschlichen Erwartungen, von Zuwendungen
und Nähe, von Zuversicht und letztlich auch einer dem Gegenüber entgegen-
gebrachten Gewissheit zum Schwingen. Sich mit etwas »vertraut machen«,
darunter ist auch ein Vorgang der Aneignung von Kenntnissen, der Produktion von Wissen, einer ernsthaft betriebenen Aufklärung zu verstehen. Es wäre
einer eigenen Untersuchung wert, diesen Kosmos auszuloten, um der Bedeutung des Vertrauens für das Zusammenleben in einer demokratisch verfassten
Gesellschaft gerecht zu werden. Nimmt man den Versuch ernst, in der zivil-
gesellschaftlichen Organisation des Politischen unverzichtbare Erweiterungen
der Demokratie zu sehen, dann gewinnt gerade die Kategorie des Vertrauens
eine kaum zu überschätzende Bedeutung. Bürgerbewegungen und Bürgerinitiativen sind nur so lange entscheidungs- und handlungsfähig, solange die
Zusammenarbeit in diesen Bewegungen und Initiativen von Vertrauen geprägt
ist. An der Erosion des Vertrauens und am Ende gar an der Aufkündigung des
Vertrauens scheitert jedes zivilgesellschaftliche Engagement.[13]

Ernest Jouhy sah die Bedeutung der Bürgerinitiativen in der Verteidigung
und Erweiterung der Menschen- und Bürgerrechte. Er versprach sich von
ihnen eine breite Entfaltung der Demokratie.[14] Das »vernünftige Vertrauen«

---

[12] Max Horkheimer, Zur Kritik der instrumentellen Vernunft, Frankfurt 1967.

[13] Es ist auffällig, dass sich die Politik- und Sozialwissenschaften seit einigen Jahren diesem Problem intensiver zuwenden. Siehe dazu: Martin Hartmann, Claus
Offe (Hrsg.), Vertrauen. Die Grundlagen des sozialen Zusammenhalts, Frankfurt 2001. In der Einleitung zu diesem Buch wird allerdings noch vermerkt, dass
ein größerer Teil der Beiträge die trockene Luft der theoretischen Abhandlung
nicht verlässt. Konkreter wird auf das Problem eingegangen in: Hartmann, Martin (2002), Vertrauen als demokratische Erfahrung, in: Rainer Schmalz-Bruns
und Reinhard Zintl (Hrsg.), Politisches Vertrauen. Soziale Grundlagen reflexiver Kooperation, Baden-Baden 2002. Martin Seel macht das Vertrauen zu einer
fundamentalen menschlichen Bestimmung in seinem anregenden Buch, wenn
er schreibt: »Noch unsere besten Absichten beruhen auf etwas, das sich unserer
Absicht entzieht: auf einem Vertrauen in uns selbst, für das wir nichts können
…« siehe Martin Seel, Theorien, Frankfurt 2009, S. 158.

[14] Ernest Jouhy, Zur politischen Soziologie von Bürgerinitiativen (1974), in: ders.,
Klärungsprozesse. Bd. 2, Frankfurt 1988, S. 188 ff.

Abb. 15: Ernest Jouhy als Diskussionsteilnehmer beim 75-jährigen Jubiläum der Odenwald-
schule 1985

gehörte bei ihm unausgesprochen zur Voraussetzung der Arbeit der Bürgerinitiativen. Die Erosion des Vertrauens in die etablierte Politik ist einer der
entscheidenden Anstöße zur Gründung solcher Initiativen. Und ihr Ziel ist
darauf gerichtet, politische Handlungsformen und Strukturen der Öffentlichkeit herzustellen, die Vertrauen nicht nur rechtfertigen; das »vernünftige
Vertrauen« ist in ihnen geradezu der Ausweis demokratischer Kultur.

Es gibt einen objektiven Bedarf an Vertrauen unter den Menschen, die
sich gesellschaftlich engagieren. Angesichts der aktuellen politischen Krise stellt sich uns die Frage, wie es zu einem solchen dramatischen Verfall
des Vertrauens gegenüber der etablierten Politik und ihren Politikern kommen konnte. Wenn heute ganz offen in den Medien diskutiert wird, dass der
»soziale Zusammenhalt« in wachsendem Umfange gefährdet sei und darin
eine Ursache für den Rechtsruck in der Bundesrepublik gesehen werden
müsse, dann bekommt diese Frage eine Dimension, die in aller Schärfe die
Verarbeitung sozialer Erfahrungen zu einem politischen Bewusstsein mit
allen Konsequenzen des politischen Verhaltens in den Blick nimmt. Mit
dem Hinweis auf wachsende Desorientierung und Zuflucht zu Denkmus-
tern, die Stabilität versprechen, wird nur die Oberfläche beschrieben.

Tiefer in dieses Problem einzudringen, heißt, sich Ungewissheiten zu stellen, die ausgehalten werden müssen. Heydorn hat in der letzten Arbeit vor seinem Tode, die 1974 unter dem Titel »Überleben durch Bildung« erschienen ist, ausgedrückt, was ertragen werden muss:

> Es gibt keine zwingende Prozesseinheit, die den Fortschritt der Produktivkräfte mit dem Fortschritt der Humanität verbindet. ... Bildung des Bewusstseins, die den Menschen zum wissenden Handeln im verwundbaren Gewebe seiner Bedingungen befähigt, gewinnt eine Bedeutung wie nie zuvor.[15]

Mit demonstrativer Hoffnung wird hier gegen die eigene Skepsis angeschrieben. »Zwischen Ziel und Gefährdung ist der Weg zu finden. Bewusstsein ist alles«, heißt es am Ende.[16]

Das »vernünftige Vertrauen« – ein emanzipatorisches Bildungsziel

Der Gedanke des »vernünftigen Vertrauens« als Bildungsziel einer Pädagogik, die am Gedanken der Emanzipation festhält, steht im schärfsten Kontrast zu den Verhältnissen, die Heydorn vor Jahrzehnten mit geradezu dramatischer Schärfe in den Blick nimmt. Jeder Versuch, ihn in diesen Verhältnissen zu begründen, muss geradezu das Gegenteil hervorbringen: ein begründetes Misstrauen und damit eine Analyse der Bedingungen, unter denen dann doch noch ein Weg zu einem Vertrauen eingeschlagen werden könnte. Es sei hier noch einmal auf Heydorn verwiesen, der zur gleichen Zeit am gleichen Institut wie Ernest Jouhy lehrte:

> Da sich das Begriffliche nicht selbst zur Erkenntnis erheben kann, muss die Aktualisierung seiner Potenz über den Inhalt vorgenommen werden. Faktisch heißt dies, dass dieser Inhalt in seiner politisch-ökonomischen Relevanz erwiesen werden muss, Arbeit und Kenntnis als historische Größen erfasst werden müssen, die nicht dem Zufall, sondern aufdeckbaren Zusammenhängen unterliegen. Damit wird das gesellschaftliche System selber aufgedeckt, seine Herrschafts- und Klassenstruktur.[17]

---

[15] Heinz-Joachim Heydorn, Überleben durch Bildung. Umriss einer Aussicht, in: Hilmar Hoffmann (Hrsg.), Perspektiven der kommunalen Kulturpolitik. Beschreibungen und Entwürfe, Frankfurt 1974, Werke (Studienausgabe), Bd. 4 Wetzlar, 2004, S. 266.

[16] a. a. O., S. 273.

[17] Heinz-Joachim Heydorn, Zu einer Neufassung des Bildungsbegriffs, 1972,

Nur durch dieses Aufdecken, durch die realen Widersprüche hindurch käme »Land in Sicht«, das den Herrschenden entrissen, real bearbeitet, beackert werden muss: »Emanzipation« als politisch-praktische Anstrengung.

Ohne Mut zur Grenzüberschreitung wird man auf diesem Weg nicht weit kommen. Eine blasse Figur bleibt die »Emanzipation«, wenn darauf geachtet wird, wie »ziviler Ungehorsam« und »begrenzte Regelverletzungen« vermieden werden.[18] Kopfgeburt bleibt die »Emanzipation«, wenn sie eingehüllt bleibt in die Gedankenwelt ihrer Herkunft. Auf Selbstbestimmung gerichtet muss der Gedanke der »Emanzipation« dieses Gehäuse sprengen. »Selbstbestimmung wird über die Zerstörung der determinierenden Größen gefasst, sie schließt ihre Vernichtung ein.«[19]

Ernest Jouhy ist in seinen pädagogischen Texten nicht so weit gegangen, diese Konsequenz auch in gleicher Weise auszusprechen. Er hat es in der ihm eigenen rhetorischen Radikalität in Gesprächen getan, wann immer sich ihm dazu die Gelegenheit bot. In seinen Schriften drückt er sich nüchtern aus, er differenziert und systematisiert. Eine lehrende Absicht ist unverkennbar.

Der Aufsatz »Zum Begriff der emanzipatorischen Erziehung« ist 1972 erschienen,[20] also etwa in der gleichen Zeit, in der Heydorn »Überleben durch Bildung« verfasste. Er kritisiert gleich zu Beginn die Verwendung des Begriffs in der damaligen pädagogischen Debatte:

> Der Begriff Emanzipation wird vielfach unkritisch gehandhabt … (das) hatte bisher und hat auch weiterhin zur Folge, dass ihre reale Bezogenheit auf konkrete und effektiv veränderbare Umstände verschleiert und dass gesellschaftlich relevantes, das heißt politisches Handeln durch schizophrene Träume von ›emanzipierten Menschen in einer emanzipierten Gesellschaft‹ ersetzt wird. Statt rational in ihrer Wirkung absehbare Aktionen einzuleiten … wird … nur intellektuelle Selbstbefriedigung betrieben.[21]

Geradezu polemisch skizziert er hier, wer und unter welchen Umständen überhaupt Träger einer emanzipatorischen Erziehung sein kann, nämlich

---

S. 145 f., Werke (Studienausgabe), Bd. 4, Wetzlar 2004, S 142.

[18] Siehe dazu die Beiträge in: Peter Glotz (Hrsg.), Ziviler Ungehorsam im Rechtsstaat, Frankfurt 1983, Theodor Ebert, Gewaltfreier Aufstand. Alternative zum Bürgerkrieg, Waldkirch 1980. Christian W. Büttner u. a. (Hrsg.), Politik von unten. Zur Geschichte und Gegenwart der gewaltfreien Aktion, Freiburg 1997.

[19] Heinz-Joachim Heydorn, Zu einer Neufassung des Bildungsbegriffs, 1972, S. 8, Werke (Studienausgabe), Bd. 4, Wetzlar 2004, S. 56.

[20] Ernest Jouhy, Zum Begriff der emanzipatorischen Erziehung (1972), in: ders., Klärungsprozesse, Bd. 4, Frankfurt 1988, S. 7 ff.

[21] Ebd., S. 7.

nur solche Gruppen und Individuen, »deren existentielle Interessen und Bedürfnisse sich von denen der zu Erziehenden nicht wesentlich unterscheiden, wenn also die Erzieher kein effektives oder vorgestelltes Interesse an der Unterwerfung der zu Erziehenden haben«. Wer also unmittelbar an gesellschaftlicher, wirtschaftlicher oder ideologischer Macht beteiligt ist, ist dafür ungeeignet.[22]

Auch wenn es hier nicht direkt ausgesprochen wird, so hat doch Ernest Jouhy Lehrer im Blick, die sich des Begriffes der Emanzipation bedienen, ohne jedoch ihre eigenen Interessen und Erfahrungen offenzulegen. »Emanzipation« kann nicht gelehrt werden, sie muss unmittelbar im Prozess der Erziehung selbst erfahrbar sein. Ernest Jouhy hatte, als er diesen Aufsatz verfasste, offenkundig Lehrer vor Augen, die sich selbst als »revolutionäre« Erzieher verstehen. Von ihnen verlangt er »Offenheit« und die Bereitschaft, ihre eigenen Interessen und Erfahrungen von ihren Schülern infrage stellen zu lassen. »Emanzipatorische Erziehung setzt also die Einsicht und Absicht voraus, dass diejenigen, auf die sie abzielt, fähig werden, ihre Interessen, Möglichkeiten und Schranken selbst zu entdecken und damit die Zielvorstellungen der Emanzipation und das Handeln auf sie hin selbst zu verändern.« Ernest Jouhy gibt damit geradezu pädagogische Anleitungen für den Unterricht, die er mit der Erwartung verknüpft, dass sich daraus »konkrete und überprüfbare Grundlagen praktischer Aktivität«[23] ergeben.

Kategoriale Aussagen
zur »emanzipatorischen Erziehung«

In acht kategorialen Aussagen umreißt Ernest Jouhy seine Vorstellung einer »emanzipatorischen Erziehung«, die in ihrer straffen sprachlichen Form als Ecksteine eines für ihn gesicherten gedanklichen Gebäudes angesehen werden können. Bewusst stellt er sich mit diesen Aussagen zwischen die Fronten einer linken Orthodoxie und einer antiautoritären Szene, die damals auf Pädagogen durchaus eine gewisse attraktive Ausstrahlung hatte. In den damals entstandenen Kinderläden wurde eine »antiautoritäre Erziehung« praktiziert, die von einer weitreichenden Befreiungserwartung getragen wurde und die durchaus mit dem Anspruch einer Revolution der Erziehung auftrat.[24]

---

[22] Ebd., S. 8.
[23] Ebd., S. 9.
[24] Manred Liebel und Franz Wellendorf, Schülerselbstbefreiung. Voraussetzungen

Ernest Jouhy sah sich offenkundig von beiden Seiten provoziert und reagierte mit argumentativer Strenge. So stütze sich die »emanzipatorische Erziehung« auf wissenschaftlich gesicherte Einsichten in die Veränderbarkeit und Beherrschbarkeit der Grundlagen der menschlichen Existenz. Er geht davon aus, dass »relativ unabhängige Gesetzmäßigkeiten« und die Möglichkeit »wissenschaftlicher Einsichten« und Erkenntnisse, Aufforderungen zu einem entsprechenden Verhalten und Handeln erlauben. Er verwendet hier den Begriff der »Macht vernünftigen Handelns«. Die psychische Beschaffenheit des Menschen ist für ihn eine historisch gewordene und damit auch eine »relativ veränderbare, human entfaltbare Fähigkeit«. Er unterstreicht noch einmal in aller Deutlichkeit, dass »emanzipatorische Erziehung« keine isolierte pädagogische Tätigkeit ist. Wörtlich heißt es an dieser Stelle: »Sie ist in ihren Einsichten und Absichten von keinem Bereich gesellschaftlicher Existenz zu trennen, folglich im umfassendsten, aber auch speziellsten Sinne politische Tätigkeit.«[25]

In einem dieser Ecksteine wendet Jouhy sich direkt den Menschen zu, um deren Emanzipation es ihm geht: »Emanzipatorische Erziehung ist daher die Auslösung einer Selbstbewegung derjenigen, deren zunehmende Befreiung aus historisch überfälliger Beschränktheit von ihnen mit entworfen und durchgeführt wird. ... letztlich das Werk der Erzogenen.«[26] Damit wird permanent der Erzieher durch den Erzogenen abgelöst. So ist diese Erziehung »im eigentlichen Sinne demokratische Erziehung«. Die Kategorien der Vernunft und des Vertrauens stehen am Ende dieses Katalogs noch einmal im Mittelpunkt. Die Beziehung unter allen Beteiligten ist durch »gegenseitigem Vertrauen« charakterisiert und der dargestellte historische Prozess als eine »vernunftgesteuerte Bewegung«.

Jouhy schließt die Aufzählung dieser notwendigen Bestimmungen gänzlich unerwartet mit der Feststellung: »Emanzipatorische Erziehung ist damit gleichzeitig tolerant und kämpferisch, denn sie verhindert die Verteufelung und Vergöttlichung von Personen und Gruppen, indem sie die

---

und Chancen der Schülerrebellion, Frankfurt 1969, Autorenkollektiv Berliner Kinderläden, Berliner Kinderläden. Antiautoritäre Erziehung und sozialistischer Kampf, Frankfurt 1970, Gerhard Bott (Hrsg.), Erziehung zum Ungehorsam. Kinderläden berichten aus der Praxis der antiautoritären Erziehung, Frankfurt 1970, Sozialistische Projektarbeit im Berliner Schülerladen Rote Freiheit, Frankfurt 1971.

[25] Ernest Jouhy, Zum Begriff der emanzipatorischen Erziehung (1972), in: ders., Klärungsprozesse, Bd. 4, Frankfurt 1988, S. 10.

[26] Ebd., S. 10.

volle Verantwortung für die eigene Unmündigkeit nicht dem ›Herrn‹, sondern der ›Willigkeit des Knechts‹ überträgt.«[27]

Ist das eine Referenz gegenüber den Lesern, für die Jouhy diesen Aufsatz geschrieben hat? Die provokative Anspielung auf die Dialektik von Herrschaft und Knechtschaft in der Phänomenologie des Geistes von Hegel ist damals sicherlich verstanden und aufgegriffen worden.[28] Wollte Ernest Jouhy damit auffordern, sich die Rezeptionsgeschichte dieses Kapitels in der Hegelschen Phänomenologie des Geistes selbst anzueignen und aus ihr zu lernen, in welcher Weise immer wieder neu über die Überwindung herrschaftsbesetzter sozialer Verhältnisse und die Macht in sozialen Beziehungen nachgedacht werden sollte? Diese Vermutung dürfte nicht abwegig sein, denn so wie er selbst sich in diese Geschichte vertieft hatte, erwartete er es auch von anderen. Das Lehrer-Schüler-Verhältnis ist eine solche Beziehung. Seine argumentativ straff gefasste Anleitung mit dem Hinweis auf die »Willigkeit des Knechts« bewahrt den Gedanken der Emanzipation vor einer billigen Didaktik. Geschichte wird von Jouhy mit einem Schlag hereingeholt: Es muss an dieser Stelle weitergedacht und politisch weiter gearbeitet werden.

In einem von ihm gemeinsam mit anderen Mitarbeitern der Abteilung für Erziehungswissenschaften an der Frankfurter Universität 1970 herausgegebenen Band »Erziehung in der Klassengesellschaft« veröffentlichte Ernest Jouhy eine längere Studie unter dem Titel »Die antagonistische Rolle des Lehrers im Prozess der Reform«.[29] Mit einem radikalen Anspruch wurde diese Studie geschrieben, diskutiert und als Beitrag zur Lehrerausbildung mit dem Ziel veröffentlicht, auf die Schulreform dieser Zeit Einfluss zu nehmen. Auch hier geht es im Kern um nichts anderes als um die »Emanzipation«. Die Rolle des Lehrers wird in ihrer gesellschaftlichen Verflechtung analysiert, doch Jouhy tritt mit seiner Diagnose zugleich auch an, nicht auch noch das repressive System und die »totale Ratlosigkeit über emanzipatorische Praxis«[30] zu verfestigen.

So scharf er auch die dem gesellschaftlichen System geschuldeten Mechanismen der Unterdrückung beschreibt, so bleibt doch sein Blick auf die

---

[27] Ebd., S. 11.

[28] Georg Wilhelm Friedrich Hegel, Phänomenologie des Geistes. 1807, Kapitel A, IV, A, Werke in zwanzig Bänden, Frankfurt 1970, Bd. 3, S. 145 ff.

[29] Ernest Jouhy, Die antagonistische Rolle des Lehrers im Prozess der Reform, in: Johannes Beck u. a. (Hrsg), Erziehung in der Klassengesellschaft. Einführung in die Soziologie der Erziehung, München 1970, S. 224 ff., in: ders., Klärungsprozesse Bd. 4, Frankfurt 1988, S. 183 ff.

[30] Ebd., S. 183.

Antinomien gerichtet, die die Lehrerrolle auszeichnen. Er verfolgt diese Antinomien bis hin zu den Leistungsverpflichtungen der Gesamtschule. Doch gerade von ihr erwartet er »ein gewaltiges Anschwellen der Bedürfnisse und Ansprüche der Generationen, die durch die Gesamtschule gegangen sein werden. Diese Ansprüche sind gerade die, die der erwähnten Gefahr ihrer Manipulierbarkeit zuwiderlaufen.« Die Kinder und Jugendlichen werden

> Ansprüche auf Strukturen, Institutionen, Normen des gesellschaftlichen Lebens stellen, nach einer kooperativen Bestimmung individueller Existenz suchen und nach Selbstverantwortung individueller Existenz im Rahmen sozial notwendiger Einordnung und Mitbestimmung, die alle bisher bekannten Erziehungs- und Schulsysteme nicht entwickelt haben.[31]

Jouhy sieht darin geradezu »eine Flut emanzipatorischer Ansprüche«,[32] die den Lehrer in Situationen der Entscheidung drängt, in denen er sich vor seinen Schülern konkret verantworten muss. Dieser Vorgang wird spannungsgeladen und immer wieder fokussiert auf die Antagonismen, aber auch mit einer hoffenden Zuwendung gegenüber den Lehrern beschrieben. Die Erzieher, die Lehrer »werden diese Antagonismen nicht alleine lösen, aber sie werden gezwungen, mit und für ihre Kinder die unerhörte Potentialität realistischer Utopie gegen die verstümmelte Realität heute zu vertreten.«[33] Dieser Antagonismus bekommt von Jouhy zum Ende dieses Beitrags selbst noch das höchste Prädikat. Es ist für ihn ein »emanzipatorischer Antagonismus«.[34]

Soll damit gesagt werden, dass dieser Antagonismus einer auf der Höhe der Zeit ist, ein Antagonismus, durch den hindurch Bildung den Ansprüchen gerecht werden kann, die als »Pädagogische Folgerungen« viele Jahre später in einem Aufsatz »Bildung zwischen ethnischer Verwurzelung und technischer Universalität« als eine »Ethik der Bildung« vorgestellt werden?[35] So wie die Erzieher und Lehrer in diesem »emanzipatorischen Antagonismus« sich den Erwartungen der Schüler zuwenden müssen, wird auch hier der Blick in die Zukunft gerichtet: »Bildung hat die Zukunft der Adressaten im Auge, aber der Bildungsprozess ihre Gegenwart. Sie darf

---

[31] Ebd., S. 193.
[32] Ebd.
[33] Ebd., S. 197.
[34] Ebd.
[35] Ernest Jouhy, Bildung zwischen ethischer Verwurzelung und technischer Universalität, in: ders., Klärungsprozesse, Bd. 4, Frankfurt 1988, S. 208 ff.

nie der Zukunft geopfert werden. Die Adressaten müssen ihren gegenwärtigen Lernprozess nicht als Zwang, sondern als Befreiung, Bereicherung und Beglückung erleben.«[36]

»Emanzipatorische Pädagogik« ist Lebenswerk von Ernest Jouhy

Die »emanzipatorische Pädagogik«, die in der Biografie von Ernest Jouhy geradezu eingeschrieben ist und die von ihm als Leiter der Kinderheime in Frankreich, als Lehrer an der Odenwaldschule, als Hochschullehrer an der Universität Frankfurt und als »Aufklärer« an vielen Orten auch praktisch gelebt wurde, ist in ihrem Kern geprägt von einer »dialektischen Vernunft«, die den Begriff des »vernünftigen Vertrauens« mit einschließt und die er 1985 an seiner eigenen Lebensgeschichte und Lebenserfahrung veranschaulicht.[37] Sie wird in einem anspruchsvollen Postulat der Erkenntnis so zusammengefasst:

> Nur die dialektische Vernunft ist ihrem Wesen nach meta-ethnozentrisch und meta-egozentrisch, ist matrigen und patrigen zugleich. Sie begreift die gesamte Existenz und damit sich selbst als Produkt sowohl eines unbegreifbar sinnvollen, kosmisch-organischen Prozesses wie als Ergebnis zielstrebig bewusster Tätigkeit, mithin als Natur und Kultur.[38]

Es mag überraschen, dass Jouhy in dieser Bestimmung einer »dialektischen Vernunft« eine Chance sieht, sich zur »Inkonsequenz« zu bekennen. Er beruft sich bei seinen abschließenden politischen Betrachtungen ausdrücklich auf Albert Camus, Leszek Kołakowski[39] und Manès Sperber. »Konfliktuell und damit leidvoll« sieht er seine eigene Psyche, die es ihm verbietet, Rezepte zu geben. Jouhy folgt Sartres Feststellung: »Der Mensch ist nur, was er aus sich macht« – und er bekennt sich hier zum »existentialistischen Humanismus«.[40]

---

[36] Ebd., S. 215.

[37] Ernest Jouhy, Woher der Mut zum nüchternen Umgang mit politischer Bedrohung? In: ders., Klärungsprozesse, Bd. 1, Frankfurt 1988, S. 133 ff.

[38] Ebd., S. 146.

[39] Leszek Kołakowski, Lob der Inkonsequenz, in: Der Mensch ohne Alternative, München 1960, S. 238 ff.

[40] Siehe dazu seinen Vortrag »Existentialistischer Humanismus« (1962) in: Klärungsprozesse, Bd. 1, Frankfurt 1988, S. 49 ff.

Das Besondere des pädagogischen Denkens von Ernest Jouhy findet in den Kategorien »Ambivalenz« und »Antinomie« seinen Ausdruck, die für ihn eine immer wiederkehrende und zentrale Bedeutung haben.[41] Um diese Begriffe kreist vieles: die »Einheit im Widerspruch«, die Grenzüberschreitung zwischen dem Eigenen und dem Fremden, die Interaktion zwischen Individuum und der Welt, die Ausbildung einer dialektischen Ethik in der Verbindung des »Matrigenen« mit dem »Patrigenen« im Menschen, im Getrennten das Gemeinsame zu suchen, die Antinomie zwischen persönlicher und geschichtlicher Existenz, schlicht und einfach auch nur die Doppelwertigkeit. Über »Matrigenes Vermögen – Patrigene Macht« hat Ernest Jouhy 1985 einen längeren Aufsatz geschrieben, der erst im Band 1 der Gesammelten Schriften veröffentlicht wurde.[42] Es wäre zu wünschen, dass dieser Aufsatz noch einmal eine größere Aufmerksamkeit findet und dann vielleicht neue Diskussionen anregt.[43]

Drei substanzielle Kerne
der »emanzipatorischen Pädagogik«

Die »emanzipatorische Pädagogik« bei Ernest Jouhy lässt sich in ihrer Theorie-Praxis-Beziehung in drei substantiellen Kernen zusammenfassen: in einer inhaltlichen Aussage mit einem ganz besonderen Eigensinn, in einer scharfen Bestimmung der Beziehung zwischen den Lehrenden

---

[41] Siehe dazu die Beiträge von Ursula von Pape und Ulrike de Buhr in: Gottfried Mergner u. Ursula von Pape, Pädagogik zwischen den Kulturen: Ernest Jouhy. Zur Aktualität des Erziehungswissenschaftlers, Frankfurt 1995, S. 161 ff. und S. 167 ff.

[42] Ernest Jouhy, Matrigenes Vermögen – Patrigene Macht, in: ders., Klärungsprozesse, Bd. 1, Frankfurt 1988 S. 64 ff.

[43] Mit dem Thema »Matrigen – Patrigen« beschäftigte sich 1994 ein Symposium über Jouhys Werk in Bad Boll und 2013 eine Veranstaltung zum 100. Geburtstag Ernest Jouhys »Ernest Jouhy – Festhalten an der Vision einer humanen Welt«. Siehe dazu auch: Ilse Kassner: »Matrigen« – »Patrigen«. Ideologischer Unsinn oder eine theoretische Perspektive für die Geschlechterfrage, in: Gottfried Mergner u. Ursula von Pape, Pädagogik zwischen den Kulturen: Ernest Jouhy. Zur Aktualität des Erziehungswissenschaftlers, Frankfurt 1995, S. 101, Michael Brand, Matrigenes Vermögen, patrigene Macht, dialektische Vernunft – Eine Einführung in das querdenkerische marxistisch-adlerianische Konzept Ernest Jouhys, E-Book der DGIP 2017.

und den Lernenden und in einer unverzichtbaren politischen Dimension.[44]

1. Das »vernünftige Vertrauen«, das sich in der »emanzipatorischen Pädagogik« einstellen muss, wenn sie überhaupt dem Gedanken der Emanzipation gerecht werden will, drückt eine von Erkenntnis getragene Kraft des Subjekts und eine von Souveränität bestimmte Beziehung zum Gegenüber aus. Es ist ein Vertrauen, das sich auf eine Verfügung über sich selbst stützen kann und die gesellschaftliche Umgebung ihrer Macht beraubt. Dieses »vernünftige Vertrauen« verliert sich nicht im Gestrüpp des Unübersichtlichen, es eröffnet dem Subjekt eine humane Orientierung in der alltäglichen Barbarei, es fällt auf keine »fake news« herein, um auch die Verrücktheiten einer aktuellen öffentlichen Debatte hier aufzugreifen. Ein »vernünftiges Vertrauen« wächst erst dann, wenn es gute Gründe der Zuversicht gibt. Und dennoch bleibt dieses Vertrauen auch verletzbar – wie alles, das dem Menschen eigen ist.

2. In der scharfen Bestimmung der Beziehung zwischen den Lehrenden und den Lernenden demontiert Ernest Jouhy die dem Lehrer zugewiesene Autorität. Der Lehrer wird zu einem Verbündeten der auf die Zukunft gerichteten Potenzen, die im Prozess des Lehrens und Lernens aufbrechen. Er ist in der »Flut der emanzipatorischen Ansprüche« Auslöser eines auf Befreiung gerichteten Prozesses. Damit und nur so bekommen diejenigen, die forschen und lehren, mit dem Blick auf die Beseitigung der bestehenden Herrschaftsverhältnisse eine besondere Bedeutung.

3. »Emanzipatorische Pädagogik« ist eine in einem unmittelbaren Sinne politische Tätigkeit. Sie ist radikal auf die Veränderung der gesellschaftlichen Verhältnisse, auf eine Humanisierung aller Lebensbereiche gerichtet. Sie findet ihren konsequenten Ausdruck in der Ausbildung eines politischen Bewusstseins und in der politischen Aktion. Und: er nimmt eine klassisch marxistische Haltung ein, wenn er die entscheidende Verantwortung für die Befreiung des Menschen aus der vorhandenen Unmündigkeit bei den Menschen sieht, die um ihre Befreiung kämpfen.[45]

---

[44] Es darf zum Ende dieses Essays nicht unerwähnt bleiben, dass in einer vom Fachbereich Erziehungswissenschaften der Universität Frankfurt herausgegebenen Publikation mit Portraits Frankfurter Hochschullehrer, die sich einer emanzipatorischen Pädagogik verpflichtet sahen, Ernest Jouhy fehlt. Nur in einer Fußnote wird erwähnt, dass er ohne Zweifel zu dieser Tradition gehöre, aber es nicht gelungen sei, jemanden zu finden, der über Jouhy einen Beitrag schreibt. Siehe Micha Brumlik und Benjamin Ortmeyer (Hrsg.), Erziehungswissenschaft und Pädagogik in Frankfurt – eine Geschichte in Portraits. 90 Jahre Johann Wolfgang Goethe-Universität, Frankfurt a. M. 2006, S. 10.

[45] »Die Befreiung der Arbeiterklasse muss das Werk der Arbeiterklasse selbst

Das »Lernziel« ist konkret: es ist die auf die Beseitigung kapitalistischer Herrschaft gerichtete Tat. Mit einer geradezu kämpferischen Parole beendet Ernest Jouhy seine Betrachtungen »Zur Motivation des bildungspolitischen Engagements«. Er zitiert den Arbeiterdichter Georg Herwegh – »Alle Räder stehen still, wenn dein starker Arm es will« – und fügt dann hinzu: »Die Modifikation könnte lauten: Alle Räder werden sich anders drehen, wenn die lernenden Köpfe die Macht erringen, und nicht mehr die Macht Kopf und Arm der Werktätigen zu motivieren und zu nutzen vermag.«[46]

Unter dem Titel »Klärungsprozesse« ist 1988 in vier Bänden eine Sammlung von Schriften Ernest Jouhys erschienen. Der Titel bringt treffend das Lebenswerk auf den Punkt. Klären und aufklären mit der ungebrochenen Absicht, den Menschen zu stärken und zu befähigen, die Welt nach seinen Bedürfnissen einzurichten. Robert Jungk, Herausgeber der Gesammelten Schriften, ein Freund aus gemeinsamen Jugendjahren, beschreibt Ernest Jouhy als »Ahasver«. Er verwendet dieses Bild des »ewigen Juden«, der in die Welt hinausgestoßen wird, Leid und Mühsal auf sich nimmt und so zu einem Aufklärer wird, der ohne Illusionen am Beispiel des eigenen Lebens das Überleben und Überschreiten von Grenzen und die immer neuen Chancen des Veränderns demonstrieren kann. »Ernest Jouhy schließlich begründet eine Pädagogik der Veränderung, die, gesellschaftliche und individuelle Möglichkeiten zur immer neuen Überwindung von Vergangenheit und Gegenwart aufdeckend, in Heranwachsenden gestaltende Kräfte der Kritik, der Imagination und der Aktion weckt.«[47]

»Wessen Morgen ist der Morgen? Wessen Welt ist die Welt?«

Den Menschen aufzurichten und nicht zu unterrichten, so verstand Jouhy seine Profession. Er sah sich mit seinem Blick in eine humane Zukunft in der Tradition der »Aufklärung«. Er hat in allen Lebensphasen Verbündete gesucht und gefunden, die mit ihm das erklärte Ziel eines auf konkretes Handeln gerichteten Verständnisses der »Emanzipation« teilten. Resigna-

---

sein.« Karl Marx und Friedrich Engels, Zirkularbrief an Bebel, Liebknecht, Bracke u. a., MEW Bd. 19, Berlin 1969 S. 165.

[46] Ernest Jouhy, Das programmierte Ich. Motivationslernen in der Krisengesellschaft, München 1976, S. 43.

[47] Robert Jungk, Der Lehrer Ahasver, in: ders., Klärungsprozesse, Bd. 1, Frankfurt 1988, S. 8.

tion war ihm fremd, doch der Zweifel gegenüber abgeschlossenen Gültigkeiten gehörte ebenso selbstverständlich zu seinem Denken wie Zuversicht, Hoffnung und auch Vertrauen.[48]

Im Anspruch der »emanzipatorischen Pädagogik« das aufzuspüren und auszugestalten, was im Gedanken des »vernünftigen Vertrauens« geradezu aufblüht: das Selbstvertrauen, das Vertrauen gegenüber anderen Menschen und das Vertrauen in die »Sache«, um die es geht, das gibt diesem Anspruch einen kräftigen menschenwärts gerichteten Schub. Dieser Schub könnte in der Pädagogik spürbar werden. Doch sollte er gegenwärtig auf der Strecke bleiben, ist damit das historische Urteil über diesen Gedanken noch lange nicht gefällt, allenfalls das Urteil über den pädagogischen Betrieb. Die Frage aus Brechts Solidaritätslied[49] bleibt erhalten und wird weiter auf eine Antwort drängen: »Wessen Morgen ist der Morgen? Wessen Welt ist die Welt?«

---

[48] Ernest Jouhy schreibt im Vorwort zu seinen Gesammelten Schriften: »Jeder Essay wurde aus aktuellem Anlass geschrieben, und jedesmal war dieser Anlass die Gefährdung des humanen Potentials und das Vertrauen in seine Entwicklung durch die Anwendung dialektischer Vernunft auf die anstehenden Probleme.« In: ders., Klärungsprozesse, Bd. 1, Frankfurt 1988, S. 16.

[49] Bertolt Brecht, Hundert Gedichte 1918–1950, Berlin 1958, S. 275.

Bernd Heyl

Exemplarisches Lernen und Verstehen. Ernest Jouhy und das Foyer International d'Études Françaises (FIEF)

Historische und pädagogische Rahmenbedingungen

Mindestens bis zum Ende des Zweiten Weltkriegs galt Frankreich den nationalistisch eingestellten Deutschen als »Erbfeind«. Die deutsche Einigung 1870/71 war nicht das Ergebnis einer demokratischen Revolution, nicht das Ergebnis eines Einigungsprozesses von unten, sondern wurde durch Preußen »von oben« und eben auch im Krieg gegen Frankreich vollzogen. Der nationalistische Dichter Ernst Moritz Arndt propagierte: »Ich will den Hass gegen die Franzosen für lange Zeit, ich will ihn für immer, denn dann wird das Volk immer einen Vereinigungspunkt haben.«[1] In dieser Logik folgten zwei weitere Kriege dem deutsch-französischen Krieg von 1870/71.

Als Ernest Jouhy 1952, sieben Jahre nach dem Zweiten Weltkrieg, dem Ruf an die Odenwaldschule in Oberhambach im Odenwald folgte, kam er in ein Land, das weit davon entfernt war, seine nationalistische und nationalsozialistische Vergangenheit aufgearbeitet zu haben und das auch noch weit davon entfernt war, sie ernsthaft aufarbeiten zu wollen. Große Teile der NS-Eliten waren im Deutschland der Ära Adenauer wieder in Amt und Würde gekommen und prägten das Klima in der Bundesrepublik nachhaltig. Der Antikommunismus als entspannungsfeindliche Ideologie wurde nicht zuletzt mit dem KPD-Verbot 1956 Staatsdoktrin, der Antisemitismus war keineswegs überwunden und die Verständigung und Aussöhnung mit Frankreich stand erst ganz am Anfang. Jouhy selbst beschrieb die Situation im damaligen Deutschland mit der ihm eigenen kritischen Sichtweise:

---

[1] Ernst Moritz Arndt, Ueber Volkshaß und über den Gebrauch einer fremden Sprache, o.O. 1813, S. 18.

So befand ich mich nun mit meiner Familie und meiner Vergangenheit in einer Umgebung von deutschen Kolleginnen und Kollegen, die den Krieg auf deutscher Seite mitgemacht, miterlebt und sich nur sehr zögernd und eher mit passivem Widerstand von der Hitlerei gelöst hatten. Der Anblick von Bauern, die ihre alten Militärmäntel auftrugen, die spießige Borniertheit und menschliche Zudringlichkeit in den provinziellen Cafés und Gaststätten Heppenheims, die idealistische und kirchlich-gefärbte Ideenwelt der Kollegen, die nach einer demokratischen Orientierung und einem Anknüpfen an die Ideen der Reformpädagogik der zwanziger Jahre suchten, das totale Unverständnis für mein bisheriges kommunistisches Engagement waren mein alltägliches »Ambiente«.[2]

Das heute öffentlichkeitswirksame Bild der mittlerweile geschlossenen Odenwaldschule ist geprägt durch den Missbrauchsskandal, der in den letzten Jahren breit medial diskutiert wurde. Nach langem Schweigen kamen endlich die Opfer zu Wort und dem Thema wurde die erforderliche gesellschaftliche und politische Bedeutung beigemessen. Es besteht aber die Gefahr, dass vor dem Hintergrund dieser Debatte die im positiven Sinne innovative Rolle der Odenwaldschule von der unmittelbaren Nachkriegszeit bis zu den frühen siebziger Jahren in Vergessenheit gerät.

Neben den von Jouhy im Interview angesprochenen Kolleginnen und Kollegen, die auf die eine oder andere Weise in die NS-Zeit verstrickt waren, gab es an der Odenwaldschule auch eine Reihe von Lehrer/innen, die wie Ernest Jouhy aus dem Exil nach Deutschland zurückgekommen waren: so die erste Schulleiterin nach 1945, Minna Specht, die aus dem englischen Exil nach Oberhambach gekommen war und 1951 von Kurt Zier abgelöst wurde, der in Island Exil gefunden hatte. Heinz Edelstein, sein Sohn Wolfgang Edelstein und Trude Emmerich sind als weitere zu nennen. Für Walter Schäfer, Schulleiter ab 1961, war, völlig gegen den damaligen Zeitgeist, die kritische Auseinandersetzung mit dem Nationalsozialismus eine zentrale Aufgabe der Schule und er legte großen Wert darauf, dass die Lehrerinnen und Lehrer, die aus dem Exil gekommen und zum Teil wie Ernest Jouhy Juden waren, ihre Erfahrungen konkret in den Unterricht einbrachten. Wolfgang Edelstein charakterisiert Walter Schäfers Haltung im Interview: »Die OSO war eine wirklich antifaschistische Schule, und zwar antifaschistisch nicht zuletzt durch die Erfahrung der Umkehr. Walter

---

[2] Fragen an Ernest Jouhy zu seiner politischen Sozialisation, in: Ursula Menzemer, Herbert Stubenrauch, Ernest Jouhy: Nicht auf Tafeln zu lesen Ausgewählte Schriften. Frankfurt am Main 1983, S. 31.
Ernest Jouhy gibt hier sicher eine treffende Beschreibung des Zeitgeistes, die jedoch im Hinblick auf die Odenwaldschule modifiziert werden muss.

Schäfer hat den Widerstand gegen Hitler zu einem Leitthema der Schule gemacht.«[3] Dies war die Umgebung, die es Ernest Jouhy – trotz aller Kritik an den bundesdeutschen Verhältnissen – ermöglichte, »wieder in Deutschland Wurzeln« zu schlagen. Die Kraft dazu schöpfte er aus dem Selbstverständnis, »dass die wenigen Deutsch-Franzosen, die fähig (sind), bei den jungen Deutschen das humanistische Erbe wieder lebendig zu machen, dafür vor ganz Europa die Verantwortung (tragen).«[4]

Auch wenn Ernest Jouhy die äußere Umgebung der Odenwaldschule zunächst fremd erschienen sein mag, so sehr fühlte er sich offensichtlich doch zu der vor ihm liegenden Aufgabe hingezogen. Sein pädagogisches Ethos, geprägt von dem, was er in Deutschland vor der NS-Zeit durch Kindheit, Jugend Schule und Universität und durch sein Leben im französischen Widerstand erfahren und gelernt hatte, drängte ihn dazu, sich in die politische und pädagogische Entwicklung der Bundesrepublik einzubringen.[5] Die Odenwaldschule bot dafür – wie wohl kaum eine andere Schule in der damaligen Zeit – gute Voraussetzungen.

Dort konnte Ernest Jouhy seine Vorstellungen umsetzen. Als Privatschule war sie frei in der Ausgestaltung ihrer pädagogischen Arbeit und ermöglichte Jouhy neben einer historisch politischen Lehrtätigkeit das Leben in einer »französischen Familie«. An der Odenwaldschule lebten zu dieser Zeit acht bis zehn Schülerinnen und Schüler mit einem Lehrerpaar zusammen. Gemeinsam mit den Schüler/innen wurden die französische Sprache, die französische Küche und die französische Alltagskultur gelebt, ein *Café de Paris* mit französischem Ambiente in einem kleinen Pavillion gegründet und wie selbstverständlich ergab sich aus diesem ganzheitlichen Ansatz das Bedürfnis, nach Frankreich zu reisen und das Land kennenzulernen. So fand bereits 1953 die erste Frankreichfahrt einer OSO-Gruppe statt, der erste Schritt einer Entwicklung, die 1961 zur Gründung des FIEF, einer deutsch-französischen Begegnungsstätte in La Bégude de Mazenc, führen sollte.[6] Ernest Jouhy schreibt rückblickend: »So bin ich nach Deutschland

---

[3] Wolfgang Edelstein in: Margarita Kaufmann, Alexander Priebe, 100 Jahre Odenwaldschule, Berlin 2010, S. 142.

[4] Ernest Jouhy, Warum die Gründung des FIEF? Warum in La Bégude de Mazenc? Website des FIEF: www.fieflabegude.com [20. Dezember 2016].

[5] Fragen an Ernest Jouhy zu seiner politischen Sozialisation, in: Ursula Menzemer, Herbert Stubenrauch, a. a. O., S. 17.

[6] In zahlreichen Dokumenten finden sich hinter den Großbuchstaben der Abkürzung FIEF Punkte, also F.I.E.F. Letztlich hat sich die Schreibweise ohne Punkte durchgesetzt. Wir verwenden sie generell im Text. Dort wo in Zitaten die

gegangen mit dem Willen, Frankreich mitzunehmen und habe mich im Odenwald niedergelassen und gleichzeitig das Foyer in La Bégude gegründet. Das französische Haus.«[7]

Politische Pädagogik

Ernest Jouhys beruflicher Werdegang ist auf das Engste mit Fragen der »Heimerziehung« verbunden. Seine Tätigkeit als Pädagoge und Heimleiter im Auftrag der OSE[8] und seine Mitarbeit in der FICE[9] sind nur zwei praktische Beispiele, die dies verdeutlichen. Den gewandelten und nicht nur quantitativ erheblich gestiegenen gesellschaftlichen Stellenwert der Heimerziehung hat Ernest Jouhy immer wieder hervorgehoben, und er sah in ihr keinesfalls nur einen »Sonderfall der Erziehung für bestimmte Kategorien von Kindern«. Die pädagogischen Lösungen, die in Heimen entwickelt wurden, seien eben nicht nur interessant für Kinder, die in Heimen leben, sondern »aufgrund der soziologisch-pädagogischen Struktur beispielgebend in der Erziehung überhaupt«.[10]

Der ganzheitliche Ansatz der Odenwaldschule wurde von Ernest Jouhy geteilt. Doch ging es ihm nicht nur um die Einheit von Unterricht und Erziehung im pädagogischen Sinne, für ihn standen die Inhalte im Zentrum seines Denkens. Jouhy sah seine Aufgabe nicht in der Vermittlung eines vorgegebenen »Stoffes«. Er suchte nach Themenfeldern mit exemplarischem Charakter, nach Themen, die die verschiedensten Zusammenhänge verdeutlichten und denen er sich gemeinsam mit seinen Schülerinnen und Schülern als Lernender zuwandte. Durch den intensiven Umgang »mit dem französisch-

---

Abkürzung mit Punkten geschrieben ist, entspricht dies der Schreibweise des zitierten Originals.

[7] Ernest Jouhy, Warum die Gründung des FIEF? Warum in La Bégude de Mazenc? A. a. O.

[8] Siehe den Beitrag von Sebastian Voigt in diesem Buch, ab S. 31.

[9] Die Fédération Internationale des Communautés Éducatives (FICE) ist ein weltweites Netzwerk für Menschen und Organisationen, die im Bereich der alternativen Kinder- und Jugendbetreuung arbeiten. Der Schwerpunkt der Tätigkeit dieses Netzwerkes liegt in der Verbesserung der außerfamiliären Erziehung (Heimerziehung, Jugendhilfsmaßnahmen, Jugendwohlfahrt). Die FICE wurde 1948 unter der Schirmherrschaft der UNESCO gegründet, Ernest Jouhy war Mitglied im Exekutiv-Ausschuss der FICE.

[10] Ernest Jouhy, Das Kind im Heim, in: ders., Klärungsprozesse, Band 4, Frankfurt 1988, S. 142.

deutschen Geschichts- und Kulturvergleich, die unerlässliche Interpretation der antiken, mittelalterlichen und modernen Gesellschaft« wollte auch er als Lehrer den Prozess durchmachen, »den Paulo Freire ›Bewusstwerdung‹ nennt und als Prozess der Lernenden beschreibt«. Jouhy lernte, indem er lehrte, »die Gegenwart und ihre Geschichte neu wahrzunehmen«.[11] Diese Herangehensweise forderte Jouhy auch im Hinblick auf die Auseinandersetzung mit der deutsch-französischen Geschichte und der Entwicklung des deutsch-französischen Verhältnisses nach einer Periode der Kriege und der Feindschaft. Er sah in der Nachbarbeziehung »eine neu zu überdenkende Aufgabe der deutschen Bildung«, zu der er gewillt war, seinen Beitrag zu leisten. Er entwarf das Konzept einer Bildung, die er als »Volksbildung« verstand und die mehr als nur Schulbildung sein müsse. In der Konfrontation mit der französischen Lebenswirklichkeit sollten die »Problematik der eigenen Existenz und die eigenen Aufgaben« erkannt werden und letztlich gehe es um eine Bildung, die zu eigenem verantwortlichem Handeln herausfordere und die deshalb politisch sein müsse:

> Schließlich soll diese Bildung politisch sein, d. h. die aktive Eingliederung des Individuums in das gesellschaftliche und staatliche Gefüge bewirken. Sagen wir »aktive Eingliederung«, so meinen wir damit das Gegenteil jener gleichgültig unterwürfigen Hörigkeit gegenüber den gerade gültigen und mächtigen Normen, die man als politische Anpassung anzusprechen hat, und die einer demokratischen Bildung strikt zuwiderläuft. Um diese Aufgabe zu bewältigen, bedarf es neuer Methoden der Bildungsarbeit, sagen wir ruhig neuer Techniken und damit auch neuartiger Bildungsstätten.[12]

Jouhy stand mit seiner Vorstellung von politischer Bildung zu dieser Zeit nicht allein. Insbesondere die Verantwortlichen für die hessische Lehrerfortbildung formulierten unter Bezug auf die Hessische Verfassung einen dezidiert politischen Bildungsbegriff. Sie gingen davon aus, »dass politische Bildung in einer sich auch politisch selbst bestimmenden Gesellschaft aller Bildung immanent sein müsse,«[13] und plädierten vor dem Hintergrund der Erfahrungen mit dem Nationalsozialismus für einen erweiterten Begriff humaner Bildung. Für Kurt Fackiner, langjähriger Leiter der Reinhards-

---

[11] Fragen an Ernest Jouhy zu seiner politischen Sozialisation, in: Ursula Menzemer, Herbert Stubenrauch, a. a. O, S. 31.

[12] Ernest Jouhy, Das »Foyer International d'Études Françaises«, in: Ursula Menzemer, Herbert Stubenrauch, a. a. O, S. 237.

[13] Kurt Fackiner, Politische Bildung und Lehrerfortbildung, in: Wolf-Peter Betz u. a., 40 Jahre HILF 1951–1991, Bochum 1996, S. 9.

waldschule, war evident, »dass der individuelle Bildungsprozess so stark gesellschaftlich vermittelt ist, dass die Kenntnis dieses Prozesses wichtiger Bestandteil von Bildung ist«.[14] Die Vorstellungen Ernest Jouhys zur politischen Bildung standen den Zielen der Verantwortlichen für die hessische Lehrerfortbildung sehr nahe, eine gute Basis für Zusammenarbeit.

An der Odenwaldschule konnte Ernest Jouhy einerseits im Rahmen seiner Arbeit im Landschulheim seine Erfahrungen einbringen und pädagogisch im Sinne des von ihm vertretenen Bildungsbegriffs tätig werden, als auch andererseits seine Ambitionen ein »französisches Heim« zu schaffen, verfolgen. In der Schule gab es den Wunsch, über Deutschland hinauszugehen und ein internationales Programm zu entwickeln, das sowohl in einer Reihe von Tagungsteilnahmen und Austauschprogrammen seinen Niederschlag fand, als auch in der Entwicklung neuer pädagogischer Konzepte (Gesamtschule, Oberstufenreform, Ganztagsschule), die internationale Erfahrungen aufnahmen und reflektierten. In den »OSO-Heften« und in »Erziehung und Unterricht heute« wurden die Erfahrungen der Odenwaldschule dokumentiert und diskutiert. Die Schriftenreihe der OSO »lag auch auf den Tischen im Kultusministerium« und so fanden die Ergebnisse der Odenwaldschule Eingang in die konkrete Schul- und Bildungspolitik des Landes Hessen.[15]

Nicht zuletzt der Aufbau der deutsch-französischen Begegnungsstätte in Frankreich und die Entwicklung von pädagogischen Konzepten für deutsch-französische Austauschprogramme boten für Ernest Jouhy die Möglichkeit, sich auf ganz persönliche Weise an diesen sich politisch definierenden pädagogischen Reformen zu beteiligen.[16]

Warum La Bégude, warum Drôme Provençale?

Eine ganzheitliche Pädagogik, die ein Lernen mit Kopf, Herz und Hand ermöglichen will, eine Vorstellung von Bildung, die »das Exemplarische« zum Ausgangspunkt des Lernens nimmt und darauf abzielt, den Gegenstand der Auseinandersetzung zu »verstehen«, muss Überlegungen über den Ort, an dem sie stattfindet, mit einbeziehen. Ernest Jouhy kannte das Rhônetal von Lyon bis Marseille und die Voralpen bis Grenoble aus seiner Zeit in der Résistance. Region und Landschaft waren eng mit seiner per-

---

[14] Ebd., S. 10.
[15] Wolfgang Edelstein, a. a. O., S. 146.
[16] Fragen an Ernest Jouhy zu seiner politischen Sozialisation, a. a. O., S. 31.

sönlichen Biografie verknüpft.[17] Er selbst konnte auf der Grundlage seiner Kenntnisse und Kontakte die Rolle des Vermittlers zwischen Deutschen und Franzosen übernehmen, eine Beziehung zwischen den Gästen und der Region Drôme Provençale und ihren Menschen herstellen.

Ernest Jouhy war ursprünglich 1913 in Berlin als Ernst Jablonski geboren worden, musste aber seinen Namen aufgrund seiner Aktivitäten in der Résistance ändern. Aus Ernst Jablonski wurde Ernest Jouhy. Er erhielt eine Kennkarte, die den Stempel des Bürgermeisteramtes in Dieulefit trug. In Dieulefit wurden während der Zeit des Zweiten Weltkrieges 1.500 Menschen vor Verfolgung geschützt und die Stadt und Umgebung waren ein Zentrum des Widerstandes. Jouhy selbst hatte den Ort während des Krieges nicht kennengelernt und reiste erstmals 1948 nach Dieulefit. Hier lernte er Marguerite Soubeyran und die von ihr eröffnete *École de Beauvallon* kennen. Die 1929 gegründete Schule ähnelte den deutschen Landschulheimen, war inspiriert durch das Institut Jean-Jacques Rousseau in Bern und die Odenwaldschule. Marguerite Soubeyran war zu dieser Zeit wie Jouhy Mitglied der KPF und beide interessierten sich für reformpädagogische Ansätze. Sie unterstützte Jouhy bei der Organisation der ersten OSO-Reisen und bei der Suche nach einem geeigneten Anwesen für seine geplante Bildungsstätte. Schließlich bot sich die Gelegenheit, in dem alten verlassenen und halbverfallenen Ortsteil Châteauneuf bei La Bégude de Mazenc das alte Pfarrhaus und einige angrenzende Parzellen zu kaufen. 1956 nahm Ernest Jouhy erstmals eine kleine Gruppe von OSO-Schülern mit in sein neues Domizil und das Prinzip – Lernen mit Kopf, Herz und Hand – wurde sehr wörtlich umgesetzt. Die Dächer wurden erneuert, Toiletten und Duschen eingebaut, die Räume tapeziert, das Gelände planiert, damit eine Liegeterrasse entstehen konnte. Hannah Vogt, eine Unterstützerin des FIEF aus der Hessischen Landeszentrale für politische Bildung, erinnert sich an die Gründungszeit: »Bei all dem wirkten nicht nur Handwerker und aus Spanien zugewanderte Maurer mit, sondern auch die ersten Gruppen aus der OSO, Freunde der Familie und nicht zum Wenigsten, mit ingeniösen Improvisationen der Eigentümer selbst. 1961 wurde der FIEF in aller Form für Lehrer- und Schülergruppen aus Deutschland eröffnet und von Jahr zu Jahr verbessert und erweitert.«[18] Für Ernest Jouhy bedeutete dies ein Leben in Deutschland und

---

[17] Siehe: Sebastian Voigt in diesem Band, ab S. 38.
[18] Dr. Hannah Vogt, F.I.E.F. Haus für Studien zum Verständnis Frankreichs, Informationsbroschüre des F.I.E.F., wahrscheinlich 1965, S. 2.
Hannah Vogt war eine der prominenten Unterstützerinnen des FIEF dieser Zeit.

Abb. 16: Die Bedeutung, die es für Ernest Jouhy hatte, im FIEF ein französisches »Heim« zu haben, wird auch dadurch offensichtlich, dass er als französischer Bürger in La Bégude zur Wahl ging.

Frankreich und erforderte vollen persönlichen Einsatz. Der Auf- und Ausbau und die Leitung der deutsch-französischen Begegnungsstätte verlangten von ihm großes materielles und großes organisatorisches Engagement. Er musste etwa acht- bis neunmal im Jahr für ein verlängertes Wochenende über 850 km nach La Bégude in Südfrankreich fahren, um aus dem jahrhundertealten Pfarrhaus sein französisches »Heim« zu schaffen.[19]

In der Drôme Provençale kontrastieren uralte Kulturlandschaften mit modernsten technischen und sozialen Initiativen und auch die Probleme des modernen Frankreich werden nachvollziehbar. Der Kontrast zwischen der Lebensweise eines Bergbauern und eines Atomtechnikers lässt die Dimensionen historischer Entwicklung offenbar werden. Spuren griechischer und römischer Siedlungen, Burgen, Kirchen und Dome des frühen Hochmittelalters finden sich neben den Wasser- und Atomkraftwerken der Rhône. In fast jedem Ort gibt es Gedenkorte und Erinnerungstafeln an die Gräuel der deutschen Besatzungszeit und an den Widerstand der Bewohner. Auf dem Hochplateau des Vercors hatte die Résistance zahlreiche Kämpfer zusammengezogen. Sie sollten nach der Landung der Alliierten in Südfrankreich

---

Am 3. März 1910 in Berlin geboren, hatte sie während ihrer Schulzeit Kontakte zur Sozialistischen Arbeiterjugend und zum Internationalen Sozialistischen Kampfbund (ISK). Mit Beginn ihres Studiums der Volkswirtschaftslehre trat sie der KPD bei und wurde am 10. März 1933 verhaftet und zunächst in Osterode/Harz und später im KZ Moringen inhaftiert. Nach der Haft folgten eine Tätigkeit als Laborantin und Schwesternhelferin, die Wiederaufnahme des Studiums 1942 und im Dezember 1945 die Promotion. Ab 1948 war sie Mitglied der FDP, die sie mit ihrem Wechsel zur Hessischen Landeszentrale für politische Bildung wegen zunehmend rechter Orientierung der Partei verließ. Sie trat 1962 in die SPD ein und war von 1968 bis 1981 Ratsfrau der Stadt Göttingen für die SPD. 1989 erhielt sie den Titel Ehrenbürgerin der Stadt Göttingen. Sie starb am 13. Februar 1994.

[19] Fragen an Ernest Jouhy zu seiner politischen Sozialisation, a. a. O., S. 17.

(15. Juli 1944) im Rücken der deutschen Truppen operieren. Doch am 21. Juli 1944, also kurz vor der Befreiung, schlug die Wehrmacht zu. Lastensegler brachten Tod und Verderben. Die Soldaten machten selbst vor einer Grotte für Verwundete nicht Halt – das Rotkreuzzeichen ignorierten sie. 639 tote Widerstandskämpfer, 201 tote Zivilisten, Frauen, Kinder und Alte sind die Bilanz des Einsatzes.[20] Heute erinnern und informieren das »Mémorial de la Résistance« und das »Musée de la Résistance« in Vassieux en Vercors über die Geschichte des Widerstandes. All dies ist vom FIEF aus im Rahmen von Tagesfahrten gut erreichbar und motiviert auch heute zur Auseinandersetzung. Ernest Jouhy beschreibt Geschichte und Landschaft der Region und empfiehlt, in ihr zu lesen:

> Mittelmeerisch und alpin, trocken und fruchtbar, gallisch und römisch, provenzalisch und französisch, katholisch und ›parpaillot‹[21], diszipliniert und aufmüpfig, ernst und lachend, dies Land verkörpert die französische Gegensätzlichkeit, die gleichzeitig die Liebe, die Bewunderung und den kritischen Geist und den Willen zur Veränderung hervorbringt. Die (Lage des FIEF) ermöglicht anhand der unzähligen geschichtlichen Denkmäler der Gegend eine der wichtigsten Thesen für politische Bildung abzulesen: Eine Kultur ist das Ergebnis von Mischungen und Konflikten der verschiedensten Völker und Traditionen, und die eindrucksvolle Einheit von Nation, Staat und Kultur, die Frankreich darstellt, ist nicht »Natur«, sondern eben historisch gewordenes gesellschaftliches Werk.[22]

Der heutige Ort La Bégude de Mazenc ist ein sehr junger Ort. Bis etwa 1900 war das an einem Hügel gelegene Châteauneuf de Mazenc für die Region von großer Bedeutung. Verwaltungsgebäude, Schulen, eine Kirche, und drei Bäckereien waren nur ein Teil der zur Verfügung stehenden Infrastruktur und die Stadtmauer und die Lage am Hang sollten Sicherheit bieten. Mit der industriellen Revolution, dem Bau der Eisenbahn von Montélimar nach Dieulefit und dem Ausbau der Straßen erschien das Wohnen und Leben am Hang immer beschwerlicher und es zog die Menschen hinunter nach La Bégude an die Hauptverkehrsadern, an Eisenbahn und Straße. Als Ernest Jouhy 1955 das alte Pfarrhaus von Châteauneuf erwarb, lebten noch ca. 50 Personen im Ort, die meisten Gebäude waren verfallen oder in einem stark renovierungsbedürftigen Zustand. Allerdings zeichnete

---

[20] Ernest Jouhy greift das Thema Vercors in der Erzählung »Identität« auf. Sie kann ab S. 205 in diesem Buch nachgelesen werden.

[21] protestantisch, ketzerisch.

[22] Ernest Jouhy, Warum die Gründung des FIEF? Warum in La Bégude de Mazenc?, a. a. O.

Abb. 17: Ernest Jouhy im Hof des FIEF

sich bereits damals eine neue Entwicklung, ein gegenläufiger Zeitgeist, ab: Künstler und andere in den Reiz der Landschaft verliebte Menschen belebten den Ort aufs Neue und 1961 wurde Châteauneuf von der Gemeinde La Bégude an die Wasserversorgung angeschlossen. Beim Ausbau des FIEF achtete Jouhy darauf, dass der architektonische Reiz der Gebäude nicht verlorenging, und in der Tat wirken der Charme der Anlage und die provençalische Atmosphäre noch heute auf die Besucher.[23]

Ganzheitliches Lernen mobilisiert alle Sinne: Sehen, Hören, Riechen und Schmecken. Internationale Gastronomie gehört heute zwar zu den Selbstverständlichkeiten unseres Alltags, ein französisches Menü unterscheidet sich aber nach wie vor deutlich von deutschen Essgewohnheiten. Kochen gilt nicht als leidige Notwendigkeit, sondern als Kunst und diese Kunst ist kein Vorrecht der Reichen. Die »Kultur des Essens, die Komposition einer Mahlzeit aus Hors d'oeuvre, Entrée, Fleischgang mit Gemüse, Salat, Käse und Früchten hat sich bis in die letzte Hütte verbreitet« und ein qualifiziertes Gespräch über die Kunst des Kochens ist selbstverständlicher Bestandteil von Bildung.[24] Um dies erlebbar zu machen, gehört – auch heute noch – gutes Essen zum Konzept des FIEF: »Wenn das Essen gut ist,

---

[23] Wer sich für aktuelle Angebote des FIEF interessiert, findet sie unter: www. lefief-drome.com

[24] Dr. Hannah Vogt, a. a. O., S. 11.

106

ist es der Aufenthalt auch.«[25] In den Anfängen betätigte sich auch Ernest Jouhy als Koch und auch später hat er es sich nicht nehmen lassen, das Essen zu verteilen. Ernest Jouhy mit der Schöpfkelle in der Hand, dieses Bild dürfte vielen, die ihn persönlich kannten, noch präsent sein.

Das Konzept in der Praxis

Konzeptentwicklung und die Entfaltung pädagogischer Praxis gingen bei Ernest Jouhy Hand in Hand, und so fuhr bereits 1953 in den großen Ferien eine erste Gruppe von Schülerinnen und Schülern mit Ernest Jouhy zu einem ersten »Stage« (so viel wie Lehrgang, Kursus) nach Frankreich, um das Land besser kennenzulernen und den Versuch zu unternehmen, mit Franzosen ins Gespräch zu kommen. In gewisser Weise waren die Jouhys und ihre Schüler Pioniere, das Deutsch-Französische Jugendwerk wurde erst im Jahr 1963 gegründet.[26]

Schon die erste Fahrt nach Dieulefit stand unter der Prämisse, durch Vergleiche und durch Begegnungen im Ausland politisches Bewusstsein zu bilden und eine Methodik anzuwenden, die über den klassischen Schulunterricht hinausweist. Jouhy teilte die Kritik an der staatlichen Schule. Wie viele Soziologen und Pädagogen stand auch er – so Gudrun Dressler Jouhy – »der effektiven Wirkung des theoretisch abstrakten politischen Unterrichts in der Schule skeptisch gegenüber. Auch für ihn und seine Mitarbeiter waren politisches Bewusstsein, politisches Selbstverständnis nur Ergebnis gesamtexistentieller Erfahrung, die die Pädagogik entscheidend

---

[25] Andrea Basermann, Eindrücke und Überlegungen eines Kursteilnehmers, in: 1961–1981. F.I.E.F. Bezeugungen. Festschrift zum zwanzigjährigen Bestehen des F.I.E.F., 1981, ohne Seitenangaben, Archiv FIEF.

[26] Es muss erwähnt werden, dass die Initiative Ernest Jouhys in eine Zeit fiel, in der auch andere Träger Initiativen für einen deutsch-französischen Jugendaustausch ergriffen. Um 1950 fanden – nicht zuletzt motiviert durch den beginnenden kalten Krieg – eine Reihe von deutsch-französischen Jugendbegegnungen statt, unter anderem organisiert von der »Gesellschaft für übernationale Zusammenarbeit (GüZ)«, dem Deutsch-Französischen Institut in Ludwigsburg und dem Institut für Internationale Begegnungen Freiburg. Bereits 1948 hatten mehr als 4000 Jugendliche, vor allem aus dem süddeutschen Raum, an solchen Begegnungen teilgenommen. Siehe dazu: Prof. Dr. Ulrich Pfeil, Dr. Corine Defrance, Das Deutsch-Französische Jugendwerk feiert seinen 50. Geburtstag, in: 50 Jahre Deutsch-Französisches Jugendwerk, Berlin 2013, S. 17 ff.

zu ermöglichen hat.«[27] Neben den klassischen Vortrag und die Diskussion darüber treten in Jouhys Pädagogik die Befragung (Enquêtes) von Fachleuten, von Zeitzeugen und von Passanten, die Exkursion, die Gruppenarbeit und die Dokumentation der Ergebnisse. Dabei folgt die Methode dem Inhalt und es ist Aufgabe der Pädagogen, Methode, Inhalt und die Lernvoraussetzungen der Lernenden in ein fruchtbares Verhältnis zu bringen. Wie dies im FIEF gelang (und auch heute noch gelingen kann) dokumentiert die Festschrift zum 20. Jubiläum des Hauses in zahlreichen Berichten und Dankschreiben. Anneliese Schäfer, ebenfalls Lehrerin an der OSO, schildert eine beeindruckende Begegnung im Rahmen des ersten Seminars, das noch in Dieulefit durchgeführt wurde:

> Besonders eindringlich ist allen, die daran teilnahmen, eine Begegnung in Erinnerung, die Ernest Jouhy bewusst veranlasst hatte. Er kündigte uns den Besuch einer Bekannten aus Paris an, die im Ministerium für Jugend und Sport arbeitete und die seine Bemühungen um Verständigung strikt ablehnte. Sie hatte selbst in den letzten Kriegswochen ihren Mann im Kampf gegen die Deutschen verloren. Sie verstand deutsch, aber sie wollte es nicht verstehen und erst recht nicht sprechen. Madame T. traf ein und nahm an unserer Mittagsmahlzeit unter den Platanen teil; und es gelang – nach einer Weile der Befangenheit, ja Verstörtheit, unseren Jungen und Mädchen, die erst mühsam und stockend Französisch sprachen, dann doch nach und nach einen deutschen Satz dazwischen wagten, die verständlicherweise starken emotionalen Widerstände des Gastes zu lösen und sie für eine versöhnlichere Einstellung zu gewinnen. Das »Auf Wiedersehen« am Ende des Gesprächs blieb uns allen ermutigend im Bewusstsein.[28]

Mit den Jahren wurde das Konzept weiter entwickelt und hatte bei der offiziellen Gründung des FIEF bereits ebenso konkrete Gestalt angenommen wie das Netzwerk von Unterstützerinnen und Unterstützern. Der FIEF kooperierte sehr eng mit dem Hessischen Institut für Lehrerfortbildung, der Reinhardswaldschule, der Hessischen Landeszentrale für politische Bildung (bzw. ihren Vorgängerorganisationen Hessisches Lehrerfortbildungswerk und Hessische Landeszentrale für Heimatdienst), dem Hessischen Volkshochschulverband und nach dessen Gründung 1963 mit dem Deutsch-Französischen Jugendwerk; Kurse des FIEF wurden in das Programm des Hessischen Landesinstitutes für Pädagogik aufgenommen. Der FIEF bot vor allem zweiwöchige Kurse für Gruppen von Lehrern, Studenten, Schü-

---

[27] Gudrun Dressler-Jouhy, Überlegungen zur politischen Erziehung durch Auslandsfahrten zum FIEF, in: 1961–1981. F.I.E.F. Bezeugungen, a. a. O.

[28] Anneliese Schäfer, Die Odenwaldschule (OSO) und der FIEF, in: 1961–1981. F.I.E.F. Bezeugungen, a. a. O.

Dans le cour du Fief avant le départ pour la Hesse le 18/7/1963

Abb. 18: Abschlussfoto eines Lehrgangs des Hessischen Lehrerfortbildungswerkes 1963

lern, Kommunalpolitikern und Volkshochschulen an, die einen Einblick in die geschichtliche, soziale und kulturelle Problematik Frankreichs ermöglichen, europäische Perspektiven eröffnen und zu einem Überdenken der eigenen (deutschen) Existenz und des eigenen Lebensstils führen sollten.

Der FIEF verstand sich zwar primär als ein Haus der politischen und kulturellen Bildung, es wurden aber auch Sprachkurse angeboten. Diese waren allerdings aufs Engste mit dem eigentlichen Ziel verknüpft und die pädagogischen Grundintentionen in den Sprachunterricht einbezogen: Die Vermittlung der Sprache und der Austausch von Informationen dienten wie alle Aktivitäten des FIEF dazu, Menschen einander näherzubringen.

Auch heute noch ist die landschaftliche, klimatische, architektonische Differenz, die im FIEF Ankommende empfinden, beeindruckend. Wie ausgeprägt muss dieses Gefühl in den Anfangsjahren gewesen sein, insbesondere für die Besucher/innen, die zum ersten Mal nach Frankreich reisten? Dieser Kontrast, diese wie Jouhy schreibt »Schockwirkung«, sollte zu einer »möglichst allseitigen Aufgeschlossenheit und Neugier führen«,[29] die durch

---

[29] Ernest Jouhy, Das »Foyer International d'Études Françaises«, in: Ursula Men-

Gastlichkeit und gute Küche weiter befördert wurde. Die damals meist zwölf-
tägigen Seminare boten den Teilnehmerinnen und Teilnehmern Vorträge zu
Themen wie »Die Provence und ihre Bevölkerung«, »Das Deutschlandbild
in Frankreich – Weltkriege, Widerstand, Aussöhnung«, »Politische Strukturen und Bewegungen« oder »Kunst und Literatur« an, wobei pro Lehrgang
zwei bis vier Themen ausführlich bearbeitet werden sollten. Diskussionen,
Interviews und Kontakte mit der Bevölkerung gehörten ebenso zum Programm wie Ausflüge in die nähere Umgebung, um historische Stätten, etwa
das Schloss von Grignan, den Vercors, die moderne Industrie des Rhônetals,
die Ardèche oder die Mittelmeergegend zu erkunden.[30]

Der FIEF sollte als deutsch-französische Bildungsstätte frei von par-
teipolitischen und staatlichen Einflüssen sein. Ernest Jouhy hatte den
Ehrgeiz, aus eigener Kraft, zusammen mit Freunden und Unterstützern
diese Bildungsstätte zu schaffen und ihren Betrieb aufrecht zu erhalten.
Im weitesten Sinne gehörten dazu auch die Lehrerinnen und Lehrer, die
»qualifizierte Kurse« im FIEF besuchten, sie sollten als Multiplikatoren
und Multiplikatorinnen wirken. Die Teilnahme an diesen Seminaren war
Vorbereitung und Voraussetzung für den Aufenthalt mit einer Schulklasse
oder einem Kurs mit Jugendlichen. Die Kenntnisse und das Wissen für ein
besseres Frankreichverständnis wurden so in einer Art Schneeballprinzip
weitergegeben. Von heute aus betrachtet kann nur mit Wehmut auf die hier
praktizierte Form der Lehrer/innenbildung zurückgeblickt werden. Zwölf-
tägige inhaltlich und methodisch intensive Kurse, die auf eine praktische
Umsetzung am gleichen Ort zielen und noch dazu finanziell bezuschusst
werden, es wäre zu schön, wenn aus dieser Vergangenheit wieder Gegenwart oder zumindest nahe Zukunft werden könnte.

Organisation

Es ist bereits deutlich geworden, dass der FIEF seine Aufgaben nur bewältigen konnte, indem er breite Unterstützung sowohl in finanzieller als auch
in technisch organisatorischer Hinsicht erhielt. Bereits im Mai 1964 übertrug Ernest Jouhy seine Eigentumsrechte an die »Eigentümergemeinschaft
Odenwaldschule – Marl«,[31] 1977 gingen diese Rechte an den französischen

---

zemer, Herbert Stubenrauch, a. a. O., S. 239
[30] Informationsbroschüre des FIEF aus den frühen siebziger Jahren, Archiv FIEF.
[31] Dr. Hannah Vogt, a. a. O., S. 10.

Verein über, der seitdem Träger des Hauses ist. Die Qualität und der Umfang des um den FIEF entstandenen Netzwerkes werden in der Broschüre zum 20-jährigen Bestehen des FIEF dokumentiert.[32] Der Untertitel »Grüße«, »Analysen« und »Erinnerungen« verweist auf die Vielschichtigkeit der Beiträge und die Institutionen, für die die Gratulanten stehen, auf die Bedeutung, die der FIEF nach 20 Jahren Arbeit für die deutsch-französische Freundschaft erworben hatte. So finden sich von französischer Seite neben dem Grußwort von Jacques Portal, dem damaligen Bürgermeister von La Bégude unter anderem Texte von Anne Marie Bouisson von der Universität Lille, von Pierre-Paul Sagave von der Universität Nanterre und Claude et Marcelle Husson von der Préfecture de la Drôme in Valence. Von deutscher Seite grüßen das hessische Regierungspräsidium Darmstadt, Kurt Sieber, FDP-Abgeordneter im bayerischen Landtag für den deutsch-französischen Freundeskreis Haßberge-Tricastin, Heinrich Ennemann für den Volkshochschulverband Hessen, Hannah Vogt für die Hessische Landeszentrale für politische Bildung, Odulf Jakobi für die Pfalzakademie Lambrecht/Pfalz, Johannes Vandenrath vom Goethe-Institut Lille und Axel Rütters für den Syndikat Verlag und die Europäische Verlagsanstalt.

Ohne hier die einzelnen Entwicklungsphasen detailliert darzustellen, kann die organisatorische Struktur des FIEF als Kombination von zwei Förderkreisen beschrieben werden. Der französische Förderkreis aus Erziehern und Politikern der Region war vor allem damit beschäftigt, regionale Unterstützung zu gewinnen und den alltäglichen Seminarbetrieb des FIEF zu gewährleisten. Dies konnte von der Tätigkeit als Interviewpartner oder Referent bis hin zur regelmäßigen Leitung von Seminaren reichen. Die Arbeit des französischen Vereins erfolgte ebenso wie die des deutschen Förderkreises ehrenamtlich. Erster Präsident des französischen Vereins war ab 1962 Marc Préault, Conseiller Général de Dieulefit, er wurde abgelöst von Jacques Portal, Maire de La Bégude de Mazenc. Die Präsidenten des Vereins repräsentierten den FIEF vor allem nach außen, während Ernest Jouhy (bis 1969) und Bernard Martini als Direktoren die Leitung des Hauses innehatten. Bernard Martini hatte Ernest Jouhy während eines längeren Deutschlandaufenthaltes in Frankfurt kennengelernt und Jouhy konnte den französischen Deutschlehrer für die Idee seines FIEF begeistern. Bereits ab 1962 war Bernard Martini unter anderem als »Rechner« für den französischen Verein tätig und mit Jouhys Wechsel an die Goethe-Universität übernahm er ehrenamtlich die Leitung des FIEF.

---

[32] 1961–1981. F.I.E.F. Bezeugungen, a. a. O.

Mit viel Engagement trieben er und seine Frau Madeleine die Entwick-lung des FIEF weiter voran.

Der deutsche Förderkreis des FIEF wurde bereits 1961 gegründet. Für den Vorsitz konnte Ernest Jouhy den damaligen Leiter des Hessischen Lehr-erfortbildungswerkes Prof. Karl Seidelmann gewinnen. Die erste Satzung übertrug dem deutschen Förderverein die Aufgabe, »das Foyer Internatio-nal d'Études Françaises ideell und materiell zu fördern, um interessierten Deutschen unter sachlicher pädagogischer Leitung eine Begegnung mit der Lebensart Frankreichs zu ermöglichen und damit der deutsch-franzö-sischen Verständigung zu dienen«.[33] Aufgabe des deutschen Fördervereins war es insbesondere in den ersten Jahren des FIEF, Kontakte zu Lehrern, Schulen, Studenten, Volkshochschulen und anderen Trägern von Bildungs-einrichtungen herzustellen und eine möglichst regelmäßige Belegung mit Gruppen aus Deutschland zu sichern. So konnte der FIEF im Jahr 1966 18 vierzehntägige Kurse mit ca. 6.000 Übernachtungen realisieren. Der Umfang der zu bewältigenden Korrespondenz mit interessierten Gruppen nahm kontinuierlich zu und steht für das große Interesse dieser Zeit, an der deutsch-französischen Verständigung zu arbeiten. Ein Großteil der dabei anfallenden »Bürokratie« wurde von Gudrun Dressler, Geschäftsführerin des Vereins und Lehrerin an der Odenwaldschule, bewältigt.

Mit viel persönlichem Engagement und nicht zuletzt mit erheblichen privaten finanziellen Mitteln gründete und entwickelte Ernest Jouhy den FIEF, sein französisches Heim. Das beständige Streben nach Ausbau und Verbesserung der Standards einerseits und das Streben nach institutionel-ler Unabhängigkeit andererseits stellten den FIEF immer wieder vor große finanzielle Probleme. Grundsätzlich galt – und gilt auch heute noch – das Prinzip, dass durch die Kursteilnehmer/innen und Spenden die Kosten des FIEF gedeckt werden mussten. Öffentliche Zuschüsse zum Unterhalt des Hauses, wie sie zu dieser Zeit Heimvolkshochschulen, Akademien oder Jugendbildungsstätten erhielten, gewährte in den Anfangsjahren der fran-zösische Staat, von deutscher Seite gab es lediglich Unterstützung in Form von Zuschüssen der Hessischen Landeszentrale für politische Bildung und später auch durch das Deutsch-Französische Jugendwerk.[34] In dem Maße,

---

[33] Dr. Hannah Vogt, a. a. O., S. 8.

[34] Die Kosten für einen zweiwöchigen Lehrgang des »Hessischen Lehrerfortbil-dungswerkes« beliefen sich 1963 auf 400,00 DM, wovon die Teilnehmer/innen lediglich 140,00 DM selbst tragen mussten. Quelle: Anschreiben des Hessi-schen Lehrerfortbildungswerkes vom 14. Juni 1963, Archiv FIEF.

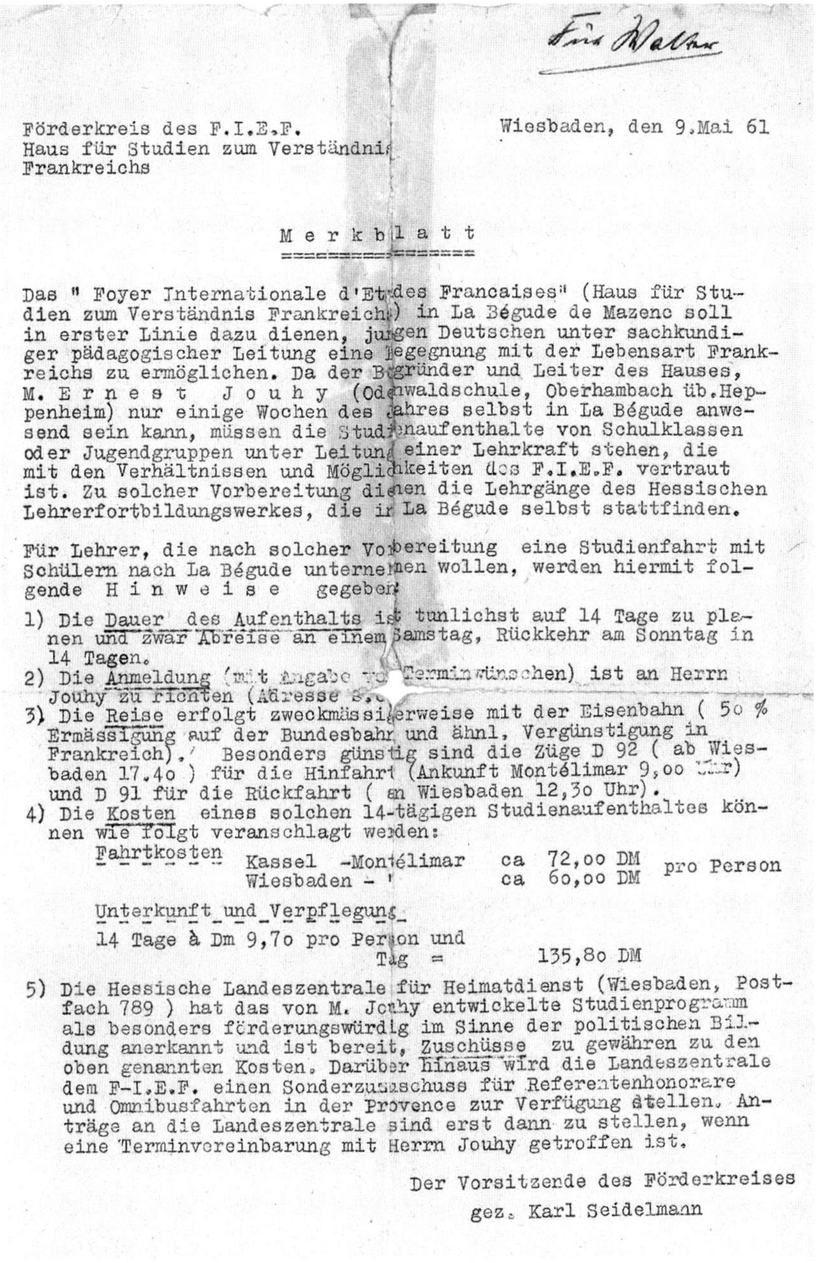

Für Walter

Förderkreis des F.I.E.F.   Wiesbaden, den 9.Mai 61
Haus für Studien zum Verständnis
Frankreichs

M e r k b l a t t
========================

Das " Foyer Internationale d'Etudes Francaises" (Haus für Studien zum Verständnis Frankreichs) in La Bégude de Mazenc soll
in erster Linie dazu dienen, jungen Deutschen unter sachkundi-
ger pädagogischer Leitung eine Begegnung mit der Lebensart Frankreichs zu ermöglichen. Da der Begründer und Leiter des Hauses,
M. E r n e s t   J o u h y (Odenwaldschule, Oberhambach üb.Hep-
penheim) nur einige Wochen des Jahres selbst in La Bégude anwe-
send sein kann, müssen die Studienaufenthalte von Schulklassen
oder Jugendgruppen unter Leitung einer Lehrkraft stehen, die
mit den Verhältnissen und Möglichkeiten des F.I.E.F. vertraut
ist. Zu solcher Vorbereitung dienen die Lehrgänge des Hessischen
Lehrerfortbildungswerkes, die in La Bégude selbst stattfinden.

Für Lehrer, die nach solcher Vorbereitung eine Studienfahrt mit
Schülern nach La Bégude unternehmen wollen, werden hiermit fol-
gende H i n w e i s e   gegeben:

1) Die Dauer des Aufenthalts ist tunlichst auf 14 Tage zu planen und zwar Abreise an einem Samstag, Rückkehr am Sonntag in
   14 Tagen.
2) Die Anmeldung (mit Angabe von Terminwünschen) ist an Herrn
   Jouhy zu richten (Adresse s.o.
3) Die Reise erfolgt zweckmässigerweise mit der Eisenbahn (50 %
   Ermässigung auf der Bundesbahn und ähnl. Vergünstigung in
   Frankreich). Besonders günstig sind die Züge D 92 (ab Wiesbaden 17.4o) für die Hinfahrt (Ankunft Montélimar 9,oo Uhr)
   und D 91 für die Rückfahrt (an Wiesbaden 12,3o Uhr).
4) Die Kosten eines solchen 14-tägigen Studienaufenthaltes können wie folgt veranschlagt werden:
   Fahrtkosten   Kassel -Montélimar   ca 72,oo DM   pro Person
                 Wiesbaden - '   ca 60,oo DM

   Unterkunft und Verpflegung
   14 Tage à Dm 9,7o pro Person und
                          Tag =   135,8o DM

5) Die Hessische Landeszentrale für Heimatdienst (Wiesbaden, Post-
   fach 789) hat das von M. Jouhy entwickelte Studienprogramm
   als besonders förderungswürdig im Sinne der politischen Bildung anerkannt und ist bereit, Zuschüsse zu gewähren zu den
   oben genannten Kosten. Darüber hinaus wird die Landeszentrale
   dem F-I.E.F. einen Sonderzuschuss für Referentenhonorare
   und Omnibusfahrten in der Provence zur Verfügung stellen. An-
   träge an die Landeszentrale sind erst dann zu stellen, wenn
   eine Terminvereinbarung mit Herrn Jouhy getroffen ist.

                          Der Vorsitzende des Förderkreises

                             gez. Karl Seidelmann

*Abb. 19: Informationsblatt des Förderkreises des FIEF für Lehrerinnen und Lehrer, unter-
zeichnet von Karl Seidelmann, damals Leiter des Hessischen Lehrerfortbildungswerkes*

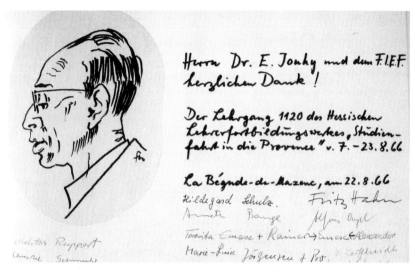

Abb. 20: Portrait von Ernest Jouhy aus dem Gästebuch des FIEF

in dem sich das Verhältnis zwischen Frankreich und Deutschland besserte, die deutsch-französische Freundschaft Realität wurde und eine verfehlte Sparpolitik die Etats der politischen Bildung schrumpfen ließ, nahmen auch die Möglichkeiten der Bezuschussung von Seminaren im FIEF ab.

Resümee

Die Auflistung der Personen und der Institutionen, die mit dem FIEF verbunden waren, ihn trugen, unterstützten oder mit ihm kooperierten, die namhaften und weniger namhaften Mitstreiterinnen und Mitstreiter der Fördervereine trugen durch ihr ehrenamtliches Engagement für den FIEF zum Erfolg des Hauses bei, gewährten oder warben für materielle Unterstützung und förderten vor allem die »geistige Resonanz«[35] des Unternehmens. Im Zentrum dieses Netzwerkes stand zeit seines Lebens Ernest Jouhy, er war bis zu seinem Tod 1988 leidenschaftlicher Motor dieser Struktur. Im April 1986, 25 Jahre nach Gründung des FIEF, bilanziert Ernest Jouhy in einem Brief an Freunde und Förderer: »Weit über 10.000 Deutsche aller Schichten und Altersstufen haben eine neue Form interkulturellen Lernens erfahren, sind sich weit nachhaltiger der französischen

---

[35] Ernest Jouhy, Warum die Gründung des FIEF? Warum in La Bégude de Mazenc?, a. a. O.

wie der deutschen Wirklichkeit und ihrer Werte bewusst geworden, als dies anderswo möglich war.«[36] Der FIEF bot Ernest Jouhy die Möglichkeit, seine Vorstellung von politischer Bildung, seine Vorstellung von exemplarischem Lernen und von der Wiederbelebung humanistischen Denkens zu realisieren. Wie an keinem anderen Ort seines Wirkens konnte er hier seine Theorie in von ihm verantwortete Praxis umsetzen und in Frankreich und Deutschland gleichzeitig leben.

Für seine Verdienste um die deutsch-französische Verständigung wurde Ernest Jouhy bereits 1965 durch das französische Ministerium für Erziehung geehrt und 1983 erhielt er das große Verdienstkreuz des Verdienstordens der Bundesrepublik Deutschland. Er trug zur Entwicklung eines positiven deutsch-französischen Verhältnisses bei, zu einer Situation, die wir offensichtlich viele Jahre zu leichtfertig als selbstverständlich hingenommen haben. Die Wiederbelebung nationalistischer Denkmuster in Deutschland und Frankreich zeigt, dass auch positive Beziehungen zwischen den Völkern kontinuierlicher »Beziehungsarbeit«, d. h. kontinuierlicher politischer Bildung bedürfen. Das Kürzen von entsprechenden Zuschüssen und das Vernachlässigen von Austausch- und Begegnungsprogrammen rächen sich. Wird das Kennenlernen und Verstehen des Nachbarn und der Nachbarin aus dem Auge verloren, löst sich der soziale Zusammenhalt Europas auf. Jouhys Ansatz in der politischen Bildung ist daher heute aktueller denn je.

---

[36] Ernest Jouhy, April 1986, Archiv des Kreises der Freunde und Förderer des FIEF.

115

Bernd Heyl

Zusammenarbeit auf Augenhöhe.
Pädagogik : Dritte Welt

Mit dem Begriff »Dritte Welt« wurden seit den 1950er Jahren in einer gewissen Analogie zum »Dritten Stand« die »unterentwickelten Länder« bezeichnet. Er bekam in der Zeit des Kalten Krieges als eine Bezeichnung der blockfreien Staaten einen politischen Charakter, den diese Länder dann auch bewusst für sich akzeptiert haben. Es sollte damit unterstrichen werden, dass sie in der Ost-West-Konfrontation einen »dritten Weg« einschlagen wollen. Mit der Dekolonisierung unterlag der Begriff einem wiederholten Bedeutungswechsel.[1] Kritik entwickelte sich vor allem am eurozentristischen Blick auf diese Länder.

Die Länder der »Dritten Welt« wurden von Ost und West umworben. Viele schlossen sich der Bewegung der Blockfreien an.[2] Unterstützung fanden die jungen Staaten durch Solidaritätsbewegungen in den industrialisierten Zentren – durchaus auch konkret unterschiedlich akzentuiert –, und es galt das politische Paradigma, dass die »Völker« der Dritten Welt als unterdrückte Völker, also als handelnde Subjekte, einen entscheidenden Beitrag zu einer besseren Welt leisten können.[3] Vielen, wie etwa Frantz Fanon, galt die Dritte Welt dabei als Avantgarde. Er stellte an das Ende seines

---

[1] Einen Überblick gibt Jürgen Dinkel in seinem Artikel »Dritte Welt«- Geschichte und Semantiken auf der Website »Docupedia-Zeitgeschichte« unter http://docupedia.de/zg/Dritte_Welt.
    Da der Begriff Dritte Welt im Kontext dieses Aufsatzes positiv konnotiert ist, wird auf die Verwendung von Anführungszeichen in der Regel verzichtet.

[2] Ausgangspunkt der Bewegung der Blockfreien war die Konferenz von Bandung 1955. Die Blockfreien verurteilten die Blockbildung in der Zeit des Ost-West-Konfliktes und setzten sich für friedliche Koexistenz und Abrüstung ein. Mit der Auflösung des Warschauer Paktes Anfang der 1990er Jahre verloren sie an Bedeutung. In den 1960er und 1970er Jahren waren sie selbstbewusster Repräsentant der Dritten Welt.

[3] Mao Tse Dong wird die Losung: »Proletarier aller Länder und unterdrückte Völker, vereinigt euch!« zugeschrieben.

programmatischen Buches »Die Verdammten dieser Erde« einen patheti-
schen Appell mit durchaus pädagogischen Implikationen:

> Für die Dritte Welt geht es darum, eine Geschichte des Menschen zu beginnen,
> die den von Europa einst vertretenen großartigen Lehren, aber zugleich auch
> den Verbrechen Europas Rechnung trägt [...]. Für Europa, für uns selbst und
> für die Menschheit, Genossen, müssen wir eine neue Haut schaffen, ein neues
> Denken entwickeln, einen neuen Menschen auf die Beine stellen.[4]

Das Engagement von Ernest Jouhy für »Pädagogik : Dritte Welt« als Lern-
und Studienbereich beginnt, als die Dekolonisierung bis auf Ausnahmen –
wie das südliche Afrika – weitgehend abgeschlossen war. Diese politische
Weltlage konnte nicht ohne Auswirkungen auf die Diskussionen im Bereich
der Entwicklungspolitik und der universitären Forschung und Lehre bleiben. Bereits in der 1961 geschaffenen Frankfurter »Hochschule für Erziehung« versuchte Heinz-Joachim Heydorn, »die Pädagogik aus der nationalen Enge herauszuführen (und) internationale Verbindungen aufzubauen«.[5]
In der Folge wurde es für eine große Zahl ausländischer Studentinnen und
Studenten attraktiv, in Frankfurt Erziehungswissenschaft zu studieren.

Ernest Jouhy lernte Heydorn in seiner Zeit als Studienleiter an der
Odenwaldschule kennen. Seit den fünfziger Jahren kooperierten Lehrer
der international aufgeschlossenen Odenwaldschule mit dem Pädagogischen Institut Jugenheim. Auf Jouhy war das dort tätige Ehepaar Heydorn
aufgrund seines Emigrantenschicksals und seiner vielfältigen politischen
und pädagogischen Erfahrungen aufmerksam geworden. Als 1968 an der
»Abteilung für Erziehungswissenschaft« der Johann Wolfgang Goethe-
Universität in Frankfurt (AfE) eine Dozentenstelle am »Seminar für Soziologie« frei wurde, bewarb sich Ernest Jouhy und konnte ab 1. Januar
1969 in Frankfurt tätig werden. Zwei Jahre später wurde er als Beamter

---

[4]   Frantz Fanon, Die Verdammten dieser Erde, rororo Taschenbuchausgabe, o. O.
      1969, S. 242.
[5]   Egon Becker, Wer zu früh kommt, den bestrafen die Gremien, in: Vathsala
      Aitthal, Nausikaa Schirilla, Hildegard Schürings, Susanne Weber (Hrsg.): Wis-
      sen – Macht – Transformation. Interkulturelle und internationale Perspektiven.
      Festschrift für Patrick V. Dias, Frankfurt 1999, S. 34.
      Heinz-Joachim Heydorn wurde 1959 als außerordentlicher Professor an das
      Pädagogische Institut in Jugenheim berufen und 1961 auf eine Professur für
      Erziehungs- und Bildungswesen an der Hochschule für Erziehung in Frank-
      furt am Main, die 1967 der Johann Wolfgang Goethe-Universität Frankfurt am
      Main angegliedert und Anfang der 1970er Jahre fachspezifisch in die neu gebil-
      deten universitären Fachbereiche eingegliedert wurde.

auf Lebenszeit auf eine »Professur für Sozialpädagogik im neu gebildeten Fachbereich Erziehungswissenschaften« berufen.[6]

Bildungsforschung mit der Dritten Welt

Ernest Jouhy stand mit seiner ganzen Person für eine Überwindung nationalistischer und eurozentristischer Haltungen auch in der Wissenschaft, und er war überzeugt davon, dass – wie in den industrialisierten Ländern auch in den Ländern des globalen Südens – jede Form von »Entwicklung« eine pädagogische Seite hat, die auch hier der kritischen Beleuchtung bedarf. Konkret inspirierend war für ihn ein medienpädagogisches Projekt außerschulischer Bildung in Indonesien, das er gemeinsam mit Günther Böhme, damals Dekan des Fachbereichs Erziehungswissenschaft, im Auftrag der Friedrich Naumann Stiftung begleitete und auswertete. In der Folge kam es zu einem ersten Wissenschaftleraustausch zwischen den Universitäten Jogyakarta (Java) und der Johann Wolfgang Goethe-Universität Frankfurt am Main.[7] Jürgen D. Wickert dokumentierte das Projekt in dem Buch »Der Berg im Koffer«.[8] Aufbauend auf diese Aktivitäten gelang es Ernest Jouhy 1975 an der Johann Wolfgang Goethe-Universität in Frankfurt ein neues Forschungs- und Studienfeld zu initiieren, das zu seiner Zeit »ohne Beispiel in der deutschen Universitätslandschaft war«[9] und aus dem dann zu Beginn der achtziger Jahre der Aufbaustudiengang »Pädagogik in der Dritten Welt«, später »Erziehung und Internationale Entwicklungen«, hervorging.

Ernest Jouhys Initiativen müssen im engen Zusammenhang mit der im Juni 1978 durch Beschluss des Vorstandes der »Deutschen Gesellschaft für Erziehungswissenschaft« gegründeten Kommission »Bildungsforschung mit der Dritten Welt« (BDW) gesehen werden. Die Gründung dieser Kommission ist eng verknüpft mit der Kritik an der damals dominierenden entwicklungspolitischen Konzeption der »nachholenden Modernisierung«, eine Kritik, die im Umfeld des Arnold-Bergstraesser-Institutes u. a. von Patrick V. Dias

---

6 Wilma Grossmann, Berthold Simonsohn, Frankfurt am Main 2007, S. 293 f.
7 Rainer Brähler, Pädagogik in der Dritten Welt als Studienfach – Wider die Entpolitisierung von Erziehung und Bildung, unveröffentlichtes Manuskript, Frankfurt 2017.
8 Jürgen D. Wickert, Der Berg im Koffer. Lernen mit der fremden Kultur Indonesien, Frankfurt am Main 1982.
9 Günther Böhme: Anfang, Ende, Fortbestand. In: Vathsala Aitthal, Nausikaa Schirilla, Hildegard Schürings, Susanne Weber (Hrsg.), a. a. O., S. 31.

Abb. 21: Ernest Jouhy bei einem Seminar mit indonesischen Studenten

entwickelt wurde.[10] Verlangt wurden von der deutschen Entwicklungszusammenarbeit die Förderung kooperativer und begleitender Forschungsansätze, also eine »empirische Forschung im jeweiligen Entwicklungsland selbst, die zusammen mit den jungen Forschungsinstitutionen in diesen Ländern durchgeführt wird«.[11] Die Kommission ging davon aus, dass in der Bundesrepublik Deutschland relevante Forschung für das Bildungswesen von Drittweltländern »nur sporadisch und ohne hinreichenden kommunikativen Zusammenhang« betrieben werde und die Kenntnisse »sowohl über Drittweltländer im Allgemeinen als auch über ihr Bildungswesen und die zugehörige Forschung unter Bildungsforschern« gering seien. Dietrich Goldschmidt, damals Direk-

---

[10] Das Arnold-Bergstraesser-Institut für kulturwissenschaftliche Forschung ist ein 1960 gegründetes unabhängiges Forschungsinstitut mit Sitz in Freiburg im Breisgau. Es forscht zu Politik und Gesellschaft in Afrika, Asien, Lateinamerika und Nahost. Neben der Forschung gehört auch der Wissenstransfer in die breitere Öffentlichkeit und in die entwicklungspolitische Praxis zu den Aufgaben. [Webseite des Instituts, 16. Mai 2017]

[11] Gottfried Mergner, Wolfgang Nitsch u. a., Lernen und Bildung unter einschränkenden Bedingungen als Gegenstand von Bildungsforschung in der Nord-Süd-Kooperation, in: Wolfgang Nitsch, Marcel van der Linden, Claudia Lohrenscheit, Siegfried Grubitsch (Hrsg.), Statt Menschenliebe Menschenrechte, Frankfurt 2002, S. 216.

tor am Max Planck Institut für Bildungsforschung und Honorarprofessor für Soziologie an der FU Berlin, schlussfolgerte daraus:

> Orientierung über Bildungsforschung in Ländern der Dritten Welt ist sowohl zur Förderung der Bildungshilfe und der Zusammenarbeit mit Ländern der Dritten Welt politisch dringend notwendig als auch zur Überwindung des Eurozentrismus in der eigenen erziehungswissenschaftlichen Forschung, d. h. zur Erweiterung von deren praktischen und theoretischen Horizont, äußerst erwünscht.[12]

Ernest Jouhy und Patrick V. Dias, ab 1979 »Professor für Pädagogik in der Dritten Welt« am Fachbereich Erziehungswissenschaften der Johann Wolfgang Goethe-Universität, gehen jedoch an einem entscheidenden Punkt über diese Aufgabenbeschreibung hinaus: Übergreifendes Ziel ihres Forschungsbereichs und Studiengangs sollten die Beförderung transnationaler und transkultureller Erziehungsprozesse hin zu einem »solidarischen und friedlichen« Handeln sein. Der Aufbaustudiengang »Pädagogik : Dritte Welt« war konzipiert als »Einrichtung der Lehre und Forschung in einem Netz internationaler wissenschaftlicher Zusammenarbeit« und orientierte sich an Jouhys Grundüberzeugungen einer sich politisch verstehenden und auf Emanzipation zielenden Pädagogik. Der Studiengang, so der hochgesteckte Anspruch, sollte »einen Beitrag zu einer neuen weltgesellschaftlichen Ordnung ... leisten – gerade in Bezug auf die Subjektwerdung der Gemeinschaften und der Einzelnen«.[13]

Bildung – Blendwerk der Herrschaft

Im Jahr 1985 erscheint der Sammelband »Bleiche Herrschaft – dunkle Kulturen. Essays zur Bildung in Nord und Süd«. Wenn man so will, Jouhys Hauptwerk zum Thema »Pädagogik : Dritte Welt«, in dem er den Text »Bildung

---

[12] Dietrich Goldschmidt in: Zeitschrift für Pädagogik, 16. Beiheft, Dietrich Goldschmidt, Henning Melber (Hrsg.): Die Dritte Welt als Gegenstand erziehungswissenschaftlicher Forschung, Weinheim und Basel 1981, S. 5.
Die Kommission Bildungsforschung mit der Dritten Welt bestand 27 Jahre. Im Jahr 2005 wurden die Kommissionen »Vergleichende Bildungswissenschaft« und »Bildungsforschung mit der Dritten Welt« zur Kommission Vergleichende und Internationale Erziehungswissenschaft zusammengelegt. Vgl.: Dietmar Westkamp, Geschichte der Sektion, unter: http://www.siive.de/?page_id=15

[13] Patrick V. Dias, Ernest Jouhy: »Pädagogik : Dritte Welt« als Forschungsbereich und Studiengang, in: Beiträge zum internationalen Lehr- und Lernbereich: Erziehung, Entwicklung, Dritte Welt; Band 1, Frankfurt 1981, S. 6.

Blendwerk der Herrschaft« weiteren Essays »zur Bildung in Nord und Süd« voranstellt.[14] Jouhy betont, dass die grundlegenden humanwissenschaftlichen Theorien im kolonialistischen (und postkolonialen) Europa entstanden und immer auch Ideen der »Herrschenden« waren und sind. Jouhys Argumentation geht von diesem auf Karl Marx zurückgehenden Gedanken aus, er verweist aber immer wieder auch auf die Widersprüche dieser Ideen als sowohl Herrschaft begründend und legitimierend als auch die Voraussetzung schaffend für die Auflehnung »gegen den Inhalt und die Form des etablierten Denkens und Verhaltens«.[15] Dies gelte für die Erziehungswissenschaften, die Pädagogik generell und müsse im Hinblick auf Erziehung und Bildung in der Dritten Welt immer wieder konkret untersucht werden.

Jenseits der zu analysierenden konkreten Gesellschaften und Kulturen lassen sich jedoch gemeinsame Grundlinien kolonial geprägter Erziehungssysteme erkennen. Sie orientieren sich an europäischen Vorbildern, insbesondere im Hinblick auf den Erwerb von Zeugnissen und Zertifikaten, die

---

Kooperation mit Mexiko-City

Der Fachbereichsrat des Fachbereichs Erziehungswissenschaften der Universität Frankfurt hat in seiner Sitzung am 11. Juli 1978 einem wissenschaftlichen Kooperationsvertrag mit dem Centro de Estudios Educativos (CEE) in Mexiko-City zugestimmt. Damit konnte ein weiterer Schritt zum Aufbau der Studienrichtung Pädagogik in der Dritten Welt am Fachbereich 4 getan werden.

Da die curricularen Konzeptionen sowie die Forschungstätigkeit in der Studienrichtung nur im internationalen wissenschaftlichen Erfahrungsaustausch entwickelt werden können, ist geplant, Gastprofessoren aus Ländern der Dritten Welt verstärkt zu unserer Universität einzuladen, um einerseits die Lehrveranstaltungen im Rahmen der interdisziplinären Studienrichtung zu ergänzen, ihnen andererseits aber auch die Möglichkeiten zu ihrer eigenen Forschung zu geben.

Das Kooperationsabkommen sieht vor, daß Doktoranden bzw. Studenten an Forschungsprojekten informell beteiligt werden können, die vom CEE in Mexiko initiiert und verantwortet werden. Darüber hinaus sollen Hochschullehrer aus Frankfurt die Möglichkeit haben, im Rahmen solcher Kooperationsabkommen Seminare und Vorträge in Mexiko zu halten, um auch einen wissenschaftlichen Gedankenaustausch in Gang zu setzen.

Das Centro de Estudios Educativos wurde 1963 gegründet und untersucht als Forschungsinstitut pädagogische Probleme in Mexiko und überhaupt in Lateinamerika. Die Aufgabenbereiche des Instituts sind:

1. Mit Hilfe der Forschung dazu beizutragen, daß die für die Freiheit und Gerechtigkeit in den Gesellschaften Lateinamerika notwendigen wirtschaftlichen, sozialen, politischen und kulturellen Übergänge erzieherisch begleitet werden können.
2. Dafür Sorge zu tragen, daß entsprechend der erzieherischen Realität in Mexiko eine gut informierte und mündige Gesellschaft entsteht.
3. Sich im Rahmen der Forschung in den Dienst der Verbesserung der Erziehung in Mexiko und Lateinamerika zu stellen. (Aus: Revista del Centro de Estudios de Educativos, Mexico 1966 – Übers. v. Verf.)

Von besonderem Interesse ist die umfangreiche Bibliographie über die Erziehungssysteme von laufenden pädagogischen Forschungsprojekten in fast allen lateinamerikanischen Ländern. Laut Kooperationsabkommen zwischen dem CEE und dem Fachbereich Erziehungswissenschaften besteht für die deutschen Studenten die Möglichkeit, diese umfangreiche Dokumentation für ihre wissenschaftliche Arbeit zu benutzen. Weiterhin wird die persönliche Betreuung durch mexikanische Wissenschaftler zugesagt.

Weitere wesentliche Punkte des Vertragsabkommens sind:
– Aufnahme mexikanischer Postgraduierter, die einen Abschluß am FB Erziehungswissenschaften erlangen wollen;
– Gegenseitiger Austausch von Bibliographien zu ausgewählten erziehungswissenschaftlichen Problemen;
– Gegenseitige Hilfe für Hochschullehrer und Doktoranden in die Einführung von relevanten Forschungsgebieten.

Das CEE bietet für seine Wissenschaftler die Möglichkeit, ein dreimonatiges Seminar an der Johann Wolfgang Goethe-Universität im Rahmen der Lehrveranstaltungen zu geben. Der Fachbereich Erziehungswissenschaften ermöglicht dem CEE, daß Hochschullehrer aus Frankfurt beratend an einem erziehungswissenschaftlichen Projekt des CEE in Mexiko für drei bis vier Wochen mitarbeiten können. **Eckhard Deutscher**

Studienführer
Der Studienführer 1978/79 ist soeben erschienen. Für 1,50 Mark kann er bei den Pförtnerlogen im Juridicum und Hauptgebäude sowie bei der Informationsstelle der Stadt- und Universitätsbibliothek gekauft werden.

Abb. 22: Uni-Report der Johann Wolfgang Goethe-Universität, Freitag, 20. Oktober 1978

---

[14] Ernest Jouhy, Bleiche Herrschaft – Dunkle Kulturen, Frankfurt 1985, S. 3.
[15] Ebd., S. 4.

den Zugang zu Herrschaftspositionen und/oder einem hohen sozio-ökonomischen Status ermöglichen, d. h. sie sind, so Patrick V. Dias, »akademisch, formalistisch und städtisch orientiert und zeichnen sich durch vornehme Distanz gegenüber der einheimischen Kultur und der ländlichen Gesellschaft aus«.[16]

Nach dem Ende des Kolonialismus in den fünfziger und sechziger Jahren des vorigen Jahrhunderts bildeten sich in den Ländern Afrikas, Asiens und Lateinamerikas nationale Herrschaftsgruppen heraus, die sich je nach politischer Ausrichtung international orientierten, d. h. bis zur Auflösung des so genannten »sozialistischen Lagers« um 1990, entweder an diesem oder an den »Westmächten« oder an der »Bewegung der Blockfreien«. Auch wenn sich Ernest Jouhy immer wieder positiv auf die Befreiungsbewegungen der Dritten Welt bezieht,[17] kritisiert er den »global-schematischen Anti-Imperialismus« der Linken, fordert den »Abschied von der Produktion fiktiver Erlösungsideologie« und eine sachliche, wirklichkeitsbezogene Einstellung, um den Menschen eine »solidarisch wirksame Hilfe« im Kampf gegen »Gewalt, Unterdrückung, Identitätszerstörung und Krieg« zukommen zu lassen.[18] Jouhy bezieht in seine Kritik an den »Eliten« die Eliten der sich in den achtziger Jahren am Sozialismus orientierenden Drittweltländer mit ein, denn auch die »sozialistischen« Eliten wagten »keine gesellschaftlich-politische Kompetenz zu entwickeln, die dem Führungsanspruch gefährlich werden könnte«.[19] Bei aller notwendigen Kritik kann nach Jouhy aber auf diese Eliten dennoch nicht verzichtet werden. In den Ländern der Dritten Welt komme es auf allen Ebenen zur »Konfrontation von tradierter und moderner Kultur«, einer Konfrontation, die alle Ebenen der Produktion, der technischen Entwicklung und des Konsums umfasse und zu deren Bewältigung sowohl die »differenziert(e) Bildung städtischer Eliten« als auch die »elementar(e) Alphabetisierung der Massen« zwingend notwendig seien, um die »materielle Produktivkraft« der Länder des Südens zu entfalten.[20]

---

[16] Patrick V. Dias, Erziehungswissenschaft, Bildungsförderung und Entwicklung in der Dritten Welt, in: Zeitschrift für Pädagogik, 16. Beiheft, S. 34. Patrick V. Dias war Professor für Erziehungs- und Entwicklungsprozesse in der »Dritten Welt« an der Goethe-Universität.

[17] Siehe dazu u. a.: Ernest Jouhy, Wider den Kulturimperialismus, in: Ernest Jouhy, Günther Böhme, Eckhard Deutscher, Abhängigkeit und Aufbruch. Was soll Pädagogik in der Dritten Welt? Frankfurt am Main, 1978, S. 37.

[18] Ernest Jouhy, Bleiche Herrschaft – Dunkle Kulturen, Frankfurt 1985, S. 224 f.

[19] Ernest Jouhy, Dritte Welt: Erziehungsprobleme, in: ders., Klärungsprozesse, Bd. 4, S. 218.

[20] Ernest Jouhy, Wider den Kulturimperialismus, a. a. O., S. 19.

Wider den Kulturimperialismus

Bereits 1978 erschien im Peter Lang Verlag das programmatische Bändchen »Abhängigkeit und Aufbruch«, herausgegeben von Ernest Jouhy, Günther Böhme und Eckhard Deutscher. Im zentralen Text »Wider den Kulturimperialismus« stellt Ernest Jouhy die Frage: »Wozu eine Lehr- und Forschungsrichtung *Pädagogik in der Dritten Welt?*«[21] Außerdem arbeitet er die Differenz zwischen den grundsätzlichen Aufgaben der Pädagogik und ihren besonderen Aufgaben in der Dritten Welt heraus.

Das moderne Schul- und Bildungswesen entwickelt sich im Zuge der Industrialisierung zu einer zentralen Voraussetzung für technische und gesellschaftliche Innovation sowie kapitalistische Machtausübung. Infolgedessen wird Pädagogik als Wissenschaft etabliert. Diese Pädagogik wird für die Dritte Welt zu einem »Importprodukt des Kulturtransfers im Schlepptau der ökonomischen und politischen Veränderungen der Gesellschaftsstrukturen durch Kolonialisierung und Imperialismus«. Aus dieser »imperialistischen Vergewaltigung früherer autonomer Kulturen« ergeben sich nach Jouhy die besonderen Aufgabenstellungen einer »Pädagogik : Dritte Welt«.[22] Diese müsse sich zunächst ihres allgemeinen Ausgangspunktes vergewissern, sich aber auch der Problematik stellen, dass alle Wissenschaft und Technologie der Kolonialisten ambivalent sei, nämlich sowohl »Instrumentarium der Unterdrückung« als auch »universal umwälzendes Werkzeug der Entwicklung und Entfaltung der Völker der Dritten Welt«.[23]

Auf die Pädagogik in den Ländern der Dritten Welt bleiben diese Widersprüche nicht ohne Auswirkung: Jouhy zufolge »entwickelt sich gleichzeitig eine explosive, fortschrittliche und eine regressive autoritäre Pädagogik und ein entsprechendes Bildungssystem«, das einerseits etwa auf funktionale Alphabetisierung und andererseits auf »autoritär mechanische Vermittlung von importierten Techniken und ausgehöhlten Bruchstücken aus dem tradierten, eigenen Kulturgut« orientiert.[24] Es stellt sich damit die Frage, wie eine auf Emanzipation und Selbstbestimmung orientierende

---

[21] Ebd., S. 9 ff. Jouhy verdeutlicht mit dieser Fragestellung, worum es ihm primär geht, nämlich um Pädagogik in der Dritten Welt in Abgrenzung zur Thematisierung der Dritte-Welt-Problematik in den Bildungseinrichtungen der Industrieländer. Siehe dazu auch: Matthias Proske, Pädagogik und Dritte Welt. Eine Fallstudie zur Pädagogisierung sozialer Probleme, Frankfurt 2001, S. 210 ff.

[22] Ebd., S. 12.

[23] Ebd., S. 22

[24] Ebd.

124

Pädagogik in den Ländern der Dritten Welt entwickelt und wie ihr zum Durchbruch verholfen werden kann. Jouhy wendet sich gegen eine auch die Entwicklungszusammenarbeit der Bundesrepublik dominierende Konzentration auf formale Bildungsbemühungen, auf eine »Technologie der Ausbildung«, die oft mit dem Wecken sozialer Aufstiegsillusionen, mit der Verachtung körperlicher Arbeit und nicht zuletzt der Orientierung an der Konsumwelt der Industieländer einhergehe.[25] Mit Nachdruck verweist er auf die »befruchtenden Ideen Freires und Illichs« bei der Überwindung des »sterilisierenden Einwegtransfers von Resultaten der Industrieländer in die Dritte Welt«.[26]

Folglich lud Ernest Jouhy Paulo Freire 1978 nach Deutschland ein. Es gab einige Vorträge und Gesprächsrunden an der Johann Wolfgang Goethe-Universität, jedoch kam es dabei zu keiner wirklichen Synthese in den unterschiedlichen Auffassungen.[27] Ernest Jouhy teilt zwar Paulo Freires Kritik an der kulturellen und ökonomischen Marginalisierung der Dritten Welt und seine Analyse der durch »imperialistischen Kulturtransfer« bewirkten »Kultur des Schweigens« auf Seiten der Unterdrückten.[28] Auch er will »von den Bedürfnissen eben dieser zum Schweigen verurteilten Massen« ausgehen, »um die Verinnerlichung der Unterdrückerideologie im eigenen Bewusstsein zu überwinden«, doch reicht ihm dies bei weitem nicht aus. Er kritisiert eine ethnozentristisch verkürzte Sicht und betont, dass eine Überwindung der zerstörerischen kulturellen, ökonomischen und politischen Dynamik kapitalistisch geprägter Entwicklung nicht möglich ist, »ohne dass das Bewusstsein der Unterdrückten all die materiellen und ideellen Kompetenzen sich aneignet, die die wissenschaftlich-technische Revolution in den Industrienationen entwickelt hat. Eine Pädagogik, die

---

[25] Ernest Jouhy, Dritte Welt: Erziehungsprobleme, in: ders., Klärungsprozesse, Bd. 4, S. 221.

[26] Ebd., S. 223.

[27] In »Pädagogik : Dritte Welt. Jahrbuch 1983« werden die Positionen Paulo Freires ab S. 207 dokumentiert. Gottfried Mergner fasst die Debatte in einem Text zu »Erwachsenenbildung« zusammen: Es »wird deutlich, dass Jouhy – und dem stimme ich zu – Freires Bedeutung in der Begründung, Begleitung und Ausgestaltung von Lernprozessen von Konfliktgruppen liegt. Der brutalen Realität des globalen, geschichtlichen Prozesses setzt er den Hinweis auf die existierende Vielfalt von Lernfeldern und lernenden Gruppen entgegen.« Der Text kann auf der Website von Paulo Freire Kooperation e. V. unter http://www.freire.de/node/19 nachgelesen werden.

[28] Siehe dazu: Paulo Freire, Pädagogik der Unterdrückten. Bildung als Praxis der Freiheit, Reinbek 1973.

diese Einsicht in ihre Dialektik und Methodik nicht einbezieht«, so Jouhy, »muss schließlich in ihrer emanzipatorischen Wirkung verpuffen.«[29]

Pädagogik in der Dritten Welt soll nach Jouhy der Weiterentwicklung und Ausdifferenzierung eines Bildungswesens dienen, das den Spagat leisten müsse, einerseits den Erfordernissen einer modernen Industriegesellschaft und andererseits kulturellen Traditionen der Länder des globalen Südens gerecht zu werden.[30] Diese Werte, Normen und Kommunikationsstrukturen gehörten aber »einer unwiederbringaren Vergangenheit der internationalen und damit auch der eigenen Geschichte« an, an sie könne also nicht ungebrochen angeknüpft werden.[31] Als Konsequenz aus dieser Erkenntnis fordert Jouhy ein generelles Umdenken in der Pädagogik, sowohl in den industrialisierten Ländern als auch in den Ländern der Dritten Welt. Dazu sollte der Studiengang »Pädagogik in der Dritten Welt« einen Beitrag leisten und stellte die Subjektwerdung des jungen Menschen in den Mittelpunkt: Der Mensch solle sich selbst »das Erbe der Vergangenheit im Anblick der Gegenwart« erwerben.[32]

»Pädagogik : Dritte Welt« und »Globales Lernen«

Patrick V. Dias – Egon Becker charakterisiert ihn als einen »Exponenten des Südens« – führte den Lern- und Studienbereich nach der Emeritierung von Ernest Jouhy 1979 weiter und gab ihm zugleich ein neues Gesicht.[33] Als konzeptionelle Weiterentwicklung von »Pädagogik : Dritte Welt« startete 1983 der Aufbaustudiengang »Erziehung und Internationale Entwick-

---

[29] Ernest Jouhy, Wider den Kulturimperialismus, a.a.O, S. 24.
Zur Auseinandersetzung zwischen Paulo Freire und Ernest Jouhy siehe auch: Benjamin Ortmeyer, 100 Jahre Ernest Jouhy. Dialektische Vernunft als zweifelnde Ermutigung. Zum Werk von Ernest Jouhy, Frankfurt am Main 2013, S. 85 ff.

[30] In der vielfältigen Literatur werden immer wieder die Begriffe »Pädagogik : Dritte Welt«, »Pädagogik in der Dritten Welt« und »Pädagogik mit der Dritten Welt« verwendet. »Pädagogik : Dritte Welt« kann als der übergeordnete Begriff verstanden werden, »Pädagogik in der Dritten Welt« als der Gegenstand und »Pädagogik mit der Dritten Welt« als der Begriff für gemeinsame Projekte und Forschungsvorhaben. »Pädagogik in der Dritten Welt« war auch der Titel der Professur von Patrick V. Dias.

[31] Ernest Jouhy, Dritte Welt: Erziehungsprobleme, a.a.O., S. 218.

[32] Ernest Jouhy, Wider den Kulturimperialismus, a.a.O., S. 20.

[33] Egon Becker, a.a.O, S. 39.

lungen« (EIE). Er wurde im Verlauf des Jahres 1998 vom Fachbereich Erziehungswissenschaften der Johann Wolfgang Goethe-Universität »abgewickelt«. Damit endete »ein Reformexperiment, dessen Anfänge bis in die sechziger Jahre zurückreichen«.[34] Der Fachbereich Erziehungswissenschaften der Johann Wolfgang Goethe-Universität war mit dem Aufbaustudiengang »Pädagogik : Dritte Welt« eines der wenigen bundesdeutschen Institute, das relevante Forschung zum Bildungswesen von Drittweltländern betrieb, Studentinnen und Studenten auf eine Tätigkeit »in einem der Länder der Dritten Welt oder in einem der nationalen bzw.

Gastprofessoren

Fachbereich Erziehungswissenschaften

In der Professur für Pädagogik in der Dritten Welt werden sich im Laufe dieses Sommersemesters eine Reihe von Gastprofessoren aufhalten, um an den laufenden Lehrveranstaltungen im Rahmen des Lehrangebots „Pädagogik: Dritte Welt" mit eigenen Beiträgen teilzunehmen. Darüber hinaus sind noch eigene Vorträge vorgesehen.

Im Mai ist Professor Dr. Barzel von der Universität Tel Aviv/Israel zu Gast. Er nimmt an den Veranstaltungen von Professor Dr. Jouhy („Sozialpsychologische Merkmale der Marginalität in unserer Gesellschaft und in der Dritten Welt" und „Muttersprache, Hochsprache und Identitätsbildung in der Dritten Welt"), sowie an dem Seminar von Professor Dias („Grundbedürfnisse, polytechnische Grunderziehung und alternative Lernstrukturen in den Entwicklungsländern") teil. Das Thema seines eigenen Vortrags wird lauten: „Bedeutung religiös-kultureller Faktoren für den Entwicklungsprozeß am Beispiel Israels".

Professor Dr. Weiler von der Stanford University / USA wird im Juni Gast sein. Er wird mitwirken im Seminar „Lernziele, Curriculumaufbau und Strukturierung des Hochschulstudiums am Beispiel des Studienfachs Pädagogik: Dritte Welt" (Professor Dias). Im Rahmen eines Mitarbeiter- und Doktorandenkolloquiums soll ein Erfahrungsaustausch

stattfinden hinsichtlich des SIDEC-Programms und des Studienbereichs „Erziehung und Entwicklung" an der Stanford University.

Der Leiter des Zentrums für sozialwissenschaftliche Studien am Colegio de Mexiko, Professor Dr. J. Padua, wird im Juli an zwei Veranstaltungen teilnehmen „Industrialisierung und Schulsystem am Beispiel Mexikos" (Dr. E. Deutscher) und „Bildungschancen der Frauen im schulischen und außerschulischen Sektor in den Entwicklungsländern" (Dr. Sarif). Dazu wird er einen Vortrag halten über „Erziehung, Wirtschaftswachstum und sozialer Wandel in Lateinamerika".

Außerhalb dieser Vortragsreihen im Rahmen der Gastprofessorenaufenthalte erwartet die Professur für Pädagogik in der Dritten Welt Professor Dr. Martin Carnoy, Professor für Bildungsökonomie der Stanford University. Thema seines Vortrages gegen Ende des Sommersemesters wird sein: „Erziehung als Kulturimperialismus".

Die Tage und der Ort der einzelnen Vorträge werden durch Aushang und im Veranstaltungskalender des Uni-Reports bekanntgegeben.

Abb. 23: Uni-Report der Johann Wolfgang Goethe-Universität, Mittwoch, 28. Mai 1980

der internationalen Gremien der pädagogischen Kooperation« vorbereitete und wissenschaftliche Kooperationsbeziehungen mit Pädagoginnen und Pädagogen in den Ländern des globalen Südens anstrebte.[35]

Ab 1983 wurden Forschungsergebnisse und Diskussionsbeiträge in den Jahrbüchern »Pädagogik : Dritte Welt« im »Verlag für Interkulturelle Kommunikation« (IKO) veröffentlicht. Es erschienen insgesamt neun Jahrbücher. Einige Schwerpunktthemen geben einen Überblick über die inhaltliche Arbeit des Forschungsbereiches »Pädagogik : Dritte Welt«. Die Themenpalette reicht von »Konzeptionen alternativer Erziehung in Ländern der Dritten Welt« (1983), »Fortschrittstechnologien und ihre Auswirkungen auf Erziehung und Identitätsbildung« (1984), »Kulturelle Identität und

---

[34] Ebd., S. 34.
[35] Ebd., S. 40.

Universalität« (1986) über »Demokratisierung und Partizipation« (1987), »Hochschulkooperation und Wissenstransfer« (1988) bis hin zu »Umwelt und Entwicklung« (1992). Die letzte Ausgabe des Jahrbuchs »Pädagogik : Dritte Welt« erschien 1995 herausgegeben von Gottfried Mergner und Ursula von Pape. Es dokumentiert die Beiträge zu einem Symposion, zu dem 1994 die Evangelische Akademie Bad Boll, der IKO-Verlag und die Kommission Bildungsforschung mit der Dritten Welt in der Deutschen Gesellschaft für Erziehungswissenschaft einluden.

Die Idee zu diesem Symposion wurde im Studiengang »Interkulturelle Pädagogik« an der Carl-von-Ossietzky-Universität in Oldenburg entwickelt, wo Studierende angeregt durch Gottfried Mergner sich mit der »Aktualität der Anregungen und Gedanken des Lehrers und Erziehungswissenschaftlers Ernest Jouhy« beschäftigten.[36] In gewisser Weise steht diese Tagung für eine Zäsur. Während an der Carl-von-Ossietzky-Universität in Oldenburg 1996 das »Zentrum für erziehungswissenschaftliche Studien im Nord-Süd-Verbund«[37] gegründet wurde, zogen sich über dem Aufbaustudiengang »Erziehung und Internationale Entwicklungen« (EIE) am Fachbereich Erziehungswissenschaften der Johann Wolfgang Goethe-Universität dunkle Wolken zusammen. Von Anfang an war dieser Aufbaustudiengang als innovatives Projekt auch eine »praktische Kritik an existierenden Strukturen, Verhaltensformen und eingespielten institutionellen Praktiken«.[38] Querliegend zum universitären Mainstream, der unter dem damaligen Kultusminister Hartmut Holzapfel bereits in die Richtung ökonomische Selbstständigkeit ging, bewirkte das »fatale Zusammenspiel universitärer und ministerialer Bedenkenträger« das »Aus« für den Aufbaustudiengang »Erziehung und internationale Entwicklungen«.[39] Nach

---

[36] Gottfried Mergner, Ursula von Pape (Hrsg.), Pädagogik zwischen den Kulturen: Ernest Jouhy, Frankfurt 1995, S. 15.

[37] In den Gründungsprozess des Zentrums für erziehungswissenschaftliche Studien im Nord-Süd-Verbund waren Bildungsforscher/innen aus dem Süden, u. a. Neville Alexander, Asit Datta, Rose Baba Folson und aus dem Norden Gottfried Mergner, Wolfgang Karcher, Claudia Lohrenscheit, Bernd Overwien einbezogen. In der Nachwuchsförderung und im Austausch zwischen »Kolleg/innen und Studierenden in Ländern des globalen Südens (insbesondere Afrika) und des globalen Nordens (Deutschland) im Bereich der post-kolonialen und an den Menschenrechten orientierten Bildungsforschung« sah – ganz im Sinne Ernest Jouhys – das Zentrum seine Aufgabe. http://www.zsn.uni-oldenburg.de/21950. html [28. April 2017]

[38] Egon Becker, a. a. O., S. 35.

[39] Ebd., S. 34.

der Emeritierung von Patrick V. Dias wurde auch dessen Professorenstelle nicht mehr besetzt.

Spätestens seit dem Jahr 1995 verschwindet der Begriff »Pädagogik : Dritte Welt« sukzessive aus den relevanten Fachdiskursen. Dies geschieht auch vor dem Hintergrund geänderter internationaler politischer Rahmenbedingungen. Nach dem Ende der Blockkonfrontation und einer kurzen Phase der Hoffnung auf eine friedliche und solidarische Entwicklung der Welt, hat sich die neoliberale Globalisierung mit ihrer Orientierung an einem gnadenlosen Wettbewerb weitgehend durchgesetzt. Entwicklungspolitik folgt heute den Normen und Standards der Weltbank, Bildungs- und Erziehungsprogramme in den Ländern des Südens werden den Erfordernissen der »Strukturanpassung« unterworfen, ein ökonomischer Universalismus erneuert die Herrschaft des »Nordens« über den »Süden« und der Begriff der »Dritten Welt« unterliegt einem erneuten gravierenden Bedeutungswandel. Er wird »seiner kämpferischen und anti-kolonialen Konnotation entledigt und vielfach karitativ aufgeladen«. Die »Dritte Welt« steht wieder für »Unterentwicklung und Bedürftigkeit, für die Schattenseiten bürgerlich kapitalistischer (Welt-)Vergesellschaftung«.[40]

Nun können an dieser Stelle die auf Bildung und Erziehung bezogenen entwicklungspolitischen Debatten seit 2000 nicht umfassend nachgezeichnet werden. Festzuhalten ist, dass der Begriff des »Globalen Lernens« an die Stelle von »Pädagogik : Dritte Welt« trat und dieser auch eine »Bildung für Nachhaltige Entwicklung« umfasst. Bernd Overwien sieht in Ernest Jouhy »de(n) von vielen vergessene(n) Vordenker des Globalen Lernens«.[41] Dem kann im Hinblick auf die vielfältigen Themenüberschneidungen etwa in den Bereichen Menschenrechtsbildung, Interkulturelle Pädagogik, Umweltbildung oder etwa Interkulturelle Kompetenz sicher zugestimmt werden. Es fällt aber auf, dass im Kontext des Globalen Lernens Fragen von Macht und Herrschaft, wenn überhaupt, dann nur als eine Problematik

---

[40] Ulrich Brand, Nachhaltigkeit: ein Schlüsselkonzept globalisierter gesellschaftlicher Naturverhältnisse und weltgesellschaftlicher Bildung? In: Gerd Steffens, Edgar Weiß u. a., Jahrbuch für Pädagogik 2004. Globalisierung und Bildung, Frankfurt 2004, S. 121.

[41] Bernd Overwien, Falsche Polarisierung, in: Blätter des IZ3W, 8/2013. Siehe auch: Bernd Overwien, Von der »Dritte-Welt-Pädagogik« zum globalen Lernen? In: Armin Bernhard, Armin Kremer, Falk Rieß (Hrsg.), Kritische Bildungsreform und Restauration. Hohengehren 2002. Ganz im Sinne Jouhys stellt Overwien hier fest: »Globalisierungsprozesse erfordern eine kritische auch erziehungswissenschaftliche Begleitung.«

unter vielen behandelt werden. Ulrich Brand stellt daher die Forderung auf, dass im Rahmen des Globalen Lernens auch »die historisch-konkrete Interessengebundenheit und Konfliktivität herrschender Entwicklungen« zu thematisieren ist, denn Selbstbestimmung, Menschenwürde und die Befriedigung elementarer Bedürfnisse werden »nicht durch Effizienzdenken und Managerismus« erreicht. Er fordert die Orientierung an kritischen Praxen, die sich »gegen die neoliberal-kapitalistische Subsumierung unter den Weltmarkt, gegen die immer weitere Kommodifizierung sozialen Lebens stellen«.[42] In diesem Sinne könnten heute z. B. die Weltsozialforen oder die lateinamerikanischen sozialen Bewegungen für Rechte und Kultur der Indigena als Beispiele für eine emanzipatorische Politik und Pädagogik genannt werden, an denen Ernest Jouhy seine Freude gehabt hätte.

---

[42] Ulrich Brand, a. a. O., S. 122 ff.

Sebastian Voigt

ERNEST JOUHYS LITERARISCHE
VERARBEITUNGEN DES WIDERSTANDS

Nach der Befreiung Frankreichs verfasste Jouhy Erzählungen mit autobiografischem Charakter über die Zeit der deutschen Besatzung.[1] Er beschreibt darin unterschiedliche Facetten seiner eigenen Erfahrungen als Erzieher und Pädagoge, aber auch als bewaffneter Widerstandskämpfer. Meist sind die literarischen Charaktere kaum chiffriert und es ist offensichtlich, dass es sich um ihn selbst handelt. Andererseits verarbeitet er die Perspektiven befreundeter Genossen und jüdischer Kinder.

Die bisher in der Forschung nicht beachteten Erzählungen sind deshalb von erkenntnistheoretischem Interesse, weil in ihnen die Perspektive eines deutsch-jüdischen Widerstandskämpfers in der französischen Résistance zum Ausdruck kommt, der sich von einem kommunistischen Parteifunktionär in der Weimarer Republik zu einem undogmatischen Marxisten entwickelte. Ernest Jouhy veröffentlichte diese Erzählungen bereits Mitte der 1960er Jahre in der Bundesrepublik. Das Buch wurde im Frankfurter Ner-Tamid Verlag herausgegeben. Der hebräische Name steht für das ewige Licht, das in einer Synagoge vor dem Thoraschrein brennt. Der Verlag war auf die Herausgabe jüdischer Literatur spezialisiert und Jouhys Erzählungen passten in das Verlagsprogramm. Für Jouhy waren sie ein wichtiger Schritt hin zur Beschäftigung mit Fragen der Herkunft und ihres Zusammenhangs zum antifaschistischen Widerstand. Obwohl er sich auch nach der Befreiung für das Judentum als Religion nicht interessierte, rückte die Beschäftigung mit der Zugehörigkeit in den Fokus. Ihm war bewusst geworden, dass seine Erfahrungen als exilierter deutsch-jüdischer Kommunist sich in spezifischer Weise von den Erfahrungen nicht-jüdischer Antifaschisten unterschieden. Diesen Widerspruch hatte Jouhy bereits zum ersten Mal als Funktionär in der Freien Deutschen Jugend in Paris erlebt, als er eine Diskrepanz zwischen

---

[1] Ernest Jouhy, Die Brücke. 5 Erzählungen, Frankfurt am Main 1964.

Manès Sperber und sich auf der einen und den nicht-jüdischen deutschen Jugendlichen auf der anderen Seite konstatierte. Die Spezifik seines Lebenswegs reflektierte er nun auch in literarischen Erzählungen.

Jouhy ging es noch um einen weiteren Punkt: Er wollte der in Frankreich vorherrschenden einseitigen Heroisierung des Widerstands entgegenwirken, um dessen Ambivalenz zum Ausdruck zu bringen. Dieses Anliegen beschrieb er folgendermaßen:

> Ich habe mehrmals versucht, dieser Mythologisierung literarisch (u. a. ›Die Brücke‹) zu begegnen. Die ›Heldengeschichten‹ des Krieges und des Widerstandes haben einen sehr unheldisch empfundenen Hintergrund.
>
> Das Bewusstsein von Pflicht und notwendigem Handeln war dauernd unterzogen von einer psychisch-zerfressenden Angst.[2]

Jouhy betrachtete sich nicht als Helden und kannte die Entbehrungen des Widerstands nur zu gut. Er selbst hatte ihm anvertraute Kinder im Holocaust verloren und nicht wenige seiner kommunistischen Genossen waren gefoltert und ermordet worden. Deshalb verwahrte er sich gegen eine Hagiografie der Résistance.

Damit zusammen hing ein weiterer Aspekt, der in der offiziellen Geschichtserzählung der Résistance und im europäischen Nachkriegsdiskurs kaum Erwähnung fand: der jüdische Widerstand und die Verfolgung und Ermordung der Juden als Juden.

Da die Geschichten im Buch thematisch komplementär zusammenhängen, werden hier drei Erzählungen kurz beschrieben. In diesem Sammelband wird allerdings nur die Erzählung »Identität« nachgedruckt.

1. Die ›Endlösung‹

In der ersten Geschichte schildert Jouhy das Leben in einem Schloss in der Region Creuse, die Razzien und die Verhaftung. Sie beginnt mit starken Worten: »Voranschicken muss ich: ich bin tot. Seit neunzehn Jahren. Und neunzehn war ich, als ich umkam. So kann ich nicht mehr sprechen.«[3] Der namenlose jüdische Ich-Erzähler stammte aus der zerschlagenen Tschechoslowakei und war von

---

[2] Ernest Jouhy, Fragen an Ernest Jouhy zu seiner politischen Sozialisation, in: Robert Jungk (Hrsg.), Ernest Jouhy, Klärungsprozesse. Gesammelte Schriften, Band 1. Politische und historische Philosophie, Frankfurt am Main 1988, S. 17–48, hier S. 36.

[3] Ernest Jouhy, Endlösung, in: ders., Die Brücke, a. a. O., S. 5–23, hier S. 5.

den Deutschen nach Frankreich in das Lager Gurs deportiert worden. Während die französischen Juden vom Vichy-Regime wenn auch nicht mehr als Staatsbürger, so doch als Menschen behandelt wurden, war dies bei den ausländischen Juden nicht der Fall: »Also fort mit uns ins Lager. In irgendeins, irgendwohin, wo gerade Platz war. Hauptsache: hinter Stacheldraht.«[4] Später arbeitet der Ich-Erzähler als Erzieher in einem Kinderheim in der Creuse. Die Parallelen zu Jouhy sind unverkennbar. Der Protagonist versucht dort ein normales Leben unter sehr schwierigen Bedingungen zu führen. Schließlich wird er verhaftet. Der Verlauf weist starke Ähnlichkeiten mit der realen Verhaftung Jouhys auf:

> Ich schlief die ganze Nacht so fest, dass sie mich wachrütteln mussten. Alle andern hatte der Motorenlärm aufgeschreckt und sie waren auf den Betten, als die Gendarmen die Tür aufrissen. […] Ein Aufgebot, als sollten sie ein bewaffnetes Widerstandsnest ausheben. Sie holten 30 Kinder und ein paar Erzieher zur ›Umsiedlung nach Polen‹.[5]

In einem Durchgangslager laden Polizisten die Verhafteten in Viehwagen. Der Erzähler wird von den Kindern und Frauen getrennt und kommt als Zwangsarbeiter in ein Bergwerk nach Oberschlesien. Bei einer Schikane durch die SS, bei der die Gefangenen gedrillt werden und viele sterben, stellt er sich tot. Es gelingt ihm zu fliehen. Die Geschichte endet wie folgt:

> Erst bei Morgendämmerung versuchte ich weiterzukommen. Mit dem gestreiften Lagerdrillich konnte ich mich nirgends blicken lassen. Doch der Hunger fraß jede Vorsicht auf. An einem Bauernhof, ein paar Kilometer weiter, wo ich herumschlich, um etwas Essbares klauen zu können, haben sie mich dann aufgestöbert. Mit Hunden.[6]

Das Schicksal wird hier nur angedeutet: der sichere Tod. Dieses wird bereits im Titel der Erzählung antizipiert. Nur wenige Juden in Europa entgingen der von den Nationalsozialisten betriebenen ›Endlösung‹. Der Tod war das normale Schicksal, das Überleben die Ausnahme. Jouhy wusste um die vielen Zufälligkeiten, die ihn immer wieder entkommen ließen. Der Erzähler in seiner Geschichte hat weniger Glück.

Obwohl Jouhy selbst als Erzieher mit einigen Kindern, die in den Tod deportiert wurden, in einem Durchgangslager gewesen war, entkam er diesem Schicksal. Auch hatte er als *Prestataire*, also als eine Art Bausoldat, in der französischen Armee gedient. Jouhy vermischt in der Erzählung reale

---

[4] Ebd., S. 9.
[5] Ebd., S. 21.
[6] Ebd., S. 22.

Erfahrungen als Erzieher in einem Schloss in der Creuse, der Gefangennahme und der Flucht mit fiktiven Elementen, die jedoch für die Mehrheit der jüdischen Widerstandskämpfer die Realität waren. Im Gegensatz zu den meisten, die sich in einer vergleichbaren Situation befanden, hatte Jouhy selbst das Glück zu überleben.

2. Die Brücke

Die Geschichte »Die Brücke« wird aus der Sicht des Erzählers Michel dargestellt, wobei Ernest Jouhy in Lyon selbst den Decknamen Michael trug, sodass auch hier die Anspielung kaum deutlicher sein könnte. Michel trifft nach der Befreiung eine junge Frau in Lyon, die eine provisorische Brücke über die Rhône überqueren will, aber von den Wachposten daran gehindert wird. Michel, der den Rang eines Leutnants in der Résistance hat, erblickt das ›J‹ im Ausweis des Mädchens, das nicht durchgelassen wird. Er bürgt für sie und da er als Journalist gerade eine Geschichte über junge Widerstandskämpfer verfasst, kommen sie ins Gespräch. Das Mädchen heißt Miriam Rosenfeld und stammt aus Lodz. Sie erzählt Michel, dass sie im Gefängnis jemanden retten müsse. Dieses Anliegen kommt ihm komisch vor, weil dort ausschließlich Kollaborateure einsitzen.

Sukzessive werden ihre Motive in der Erzählung vor dem Hintergrund ihrer Familiengeschichte offengelegt. Als Miriam ein Kind war, waren ihre Eltern und die restliche Familie nach Frankreich gezogen:

> Im Anfang war Paris. Eigentlich Lodz. Aber daher bleibt nur die Erinnerung eines Geruchs, den sie nicht beschreiben kann. Für die Brüder mag es anders sein. Sie sind so viel älter, dass sie noch polnisch verstehen. Seit 42, im November, als die Razzien begannen, hat sie sie nicht mehr gesehen. Sie sind zu irgendeinem Maquis gestoßen.[7]

Miriam muss mit ihren Eltern vor den Razzien in die unbesetzte Südzone fliehen. In Lyon verstecken sie sich in einem Keller. Sie bekommt eine Anstellung als Kellnerin in einer Bar, wo der Wirt keine Ausweispapiere verlangt. In dem Etablissement verkehren auch deutsche Offiziere, SS-Leute und französische Kollaborateure, deren Gespräche Miriam oft unfreiwillig mitanhört: »Und Miriam hörte von den Razzien und wieviel Transporte heute nach Osten abgegangen waren, in plombierten Viehwagen. Hah, hah, wie die

---

[7] Ernst Jouhy, Die Brücke, in: ders., Die Brücke, S. 23–49, hier S. 31.

Judenweiber gröhlten – ganz hübsche Brocken waren auch dabei, aber Dienst ist Dienst.«[8]

Als Anfang 1944 die Situation immer brenzliger wird, will der Wirt keine jüdische Kellnerin mehr beschäftigen. Er weist Miriam auf einen Stammgast namens Demazeray hin, der ein Auge auf sie geworfen habe und in der Präfektur im Judenressort arbeite. Miriam begleitet ihn, gibt sich ihm hin, aber teilt ihm vorher noch ihre richtige Identität mit. Trotz alledem erhält sie von ihm gefälschte Papiere, auch für ihre Eltern. Damit sichert sie das Überleben der Familie:

Abb. 24: Buchcover von Die Brücke, *gestaltet von Rico Blass*

> Jawohl – da ist nämlich die Geschichte. Das erst ist die ganze Geschichte: dass sie ganz genau wusste, wer Demazeray war, und dass sie bei Tag und außer Reichweite seines Körpers den Collaborateur hasste, dass sie jeden hasste, der mitmachte oder zusah oder wegschaute, wenn die Razzien auf offener Straße geschahen, wenn sie den Männern die Hosen herunterholten, um zu sehen, ob sie nicht Juden wären. Ja, sie hasste sie alle und wollte nicht ihre höhnische Macht stumm erleiden.[9]

Weil Miriam die Tatenlosigkeit nicht ertragen konnte, lässt sie sich von Demazeray Benzin besorgen. Sie baut Benzinbomben und träumt, einen Panzer zu zerstören und deutsche Soldaten zu töten. Als der Aufstand in Lyon ausbricht, bekommt sie endlich die Gelegenheit dazu. Miriam berichtet Michel diese Tat voller Stolz.

Am Ende der Geschichte folgt eine Passage von großer Bedeutung, die zeigt, welche Aspekte Jouhy beim Verfassen der Erzählung beschäftigten. Michel ist bei den Schilderungen Miriams aufgefallen, dass sie immer von »wir Juden« spricht. Dies verwundert ihn:

---

[8] Ebd., S. 36.
[9] Ebd., S. 43.

Warum sprach sie von ihrem Judesein? War denn nicht klar, dass diese Unterscheidung von denen stammte, die ganz Europa versklavt, vertiert, vernichtet hatten? Warum hat sie diese Bombe nicht für die Freiheit geworfen? Nicht für die Rache an den Gemordeten schlechthin? Warum hat sie keinen Augenblick daran gedacht, Verbindung zum Widerstand aufzunehmen?[10]

Darauf gibt Miriam eine entscheidende Antwort, die auch als nachträgliche Antwort auf Jouhys eigene Fragen gelesen werden kann. Jouhy, der sich nie als Jude im religiösen Sinne verstand und diese Zuschreibung abgelehnt hatte, solange er orthodoxer Kommunist gewesen war, konnte die Implikationen seiner Herkunft nach der Befreiung nicht mehr ignorieren. Deshalb lässt er Miriam in der Erzählung folgendermaßen reagieren:

Sie verstand seine Frage nicht. Wer hat ihnen geholfen? Die Franzosen? Eine Lehrerin, ein Schuldirektor, gute Menschen auf den Straßen. Die Franzosen? Und die Gendarmen und die alle, die zugeschaut haben? […] Nein, sie, Miriam ist ohne Hilfe, ohne Franzosen und ohne Partei. Sie hat nur ihr Leben und das will sie geltend machen, jetzt.[11]

Miriam, so die Auflösung, will sich für die Freilassung Demazerays einsetzen, den sie hasst, der sie und ihre Familie aber auch gerettet hat. Diese Situation markiert die Ambivalenz ihres Überlebens. Gerettet von einem französischen Antisemiten und Kollaborateur, der ihren Körper begehrt hat.

Jouhy benennt in dieser kurzen Erzählung Grundlegendes. Miriam wird verfolgt, weil sie Jüdin ist und nicht weil sie einer politischen Ideologie anhängt. Auch wenn die Zuschreibung ›jüdisch‹ von außen vorgenommen wird, hat sie reale Konsequenzen. Dies wusste Jouhy, aber die Mehrheit der französischen Widerstandskämpfer konnte es nicht verstehen, weil sie den Antisemitismus nicht als zentral für die nationalsozialistische Politik begriffen. Miriam kämpfte auch nicht für die abstrakte Freiheit oder für die Werte Frankreichs, sondern um das schlichte Überleben. Dadurch erhält ihr Widerstand eine existenzielle Dimension, die über eine politische Motivation hinausgeht. Sie will individuell als Jüdin Rache an den Deutschen nehmen, von denen sie weiß, dass sie Juden ermordet haben. Dass Michel diese Haltung in der Geschichte nicht nachvollziehen kann, verweist auf eine reale Erfahrungsdiskrepanz zwischen den nicht-jüdischen und den jüdischen Widerstandskämpfern. Bei Jouhy selbst stellte sich diese Erkenntnis erst nach der Befreiung ein. Diese Erzählung ist dafür ein signifikantes Beispiel.

---

[10] Ebd., S. 47.
[11] Ebd.

3. Identität

Im Laufe des Jahres 1943 hatten sich im Gebirgsmassiv Vercors immer mehr Widerstandskämpfer eingefunden. Bereits seit Anfang 1944 griffen deutsche Truppen regelmäßig militärisch ein und im April erfolgte ein massiver Angriff auf das Dorf Vassieux, bei dem einige Bewohner ermordet oder deportiert wurden. Außerdem steckten die Deutschen Bauernhöfe in Brand. Diese Vergeltungsmaßnahmen hielten jedoch die Bevölkerung nicht davon ab, den Widerstand weiter zu unterstützen. In Erwartung der alliierten Landung rief die Regierung des Freien Frankreich die ca. 4.000 Résistants im Vercors zum allgemeinen Aufstand auf. Sie handelten in Erwartung von Waffenlieferungen durch die Alliierten, die aber ausblieben. Stattdessen schlug die deutsche Besatzungsmacht den Aufstand unter Mithilfe der französischen Miliz mit äußerster Brutalität nieder. Mehrere Hundert Widerstandskämpfer wurden ermordet.[12] In diesem Kontext spielt eine weitere Geschichte Ernest Jouhys mit dem bezeichnenden Titel »Identität«.[13]

Sie handelt von dem jungen Thomas Felsenthal, der ursprünglich aus dem pommerschen Stargard stammte und der dortigen jüdischen Minderheit angehörte. Obwohl er getauft ist, wird er in seiner Jugend immer wieder Opfer antisemitischer Anfeindungen. Gerade davor wollten seine Eltern ihn bewahren. Doch es gelang ihnen nicht, wie in der Geschichte in drastischen Worten beschrieben wird:

> Denn sonst gab es keinen »Judensprössling« in der Klasse. Man brauchte Thomas, um ein Opfer zu haben, ein lebendiges Exemplar dieses Ungeziefers. Ein Jahr lang predigten die Eltern Geduld, bis sie beschlossen, in eine kleine elsässische Stadt auszuwandern.[14]

Nach der deutschen Besatzung Frankreichs landet Thomas schließlich im Vercors, wo er sich als 17-Jähriger unter dem Namen Etienne Gabriel der Résistance anschließt. Bis zu diesem Zeitpunkt ist er lediglich ein von der Deportation bedrohtes Kind gewesen.

Die Erzählung spielt während des Angriffs auf die Partisanen im Vercors im Juli 1944. Thomas hat seine Einheit verlassen, um Holz zu sammeln, als alle seine Kameraden getötet werden. Er flieht durch den Wald und kommt

---

[12] Zur Chronologie des Widerstands im Vercors vgl. die Webseite »Le Mémorial de la Résistance en Vercors.« http://www.memorial-vercors.fr/ [13. Dezember 2016].

[13] Ernest Jouhy, Identität, in: Die Brücke, a. a. O., S. 50–89.

[14] Ebd., S. 54.

schließlich an einen Ort, wo er Hilfe erhält. Auf dem Weg nach Grenoble reflektiert Thomas über seine Herkunft: »Warum bin ich nicht geboren wie er [sein Helfer; S. V.]: zwei Jahre später und hier? Oder in Amerika? Warum in Stargard? Warum muss ich Thomas sein und nicht ein anderer?«[15] Diese Überlegungen zur Identität sind der rote Faden der gesamten Erzählung und wirken hier ironisch, weil Thomas sich faktisch zum Zeitpunkt dieser Fragen als ein Anderer ausgibt. Seine falschen Papiere weisen ihn als autochthonen Franzosen aus. Er hat sich eine andere Identität, einen typisch französischen Namen und eine neue Familiengeschichte zurechtgelegt. Diese erfundene Identität als Nicht-Jude rettet ihm das Leben, als er im Bus nach Grenoble sitzt. Bei einer Polizeikontrolle schöpft ein junger Beamter beim Anblick von Thomas' Papieren Verdacht, wird aber von seinem Vorgesetzten zurechtgewiesen: »Ja, für Thomas besteht kein Zweifel: der hat ihn durchschaut, aber wollte ihn schützen. Durchschaut: so dünn ist das Hemdchen der falschen Identität. Der erste beste könnte es zerreißen.«[16] Die Geschichte endet damit, dass Thomas in Grenoble von einer Familie aufgenommen wird, in deren Tochter, Albertine, er sich verliebt. Doch auch ihr gegenüber offenbart er seine Herkunft nicht. Thomas kann seine wahre Identität also niemandem anvertrauen, nicht einmal der Frau, die er liebt. Darin zeigt sich das Dilemma eines jüdischen Widerstandskämpfers in Frankreich.

Als er seine Geliebte in die Kirche begleitet, überkommt ihn ein schlechtes Gewissen: »Er fühlt sich wie ein Eindringling. Jeder muss spüren, dass er kein echter Protestant ist, nicht der französische Protestant Etienne Gabriel, sondern der getaufte Judenstämmling aus Stargard in Pommern.«[17] Schließlich gesteht er ihr in einer Art Beichte, dass er ein deutschsprachiger Jude namens Thomas sei. Am nächsten Morgen muss er aufbrechen, weil er von der Résistance einen neuen Auftrag bekommen hat. Er nimmt sich vor, Albertine täglich zu schreiben und wünscht sich nichts sehnlicher als den Tag, an dem er auch an einen deutschen Soldaten mit den folgenden Worten herantreten kann: »Auch ich heiße Thomas. Bin aus Stargard und Jude.«[18]

In der Geschichte weist Jouhy auf die Brüchigkeit und Ambivalenz der identitären Zuschreibungen hin. Der Jude Thomas kämpft als autochthoner

---

[15] Ebd., S. 67.
[16] Ebd., S. 71.
[17] Ebd., S. 75.
[18] Ebd., S. 76.

Franzose für die Befreiung von der deutschen Besatzung. In diese Situation ist er aufgrund seiner Herkunft geraten. Wegen antisemitischer Anfeindungen haben seine Eltern Deutschland verlassen und ebenso wie Thomas war auch Jouhy in der Schule judenfeindlichen Angriffen ausgesetzt. Der Wunsch, zur Mehrheitsgesellschaft zu gehören, erweist sich aber als illusorisch.

Auch Jouhy lebte und kämpfte in Frankreich mit einer falschen Identität, die ihn als nicht-jüdischen Franzosen auswies. Er hatte sich einen Namen und eine Familiengeschichte zurechtgelegt und wie der Protagonist in seiner Erzählung war Jouhy oft in Situationen größter Gefahr geraten. Er wusste aus eigener Erfahrung, wie fragil die falsche Identität war und wie schnell sie aufgedeckt werden konnte. Zugleich verschwimmen sowohl in der Geschichte als auch in der Biografie Jouhys die unterschiedlichen Ebenen identitärer Zuschreibungen. Der Erzähler in der Geschichte sehnt sich zwar nach einer Rückkehr zu seiner richtigen Identität, aber diese Sehnsucht dürfte ein Wunsch bleiben, so wie bei Jouhy. Er entschied sich sogar nach der Befreiung bewusst dafür, seinen Decknamen beizubehalten und zu seinem eigentlichen Namen zu machen. Aus der ursprünglich falschen war die richtige Identität geworden und aus Ernst Jablonski Ernest Jouhy.

Edgar Weick

POESIE EINES REVOLUTIONÄRS

Revolutionäre Gewissheit, herausgearbeitet aus den Klassenkämpfen der Geschichte und mit theoretischer Anstrengung durchdacht, kann zum Programm werden mit inhaltsträchtigen Analysen der Gegenwart und hoffnungsstarken Blicken in die Zukunft. Nichts darf da offen bleiben, obwohl doch gerade der Blick aufs »Neuland« immer ein Blick ins Offene ist. Kein Zweifel darf auch nur als Unterton vernehmbar sein, obwohl doch alle geschichtlichen Erfahrungen den großen Zweifel immer nahelegen: Wird es diesmal gelingen? Wird eine Sonne das Morgengrauen verdrängen und den heraufbrechenden Tag erhellen?

Ein Revolutionär, der mit aller gedanklichen Strenge und mit dem Aufgebot einer universalistischen Bildung immer wieder dieses weltgeschichtliche Programm skizziert hat, sucht Zuflucht zur Poesie, um in der Sprache der Lyrik auszudrücken, was auch noch gesagt werden muss und dem Programm nicht anvertraut werden konnte: Unendliche Leiden haben sich in die Geschichte eingegraben, revolutionäres Aufbäumen zerbrach am Gemäuer der Macht und Verzweiflung folgte der Leidenschaft, mit der die großen Gedanken über eine humane Welt ins Werk gesetzt werden sollten. Wer davor die Augen verschlossen hat, hat die Gefolgschaft schon verraten, bevor er sie hat finden können.

Die Poesie der Revolution ist das Herz des revolutionären Programms. Das wussten alle großen Denker der Geschichte, die kraftvoll als Baumeister der Brücken in die Zukunft angetreten sind: Georg Büchner, Georg Herwegh, Erich Mühsam, Gustav Landauer – um hier nur einige Namen aus der geografischen und gedanklichen Nähe zu erwähnen. Sie scheuten das Wagnis nicht, ins Offene zu treten, und hatten immer auch den Mut, diesem Wagnis eine menschliche Stimme zu geben. Sie traten an die Seite von Friedrich Hölderlin, der in seinem Aufruf »Komm ins Offene, Freund« geradezu die historische Landschaft durchschreitet, die keine Gewissheit kennt und doch alles Schöne überzeugend verspricht. So heißt es am Anfang seines Gedichts »Der Gang aufs Land«:

Komm! ins Offene, Freund! zwar glänzt ein Weniges heute
Nur herunter und eng schließet der Himmel uns ein.
Weder die Berge sind noch aufgegangen des Waldes
Gipfel nach Wunsch und leer ruht von Gesange die Luft.
Trüb ists heut, es schlummern die Gäng' und die Gassen und fast will
Mir es scheinen, es sei, als in der bleiernen Zeit.
Dennoch gelinget der Wunsch, Rechtglaubige zweifeln an Einer
Stunde nicht und der Lust bleibe geweihet der Tag.[1]

Die Poesie, die den Brückenbau in die Zukunft begleitet hat, war bei allem »Baulärm« der Geschichte immer zu vernehmen. Unüberhörbar waren gerade die sanften und zarten Töne. Sie sprachen Gefühle an, sie öffneten die Herzen. Die Poesie der Revolutionäre durchzieht die Geschichte wie ein Wärmestrom, ja, sie manifestiert diesen Wärmestrom, der bei Ernst Bloch zu einem ausdrucksstarken Bild seines philosophischen Denkens verdichtet wurde.[2] Dieser Wärmestrom bezeugt Sehnsucht und Hoffnung zugleich, das Leiden an der Sehnsucht und die Verwundbarkeit der Hoffnung.

Ungebrochen bleibt in dieser Poesie der starke Wille zum Aufbruch und die Bereitschaft zum Wagnis, diese Welt hinter uns zu lassen – und dann zu sehen, wozu wir in der Lage sind, und zu retten, wofür wir angetreten sind. Sie bezeugt die Leidenschaft dieses Willens, diesen Schritt zu gehen, im vollen Bewusstsein, dass dieser Wille einem neuen Leiden nicht entgehen kann. Die Poesie ist Zeugnis einer Möglichkeit, in der das unabgegoltene Humane in der Menschheitsgeschichte eine ästhetische Form annehmen kann.

Die ausgewählten Gedichte von Ernest Jouhy sind geradezu biografische Zeugnisse, Zeugnisse des leidenschaftlichen Pädagogen und Revolutionärs zugleich. Es gibt keine Gebrauchsanweisung für die notwendige Veränderung der Welt, es gibt keine Wegweiser der Emanzipation, es gibt kein Rezept und keine Gewähr. So sind diese Gedichte auch Lebenswerk von Ernest Jouhy und nicht nur ein literarischer Anhang seiner Schriften. In diesen Gedichten kann dieses Lebenswerk gelesen und verstanden werden.

So hat sie Ernest Jouhy selbst verstanden und nach ihrer ersten Veröffentlichung[3] bewusst immer wieder verwendet. Mit dieser Erwartung,

---

[1]   Hölderlin, Ausgewählt von Peter Härtling, Frankfurt am Main 1984, S. 440.

[2]   Ernst Bloch, Erbschaft dieser Zeit, Frankfurt am Main 1985. Michael Brie hat diese sprachlichen Bilder von Ernst Bloch in einem geschichtstheoretischen Zusammenhang dargestellt: Michael Brie, Zwischen Wärmestrom und Kälteschock. Beitrag zum Workshop anlässlich des 25. Todestages von Ernst Bloch, in: UTOPIE kreativ, H. 153/154 (Juli/August 2003), S. 720–740.

[3]   Ernest Jouhy, Correspondances. Dichtungen in zwei Sprachen, Heidelberg

Ernest Jouhy zu verstehen und ernst zu nehmen, wurden diese Gedichte »Suche«, »Geschichte« und »Trost« auch hier aufgenommen.

Das Gedicht »Suche« reflektiert die eigenen Lebenserfahrungen. In drei Strophen konzentriert sich diese Reflexion auf das, was er erlebte, suchte und dachte – und was ausgehalten werden musste. Herausgehoben steht jeweils nach den einzelnen Strophen:

> Auf keiner Karte ist meine Heimat verzeichnet –
> Doch in keinem Gedicht sang die Ausschließlichkeit
> Doch stehen nicht Sinn und Gesetz auf Tafeln zu lesen

Es sind – herausgerückt aus dem Fluss der Worte – die Einsichten und Erkenntnisse, dass es – hier am eigenen Leben vorgestellt – keine Heimat, keine Ausschließlichkeit und keine gesicherte Wahrheit, die gleichsam im Stile der Zehn Gebote über die Menschen verhängt werden, gibt. Und unausgesprochen drängt das ganze Gedicht danach zu suchen: Nach Heimat, nach Zuversicht, nach dem Gehalt der Wahrheit in der Hoffnung. So ist dann auch eine Sammlung seiner Schriften unter dem Titel »Nicht auf Tafeln zu lesen ...« erschienen.[4]

Das Gedicht »Geschichte« greift poetisch das gesamte nach Erkenntnis drängende Denken von Ernest Jouhy auf. Wohin bewegt sich die Geschichte? Was wissen wir über die bisherige Geschichte und wie nehmen wir sie wahr? Das Bild einer »Brücke« mit ihren Pfeilern und dem getrockneten Blut als Mörtel zwischen den Quadern der Macht stellt nicht nur die Frage, wohin diese Brücke führt. Es lässt zuerst einmal ohnmächtig

---

1964, im Verlag Lambert Schneider erschienen. Das Buch selbst ist mit den »Grafischen Entsprechungen« von Rico Blass und Jacques Pouchain, so werden die vom Verlag in das Buch eingeklebten Grafiken und Zeichnungen genannt, ein Kunstwerk eigener Art. Die hier ausgewählten Gedichte sind zu finden auf den Seiten 14, 17 und 42. Der Verleger Lambert Schneider selbst war »Spartakist« in der deutschen Novemberrevolution, er verlegte Schriften von Martin Buber, Gustav Landauer und nach dem Kriege bedeutende Bücher, die sich mit dem Nationalsozialismus beschäftigten, so bereits 1946 das Buch von Karl Jaspers »Die Schuldfrage« und 1949 die Arbeit von Alexander Mitscherlich und Fred Mielke »Wissenschaft ohne Menschlichkeit«, die später unter dem Titel »Medizin ohne Menschlichkeit« erschienen ist. Die Verlagsgeschichte dieses Verlages im Zusammenhang mit dem Lebenswerk von Ernest Jouhy darzustellen, das wäre eine eigene Studie über den Beitrag der Literatur und Wissenschaft zum Widerstand wert.

4   Ursula Menzemer und Herbert Stubenrauch (Hrsg.), Nicht auf Tafeln zu lesen... Ausgewählte Schriften, Frankfurt am Main 1982.

erstarren. Und die Geschichte ist hier nicht nur das Geschehene, das ist vor allem auch der Blick auf das Geschehene und die immer wieder von »billigen Führern« beanspruchte Deutung dieser Geschichte. Auch diese zweite Strophe lässt kein Entrinnen zu. Erst in der dritten Strophe scheint behutsam etwas auf, dass das doch nicht alles gewesen sein kann. Kinder kommen ins Spiel. Von Begegnungen wird gesprochen, die hier bestimmenden Verben sind: erwählen, achten, klären, schützen. In den letzten vier Zeilen wird der Wahrheit der ersten beiden Strophen der Kampf angesagt:

> Und daß Begegnungen Arbeit Gedanken für diese Brücke
> hellere Steine erwählen und achten die Mühe
> der Fügung hellerer Bögen klärt die Gesten des Baus
> schützt vor dem lähmenden Blick in die grundlosen Wirbel –

In dem Gedicht »Trost«, aus dem gerne die starken Worte zitiert werden, macht zuerst einmal nachdenklich, dass diese Worte einen Trost aussprechen sollen. Kann das so akzeptiert werden? »Traum kann wirklicher sein als Erwachen – und Liebe verständiger als Vernunft gegen sie«, damit wird der menschlichen Ratio eine andere Realität entgegengestellt. Das Menschsein erschöpft sich nicht in der mit der menschlichen Ratio erfassten Realität. Die ihr hier entgegengestellte Realität der Träume, der Liebe und des Schmerzes wird diese Wände der Wirklichkeit zum Einsturz bringen:

> Gegen der Wirklichkeit Wände
> Muß dein Herz hämmern
> Nicht pochen

Beim Lesen muss man hier erst einmal innehalten – damit dann die letzten Worte ihr Gewicht bekommen und behalten können:

> Es bleibt dir
> Die Bresche zu schlagen

Auf dich kommt es an, das ist hier die schlichte »Wahrheit«. Das Subjekt der Geschichte bist du selbst – und du setzt ins Werk, was danach kommen wird. Das ist bei Ernest Jouhy immer wieder zu lesen, dafür war er sein Leben lang selbst ein Beispiel. Es kann nicht schärfer ausgedrückt werden, als es hier in diesem Gedicht geschieht. Für wen ist das ein »Trost«? Für jeden, der sein eigenes Leben selbst ernst nimmt und beteiligt ist an dem großen Werk, die Geschichte als Menschenwerk ernst zu nehmen – und nicht als eine Fügung oder als einen Vorgang, dem wir ohnmächtig ausgeliefert sind.

Heinrich Kupffer

MEIN FREUND ERNEST JOUHY

Mein Freund Ernest Jouhy bleibt mir (und vielen anderen) als eine der profiliertesten Gestalten der OSO in den 50er und 60er Jahren in lebhafter Erinnerung. Denn so einen wie ihn habe ich auch später nicht mehr getroffen.

Er war international orientiert, weit gereist und polyglott. Aber mindestens drei Vokabeln kamen in seinem reichen Sprachschatz nicht vor: Langeweile, Sturheit, eigener Vorteil: *Langeweile* nicht, weil er immer unterwegs war und sich auf vielen Arbeitsfeldern engagierte. Auch wenn er bereits mit drei Dingen auf einmal beschäftigt war, hatte er doch jederzeit ein offenes Ohr für einen Ratsuchenden und nahm die Hilfe für ihn als vierten Job gern auf sich. *Sturheit* nicht, weil er flexibel und kommunikativ war. Obwohl er in jungen Jahren als Jünger von Karl Marx und Alfred Adler einer linken jüdischen Jugendorganisation angehört hatte, fuhr er sich doch nie in einer Ideologie fest, beharrte nicht auf unumstößlichen Wahrheiten, verfiel nicht in unerleuchtete Orthodoxie, sondern handelte nach den Erfordernissen der jeweiligen Situation und war stets bereit, zu lernen und sich auch zu wandeln. *Eigener Vorteil* nicht, weil ihn die Anhäufung von Besitz und Machtmitteln im Grunde nicht interessierte und er immer die »gute Sache« vor sein persönliches Wohl stellte.

Ernest Jouhy war ein 1913 in Berlin geborener Jude. Nach 1933 wanderte er nach Frankreich aus, wo er Psychologie, Pädagogik, Soziologie und Geschichte studierte und seine erste Frau Lida kennenlernte. Er kämpfte von Anfang an gegen den Faschismus, in den 30er Jahren geistig und politisch, nach der Besetzung Frankreichs im Zweiten Weltkrieg als Angehöriger der Résistance. Mit Lida leitete er ein Heim für jüdische Flüchtlingskinder aus Deutschland.

Wie es weiterging, beschreibt er (in einer Pressemitteilung) selbst:

Und doch bin ich 1952 nach Deutschland zurückgekehrt, um in einer Pädagogengruppe mitzuarbeiten, die damals eine Schulgemeinschaft leitete, die

Abb. 25: Ernest Jouhy an der Odenwaldschule

an der Spitze des demokratischen Umbruchs in der jungen Bundesrepublik war […] Ich bin zurückgegangen, ich, der junge Franzose, weil ich überzeugt war, dass ich mein Leiden, meine politischen Erfahrungen und meine pädagogischen Fähigkeiten dieser heranwachsenden Jugend jenseits des Rheins schuldete […] Ich habe mich über die Vorbehalte so vieler Freunde aus der Résistance gegen meine Rückkehr nach Deutschland hinweggesetzt […] So bin ich nach Deutschland gegangen mit dem Willen, Frankreich mitzunehmen.

Kurt Zier hatte ihn auf einer Tagung über Fragen der Heimerziehung in Paris kennengelernt und für eine dauerhafte Mitarbeit in der OSO gewonnen. Was er für die OSO in seiner 20-jährigen Tätigkeit bedeutete, skizzieren wir unter drei Aspekten: der Heimbewohner, der Europäer, der Jude.

Der Heimbewohner

Seine Anwerbung für die OSO nach einer zufälligen Begegnung ist ein typisches Beispiel für die Eigenart der Landerziehungsheime. Seit ihrer Gründung nahmen sie als freie Schulen vielfach die Möglichkeit wahr, neue Mitarbeiter aus allen Ländern und Berufen aufzunehmen. Diese mussten nicht unbedingt die an öffentlichen Schulen geforderten staatlichen Examina vorweisen. Es kam vielmehr darauf an, dass sie zwar sachkundig unterrichten konnten, vor allem aber als Personen überzeugten. Das trug dazu bei, die Besonderheit und bunte Vielfalt der Landerziehungsheime zu festigen; und gerade die OSO nutzte diese Chance immer wieder.

Nicht nur hatte die OSO Ernest Jouhy gefunden, sondern ebenso auch er die OSO. Denn seine rastlose Aktivität zeigte, dass er eigentlich ein typischer Heimbewohner war, wenigstens soweit damit eine »provisorische« Existenz verbunden ist, die zwar lange Jahre andauern kann, aber einen freiwilligen weitgehenden Verzicht auf gutbürgerliche Sesshaftigkeit und enge Bindung an »Heimat« oder »Zuhause« bedeutet.

In der OSO engagierte er sich in vielen Aufgabenbereichen. Im Kollegenkreis war er beliebt und geachtet. Und er beteiligte sich intensiv am geselligen Leben unter den Mitarbeitern. Unvergesslich sind allen Beteiligten die alljährlichen Weihnachtsfeiern mit dem gesamten Kollegium. Dabei trat er, unterstützt von einigen anderen Mitarbeitern, in wechselnden Rollen mit besonderen Darbietungen auf, die nach allgemeinem Urteil kabarettreif waren. Wenn er sich bei dieser Gelegenheit auch über manche Vorkommnisse in der OSO und über andere Mitarbeiter (wie über sich selbst) lustig machte, so war er doch darauf bedacht, niemanden zu verletzen und jede etwaige Kritik in die Form eines Lobes zu kleiden.

Im Heimleben war er allgegenwärtig. Er redete mit allen, organisierte Feste und Veranstaltungen und zeigte sich immer gesprächsbereit, dolmetschte bei Tagungen mit Ausländern und vertrat, wo es sich ergab, die OSO auch nach außen.

Im schulischen Bereich trug Ernest Jouhy dazu bei, dass das Unterrichtsspektrum der OSO auch Elemente aufnahm, die an öffentlichen Schulen (noch) nicht üblich waren. Er hatte ja Sozialwissenschaften studiert und brachte diesen Fundus und vor allem den damit verbundenen gesellschaftsbezogenen Denkansatz in seinen Unterricht ein. Das Leistungsfach Sozialkunde war neu, zumal es unter seiner Regie nicht lediglich ein polit-ökonomisches Grundwissen vermittelte, sondern in eine Analyse der Strukturen öffentlichen Lebens vorstieß.

Sein anderes Hauptfach war Französisch, das er zwar nicht studiert hatte, aber dank seines langen Frankreichaufenthalts beherrschte. Er unterrichtete vor allem die Fortgeschrittenen im Leistungsfach, während Lida in den mittleren Klassen die schwierigen Anfangsgründe vermittelte. Und alle sagten, sie hätten in ihrem von Charme und Strenge getragenen Unterricht viel gelernt.

Ernest Jouhys besonderes Interesse im Unterricht und auch in Arbeitsgruppen wie dem »Politischen Gespräch« und anderen Veranstaltungen galt der Politik. Hier zeigte er sich stets aufs Beste informiert, hatte auch sein reiches Wissen jederzeit parat und konnte zu allen aktuellen Ereignissen, gerade auch über die deutschen Grenzen hinaus, sachkundig Stellung nehmen. In der zweiten Epoche der Ära Schäfer übernahm er die Studienleitung und füllte mit seinem organisatorischen Talent und seinem sachbezogenen Überblick auch dieses Amt voll aus.

Er blieb bis zu seinem Ausscheiden aus der OSO (1971) an allem beteiligt, was in Heim und Schule vorging. In den 1960er Jahren war er schon mit seiner (späteren) zweiten Frau Gudrun verbunden. Er hatte sie im »Foyer International d'Études Françaises« (FIEF), von dem gleich die Rede sein wird, kennengelernt und arbeitete auch nach seiner OSO-Zeit dort viel mit ihr zusammen.

Alles, was er innerhalb wie außerhalb der OSO erlebt und erfahren hatte, reflektierte er auch in zahlreichen Aufsätzen, wie etwa »Der sozialpsychologische Standort des Landerziehungsheims«, die 1988 in vier Bänden unter dem Titel »Klärungsprozesse«, herausgegeben von Robert Jungk, erschienen.

Der Europäer

Ernest Jouhy wirkte schon seit den frühen 1950er Jahren darauf hin, dass die OSO sich auch dem Ausland öffnete und internationale Kontakte pflegte. Das geschah vor allem durch die »Fédération Internationale des Communautés d'Enfants« (FICE). Diesem Verband von Heimerziehern hatte er schon in Frankreich angehört. Jetzt veranstaltete er zunächst von der OSO aus in Frankreich, Italien und in der Schweiz kleinere internationale Seminare der FICE und gründete dann um 1960 mit einigen Mitarbeitern der OSO die FICE-Sektion der Bundesrepublik. Zwei große FICE-Tagungen in der OSO hat er wesentlich mit vorbereitet und gestaltet. Natürlich blickten alle Mitarbeiter auf ein »Leben vor der OSO« zurück. Aber nur Ernest Jouhy setzte seine früheren Aktivitäten auch hier fort, und zwar so, dass diese enge Verzahnung stets der OSO zugutekam.

Vor allem die FICE ermöglichte es allen Interessenten, an internationalen Tagungen teilzunehmen und fremde Länder kennenzulernen. Dies begann in den 1950er Jahren, als Auslandsreisen noch keineswegs so selbstverständlich und leicht zu organisieren waren wie heute. So haben mehrere Mitarbeiter der OSO mit der FICE außer den europäischen Metropolen auch Tunesien, Israel und die Länder des damaligen Ostblocks besucht.

Wichtig an diesen Projekten war auch die Stärkung des Bewusstseins dafür, dass die OSO wie alle Internate nicht nur eine Schule, sondern auch ein Heim ist. Heime bestehen demnach nicht nur äußerlich darin, dass hier eben viele Menschen in einem Internat zusammenwohnen. Vielmehr bietet das Heim ein eigenes Feld pädagogischer Aufmerksamkeit. Weder ist also die Schule ein Anhängsel des Heims (wie in manchen Landerziehungsheimen), noch umgekehrt das Heim eine nicht näher zu untersuchende Bühne für die Schule. Im Übrigen gewannen ja dann als Folge der 68er-Bewegung die Probleme der Heimerziehung nicht nur an allgemeinem Interesse, sondern die Auswirkungen dieser stürmischen Epoche machten sich auch in der Diskussion über die Heimstruktur der OSO bemerkbar.

Noch in den 50er Jahren gründete Ernest Jouhy in La Bégude, einem kleinen Ort in der Provence, ein ständiges Zentrum für eine deutsch-französische Zusammenarbeit. Dieses »Foyer International d'Études Françaises« (FIEF) wurde zunächst als Begegnungsstätte für Jugendliche geschaffen. Seit 1953 veranstaltete Ernest Jouhy dort kleinere Tagungen und Kurse. Durch seine persönlichen Beziehungen und seine unerschöpfliche Energie gelang es ihm, in einer echten Pionierleistung den FIEF in wenigen Jahren aus einem Provisorium in eine bekannte und viel frequentierte Einrichtung zu verwandeln. Der anfangs äußerst dürftige Zustand der Gebäude wurde verbessert und bot schließlich so etwas wie einen bescheidenen Komfort. Hier fanden nun regelmäßig Lehrgänge für Schüler, Studenten und im Rahmen von Volkshochschulen statt. Und Ernest Jouhy erreichte es, den FIEF vom »Hessischen Institut für Lehrerfortbildung« als Forum der Lehrerbildung anerkennen zu lassen. Ab 1962 ging die Leitung an Jouhys Nachfolger über.

Auch in der OSO selbst trat Ernest Jouhy immer wieder insofern »als Europäer« hervor, als er sich um eine Gesamtperspektive über die deutschen Grenzen hinaus bemühte. So setzte er sich mit den Auswirkungen der 68er-Bewegung nicht nur hier an Ort und Stelle auseinander, sondern brachte diese Vorgänge in Bezug zu den französischen Studentenunruhen und versuchte, den sich anbahnenden Wandel sozial, politisch und ökonomisch zu begreifen.

Der Jude

Wie war Ernest Jouhy »als Mensch«? Die Eigenart seiner Persönlichkeit zeigte sich täglich in seinem Umgangsstil, seinem Arbeitsstil, seinem Denkstil. Sein Umgangsstil war freundlich, geradlinig, offen. Er pflegte enge Bindungen zu Mitarbeitern wie Schülern. So war er nicht nur ein anregender und aufgeschlossener Kollege, sondern auch ein hervorragender Klassenlehrer, dem immer wieder Neues einfiel. Da er sich nicht vordrängte oder besonders wichtig nahm, schuf er sich keine Feinde. Er verstand sich als Teammitglied, das loyal und konstruktiv mit anderen kooperierte. Er konnte ironisch sein, aber nicht hämisch, witzig, aber nicht verletzend, belehrend, aber nicht besserwisserisch. Und obwohl es ihm keineswegs an Selbstbewusstsein mangelte, ließ er doch niemals andere seine Überlegenheit spüren.

Sein Arbeitsstil zeigte ihn als ein Perpetuum mobile. Er musste immer rastlos tätig sein. Und wenn eine Sache erledigt war, fiel ihm bestimmt alsbald eine neue ein. Die Vielfalt seiner Aktivitäten brachte ihn oft genug an den Rand der Erschöpfung, zumal seine Gesundheit ohnehin nicht die beste war. Als Lida einmal seinen Arzt konsultierte, da seine chronische Selbstausbeutung ihr Sorgen machte, erwiderte der: Lassen Sie ihn weitermachen, denn wenn er nichts mehr zu tun hat, fällt er tot um.

Sein Denkstil war gekennzeichnet durch rasche Auffassungsgabe, die ihm eine sofortige Verknüpfung zueinander passender Fakten und Ereignisse ermöglichte. Er machte, da nie um eine Antwort verlegen, den Eindruck, dass er alles wusste, alles konnte und das, was neu hinzukam, sogleich begriff und einordnete. Da er sich für (fast) alles interessierte, gab es kaum ein Gebiet, auf dem er nicht mitreden konnte (oder unbefangen glaubte, mitreden zu können). So verkörperte er sozusagen den Universal-Pädagogen. Seine flächendeckende Intelligenz war »praktisch«. Das schloss theoretische Reflexion nicht aus, aber er war nicht der Typ, der sich auch mal zurückzieht und einsam in der Studierstube dem Sinn des Lebens nachgrübelt oder von dem Versuch, die tiefsten Welträtsel zu knacken, umgetrieben wird.

Ernest Jouhys Eigenart ist nicht zu begreifen und einzuschätzen ohne seine Vorstellung davon, was es ihm bedeutete, Jude zu sein. Er fühlte sich durchaus als Jude, konnte oder wollte aber nicht definieren, wie er eigentlich Judentum verstand und was nach seiner Auffassung die jüdische Besonderheit ausmachte. Vielmehr sah er Sinn und Auftrag des Judentums eben darin, was er selbst verkörpern wollte. Damit schieden religiöse oder ethnische »Begründungen« für ihn aus. Obwohl er im Alten und Neuen Testament gut Bescheid wusste, interessierte ihn die religiöse Dimension des Judentums kaum. Er blieb Atheist, so dass er einen Zugang zum jüdischen Glauben weder fand noch suchte. Ebenso wenig bedeutete ihm die völkische oder rassische Zugehörigkeit zum Judentum. Das »richtige« Verständnis jüdischer Existenz konnte sich also für ihn nicht aus solchen objektivierten Bindungen herleiten.

Jude sein hieß für ihn, wie wir nach längeren Diskussionen mit ihm herausfanden: jenseits von allen denkbaren und historisch gewachsenen

Gruppenbindungen als Jude in der Welt einen globalen Auftrag zu erfüllen. Juden sollten als eine Art Sauerteig in der Gesellschaft wirken und an jedem Ort wie bei jeder Gelegenheit eine humane Existenzform zur Geltung bringen. Dies bedeutete: zwar als einzelner Jude, doch ebenso als ein Vertreter des Judentums insgesamt praktisch, politisch, moralisch und auch erzieherisch in die Gesellschaft hinein wirksam handeln und damit so etwas wie das »Weltgewissen« verkörpern.

Jede organisierte jüdische Gruppierung schien ihm Gefahr zu laufen, diesen Auftrag zu verwässern oder gar zu zerstören. Daher lehnte er auch den Staat Israel schroff ab: Bildeten die Juden einen Staat wie alle anderen, dann würden auch sie selbst so werden wie alle anderen und gäben die Besonderheit ihrer Existenz und somit ihren wahren Auftrag preis. Diese »Mission« lasse sich eben nicht in festen gesellschaftlichen und politischen Lebensformen, etwa durch Programme und kollektive Taten, sondern nur von vielen Einzelkämpfern erfüllen. Auf die Frage »Was ist Dein Judentum?«, hätte er also sinngemäß antworten können: Jude sein ist für mich die Form, in der ich mich täglich zu leben bemühe. Und obwohl damals in der OSO immer auch über das Judentum diskutiert wurde, scheute er sich doch, ein solches sehr persönliches Bekenntnis öffentlich abzulegen.

Ausblick

So schließt sich der Kreis dieses schnellen, erfüllten und leistungsbezogenen Lebens. Er konnte es nur durchstehen, indem er stets auseinanderhielt, was er überhaupt nicht und was er dringend brauchte. Wir erwähnten ja anfangs drei Worte, die in seinem Vokabular nicht auftauchten. Jetzt zum Schluss nennen wir im Gegenzug drei Dinge, die ihm unentbehrlich waren:

Erstens seine Zigarette, die er, da er nicht so viel rauchen durfte, sich selbst überlistend in Hälften oder Drittel zerteilt in seine Spitze schob. Zweitens sein Auto, denn zu Fuß zu gehen war ihm lästig, und längere Spaziergänge oder gar Wanderungen mit Rucksack durch den Odenwald oder anderswo lagen ihm durchaus nicht, schon weil sie zu lange dauern würden. Drittens seine Aufgabe; und wenn gerade mal keine an ihn herangetragen wurde, schuf er sie sich selbst. Das blieb so bis zu seinem Tode 1988 und erfüllte sich in seinem Wirken als Hochschullehrer in Frankfurt wie auch in der Intensivierung seines internationalen Engagements bis in die Dritte Welt hinein.

Otto Herz

WAS DAMIT GEMEINT SEIN KÖNNTE

Wenn ich an Ernest Jouhy als Lehrer denke – ich durfte in den Jahren von 1962 bis 1965 seinen Unterricht in der Odenwaldschule genießen –, dann gibt es mindestens zwei bleibende Erinnerungen. Die Eine kann ich nur kurz feststellen, die Andere will ich etwas ausführlicher darstellen.

1.

Ernest Jouhy verstand es in einem Maße, wie ich es sonst nie wieder bei einem Lehrer erlebt habe, geradezu jeden Schülerbeitrag, geradezu jede Schülerbemerkung aufzugreifen, anzunehmen, klarzustellen, was damit gesagt und vielleicht auch, was damit gemeint sein könnte. Danach war es oft klarer als das, was dem Schüler selbst vorweg klar gewesen sein mag. Insofern war es nahezu ausgeschlossen, wirklich etwas »Dummes« zu sagen. Gewiss: es konnte etwas gerade nicht passen. Das schon. Aber auch dieses wurde dann nicht als »Unpassend« abgewertet. Ernest Jouhy kommentierte mit wenigen Sätzen, in welchem Zusammenhang, in welchem Kontext, bei welcher Problemstellung das Geäußerte von Nutzen und Bedeutung wäre.

Diese radikale – oder sollte ich sagen: ganz normale – Akzeptanz und Allokation von Schüleräußerungen gingen nicht zu Lasten der sachlogischen Kontinuität einer inhaltlichen Problemstellung. Da war Jouhy vor. Sein Kopf war sein Konzept. (Auf dem Papier gab es nie eines.)

Ein Konzept, ein Entwurf einer genau bedachten Möglichkeit also, die variierbar und korrigierbar war, gemäß der Interaktionsdependenz von Aufgabe – Lernendem – Lehrendem. Deswegen kam für mich auch nie das Gefühl einer besonders geschickten Manipulation auf – was Unterricht so häufig so ätzend macht. Jeder war mit seinen Gefühlen und Gedanken Gestalter des Gesprächs, das Unterricht hieß und immerzu der Existenzfrage

Abb. 26: Einerseits andererseits. Zeichnung von Sabine Seehausen Prack

galt, warum der oder jener Mensch oder die oder jene menschliche Konfiguration sich der oder jener materiellen und geistigen Herausforderung so oder so stellte.

Ernest: Wo hast Du das gelernt?

Und: Lässt sich dies Lehren lehren?

Oder: Ist dieses Vermögen erwachsen aus erfahrenem Leid und gebliebener Liebe zum Menschen und seiner Möglichkeit, in gemeinsamer Anstrengung – die dann auch ganz leicht fallen kann – neue lohnens- und lebenswerte, humane Perspektiven zu entwickeln.

2.

Ob Jouhy noch einen halben, einen viertel oder vielleicht gar keinen Magen mehr hatte, das war für uns Schüler immer wieder ein Gesprächsgegenstand. Trotzdem war Jouhy ein starker Raucher. Schwarzes Zeug, Rote Hand. Die Sucht ließ sich auch nicht im Unterricht bannen. Dem geschäftigen Intellekt war der verhängnisvolle Zusammenhang von »Rauch rein – Magen raus« schon bewusst – aber auf die Orallust konnte er trotzdem nicht verzichten. Also half sich Jouhy – antiken Vorbildern gleich – mit einer List der Selbstüberlistung. Während Jouhy in der OB (Odenwaldschul-Bibliothek) im Unterricht auf und ab wanderte, um – wie oben benannt – auf Schüler einzugehen, damit sie Sinn- und Sachzusammenhänge verstehen, lief folgendes nebenbei ab:

Jouhy fing mit seinen Händen an, die Taschen abzusuchen. Und was können ein Männerjackett und eine Männerhose nicht alles für Taschen haben! Allein das Jackett: zwei Außentaschen, diese vielleicht innen nochmals unterteilt; die Außentasche, in der in stilvollen Zeiten das weiße Tuch seine Animationsspitzen zeigte; dann innen die Brusttasche, ob einfach oder zweifach, ich habe es nie genau untersucht. Jedenfalls nahm es geraume Zeit in Anspruch, bis alle Möglichkeiten so abgetastet waren, dass sich das freudige Ereignis endlich fand: die Spitze eines Zigarettenhalters. Es war aber nur die Spitze. Ich weiß heute nicht mehr genau, aus wie vielen Teilen der Zigarettenhalter insgesamt bestand. Drei waren es bestimmt. Und zum Auffinden eines jeden Teiles war die ganze Prozedur der Suche durch alle Taschen nötig, denn wo sich welches Teil befand, das war dem Suchenden und Tastenden nicht bekannt. Dabei hatte alles – wie der gleichzeitig ablaufende Unterricht auch – seine geistige und formale Strenge. Es ging ja nicht darum, alle Teile einfach aufzufinden. Nein. Ohne Ordnung kein konsistentes Leben. Also musste auf die Spitze das Mittelstück folgen, auf das Mittelstück das Mundstück, wenn nicht doch noch ein Puffer- oder Filterstück eingebaut war. Teil für Teil wurde auf die große Tischplatte am Kopfende in der Reihenfolge gelegt, wie sie dann ineinander zu schrauben waren.

Ich bin mir nicht so sicher, ob der geneigte Leser nachvollziehen kann, dass diese Handlungen sich einerseits kontinuierlich vollzogen, andererseits aber auch mit vielen Pausen. Denn während das Mittelstück auf dem Tische lag und auf seine Ergänzung durch das Mundstück wartete, wanderte Jouhy zu den Schülern, die am Kopfende des Tisches saßen und die gerade das Problem beschäftigte, ob die religionskritischen Thesen von Anselm von Feuerbach psychoanalytisch als Sublimation von unbewältigten Todesängsten zu verstehen seien oder als Anzeichen des Aufkommens eines materialistischen Weltbildes. Im Laufe der weltanschaulich nicht neutral zu führenden Debatte wurde jedenfalls das Mundstück gefunden, bei der allmählichen Rückkehr zum Kopfende des Tisches dort deponiert – um dann in einem Augenblick des geistigen Atemholens ineinandergeschraubt zu werden.

War damit die erste Voraussetzung zu dem Lustgenuss geschaffen – der intakte Zigarettenhalter lag nun hingebungswillig und hinnehmungswillig auf dem Tisch –, so galt es nun, sich den anderen Vorbedingungen zu nähern.

Wo war die Zigarettenschachtel? Eine Suche der beschriebenen Art begann. War auch diese gefunden, so stand oder lag sie zunächst eine Weile auf dem Tisch.

Die Streitfrage von oben hatte sich inzwischen eingehend entwickelt, dass die Intentionen eines Schreibers doch nur die eine Seite wären, die Bedingtheiten der Rezeption eines Textes durch die Leser oder Hörer aber eine ganz andere. Sollte das schwarze Zeug, die Rote Hand, ich meine: die Zigarettenschachtel noch ungeöffnet gewesen sein, sollte diese die dünne Haut, die Zigarettenschachteln üblicherweise einschlägt, noch unversehrt Schutz gewähren vor Eindringlingen und Frische sichern, so war es ein Akt besonderer Qualität, mit Feingefühl und Unerbittlichkeit, mit Anritzen, Abstand nehmen und neuer Annäherung endlich zum Objekt der Befriedigung vorzustoßen. Langsam wurde die Zigarette herausgezogen, manchmal war auch ein mehrfaches Klopfen über dem ausgestreckten Finger nötig, bis sich das Objekt der Begierde zeigte.

156

Die Zigarette und der Zigarettenhalter lagen nebeneinander. Nah, aber noch nicht vereint. Das inhaltliche Problem des Unterrichts galt jetzt vielleicht der Frage, welchen Relativierungen das Rollenverhalten von Mann und Frau im Blick auf das Geben und Nehmen, Empfangen und Einbringen in unserer Gesellschaft unterworfen werden muss angesichts der kulturanthropologischen Studien von Margret Mead.

Die aus ihrer Umhüllung herausgeholte Zigarette durfte sich nicht ihrer stolzen Länge und konzentrierten Suchtwut erfreuen. Mit spitzen, durchaus mitfühlenden Fingern drittelte Jouhy die Rote Hand. Und nur ein Drittel wurde jeweils auf die Zigarettenspitze aufgesetzt. Und während dann der sprachlogische Verwirrcharakter des Satzes klargelegt wurde, dass das Ganze eben nicht mehr als die Summe seiner Teile sein könne, da konnte die erlösende Entflammung dann endlich sein – nicht natürlich, ohne dass vorher – auf die nun schon bekannte Prozedur – das Zeug gefunden war, das den Funken überspringen lassen kann. Die Theorie der Freud'schen Phasenlehre ging nun im offiziellen Curriculum ein inniges Verhältnis ein mit der oralen Lust im Heimlichen. Das Ganze Zug um Zug, aber nicht zügig.

Ich will dem hoffentlich immer noch geneigten Leser ersparen, im Detail zu schildern, wie die Handlung sich fortsetzte, nachdem die gedrittelte Lust erst einmal ausgezehrt und abgebrannt war. Vielleicht kann er es sich selbst ausmalen, wenn ich sage: die Diffizilität und beharrliche Kontinuität des Ordnens von gewollter Verwirrung fand nun rückwärts so statt, wie sie hier vorwärts angedeutet wurde. Es war wie im Film, den man rückwärts laufen lässt. Kein Schritt wird ausgelassen, es verkehrt sich nur alles.

Auf diese Weise wurde dem angegriffenen Magen ein Drittel Zigarette pro Stunde etwa zugemutet bzw. zwei Drittel und mehr erspart. Auf diese Weise wurde aber dem ganzen Menschen auch der Anteil irrationaler Lust gegönnt, die wohl nötig ist, um Menschsein menschlich erscheinen zu lassen.

Ich bin überzeugter Nichtraucher geblieben.

Aber ich habe, lieber Ernest Jouhy, neben dem offiziellen Curriculum doch auch dieses Heimliche gelernt, dass sich selbst die gefährlichen Gelüste so dosieren und handhaben lassen, dass man sie – und sich! – am Leben lassen und sich dabei freuen kann.

TEXTE UND GEDICHTE VON ERNEST JOUHY

ZUR MOTIVATION DES BILDUNGSPOLITISCHEN ENGAGEMENTS

In einer bewegenden Zeit schreibt Ernest Jouhy diesen Text. Ein geradezu geschichtstheoretischer Anspruch treibt ihn an, die Möglichkeiten aufzuspüren, in den Gang der Geschichte einzugreifen.

Er begibt sich auf Spurensuche für die Chancen der Bildung, des »wissenden Kopfes«, für die Chancen einer systemsprengenden Massenbildung.

Doch ein paar Hinweise auf die Zeit, in der dieser Text geschrieben wurde, sind nötig, um die Relevanz der hier entwickelten Überlegungen erfassen zu können. Es war die Zeit des zu Ende gehenden Vietnamkrieges, eines Krieges, der die amerikanische und europäische Öffentlichkeit zutiefst erschüttert hat. Willy Brandt war in dieser Zeit Bundeskanzler in der BRD. Es gelingt ihm mit seiner »neuen Ostpolitik«, die Beziehungen zur DDR zu »normalisieren«.

Es war auch die Zeit einer großen Bildungsbewegung der westdeutschen Gewerkschaften, die in einigen Programmen sogar weit über das ambivalente Angebot zur Mitbestimmung hinausging. Besonders erwähnt sei hier das Konzept der »Bildungsobleute« der IG Metall. An den Seminaren zur Ausbildung dieser »Bildungsobleute« haben ungezählte Aktive der IG Metall teilgenommen, die dann in den Betrieben selbst Bildungsveranstaltungen mit den Themen »vor Ort« durchgeführt haben. Ernest Jouhy erwähnt diese Bewegung in diesem Essay nicht, obwohl sie mit ihrem »rätedemokratischen« Kern seinen Ideen bis auf den Punkt entsprach.

Ernest Jouhy hatte diesen Text wahrscheinlich schon abgeschlossen, als im Sommer 1973 in Chile durch einen vom US-amerikanischen Geheimdienst CIA gesteuerten Putsch die demokratische Regierung gestürzt wird und dort der Diktator Pinochet an die Macht gebracht wird. Unter dem Eindruck solcher bewegenden Ereignisse hat Jouhy diesen Essay verfasst. Es ist kein Fortschrittsoptimismus, den er hier vertritt. Jouhy erkennt Ambivalenzen und lotet die in ihnen angelegten Perspektiven aus. Die gekürzte Fassung dieses Textes beginnt daher auch mit der fundamentalen Feststellung: »Die Bedürfnisse nach Selbstbestimmung, Mitbestimmung und Freiheitsraum im gesellschaftlichen und persönlichen Bereich steigen durch

Bildung schneller als die nach Marktgütern, für deren Erzeugung diese Bildung angelegt ist.« Jouhy sieht darin ein Unbehagen an der Leistungsorientierung, eine Erschütterung der Autorität der Eliten. Vor diesem Hintergrund müsse das Verhältnis des Bildungswesens zur Gesellschaft und insbesondere die Rolle der Schulen gesehen werden. Für Jouhy stellt sich aktuell die Frage: »Wie ist es möglich, aus den heute sich abzeichnenden Erfordernissen der Bildung, die Gesellschaft von morgen umzugestalten?«

Seine Antworten entfaltet er in einer Analyse der Entwicklung der Produktivkräfte und der neuen Ansprüche, die an die gesellschaftlich zu leistende Arbeit gestellt werden. Er erkennt die wachsende Notwendigkeit, »die eine Fähigkeit, die früher nur den ›Gebildeten‹ vorbehalten war. Damit finden Theorie und Praxis zueinander, konkret: Kopf- und Handarbeit, Arbeiter und Ingenieur.«

Die traditionellen Orientierungen und Wertmaßstäbe werden so objektiv obsolet. Es wächst eine Generation heran, »die motiviert und fähig ist, sich ihr nicht nur anzupassen, sondern ihr von sich aus Impulse und Richtung zu verleihen«. Das ist hier noch zurückhaltend ausgedrückt, doch es schwingt bereits mit, dass das Motiv zum Engagement die von der Gesellschaft gesetzten Schranken überwinden wird. Jouhy schreibt, dass Wissen, Information und die Fähigkeit zu ihrer Nutzung in »Fähigkeit zur Abstraktion und zur kritischen Situationsbewältigung« übergehen und diese Entwicklung damit eine qualitativ neue Bedeutung erhält. Neue Ansprüche an die Schule, die Erziehung und Bildung entstehen. Die Lernenden müssen befähigt werden, sich selbst an der Auswahl des Stoffes zu beteiligen. Es wird viel von den Subjekten in der beschriebenen Entfaltung der Produktivkräfte erwartet, viel vom Bildungswesen und der Bildungsplanung, viel von den Schülern, Studenten, von den Wissenschaftlern und den Lehrenden. Sie müssen sich ihrer Bedeutung bewusst werden, um dann auch ihre potentielle Macht einsetzen zu können. Pathetisch endet dieser Essay – und nicht mit einem Verweis auf eine »gesetzmäßige Entwicklung«.

Der Essay musste für diese Veröffentlichung gekürzt werden. Weggelassen wurden theoretische Ausführungen am Anfang, da sie in der Sache im weiteren Verlauf des Textes auch argumentativ enthalten sind, und ein längeres englischsprachiges Zitat aus dem Jahr 1955.

Edgar Weick

Die Bedürfnisse nach Selbstbestimmung, Mitbestimmung und Freiheitsraum im gesellschaftlichen und persönlichen Bereich steigen durch Bildung schneller als die nach Marktgütern, für deren Erzeugung diese Bildung angelegt ist.

Der massenhafte Zugang zu rational-technischem und wirtschaftlichem Denken und Verhalten ist für das Funktionieren der Gesellschaft, so wie sie heute machtanteilig strukturiert ist, unerlässlich. Gleichzeitig erzeugt die Massenbildung auf die Dauer das explosive Bedürfnis nach Veränderung aller Strukturen der Leitung, Initiative, Arbeitsweise, der Zielsetzungen und Zielvorstellungen. Damit wirkt die Bildung gleichzeitig systemimmanent in Richtung auf einen hohen Output und systemsprengend, weil gegen die Zielsetzungen gerichtet, die die Machteliten an diesen Output knüpfen. Die Bremsen, die pädagogisch gegen die wachsenden Ansprüche der Schüler auf Mitdenken, Kritik, Mitgestalten und Selbstgestalten von Unterricht, Arbeitsweise, Lebensstil eingesetzt werden, widersprechen der Anlage einer Pädagogik, die effizienzrationale Lebensbewältigung auf allen Gebieten im Interesse nur wirtschaftlich-technischer Effizienz bewirken soll.

Die Schule zerstört, weil leistungsorientiert, die Barrieren von klerikalprovinzieller, vorurteilsverhafteter, traditionsgebundener Beschränktheit. Aber gerade weil leistungsorientiert, zerstört sie auch, gegen den Willen der nur technokratisch orientierten Auftraggeber, das System der Auslese und Lebensorientierung, welches der Bewertung von Leistung zugrunde liegt: Sie entdeckt die gesellschaftliche Bedingtheit und damit den potentiell möglichen Wandel von Begabung und Leistung und erweckt bei den Schülern selbst das Bedürfnis nach einer Entfaltung ihrer allgemeinen humanen Fähigkeiten, die in der arbeitsteiligen, verwalteten, fremdbestimmten Schul- und Arbeitswelt nicht befriedigt werden können. So schafft sie zugleich mit höherer rationaler Leistungsfähigkeit auch ein weit höheres tiefenpsychologisches Unbehagen an der Gesellschaft, für deren Fortbestand diese Leistungsfähigkeit trainiert werden soll.

Die moderne Schule muss im Interesse von Leistung, Mobilität und Konsum all diejenigen Autoritäten abbauen, die ihren Anspruch auf überkommene Hierarchie, Besitz, Stand, Würde, Tradition etc. begründen, um nur die Autorität bestehen zu lassen, die auf größerer Leistung beruht. Damit erschüttert sie aber auch die Autorität der Eliten, die eben diese Leistung benötigen, um als Eliten zu existieren. Gleichzeitig führt sie den Schülern vor Augen, dass die Autorität der Leistung selbst inhuman und antisozial sein kann und durch umfassendere Kriterien von Verantwortung, Mitgefühl, Sorge um die Mündigmachung der Abhängigen etc. bestimmt werden muss. Schließlich zerstören die pädagogischen, didaktischen und fachlichen Anforderungen an die Lehrerbildung die Rückständigkeit der Struktur und Funktion des Lehrkörpers: Eine nur fachliche und nach Volks-, Mittel- und höherer Schule ausgerichtete und ausgebildete Lehrerschaft kann sich allenfalls mit der unkritischen Weitergabe vorgegebenen Wissens, Wollens und Könnens begnügen. Die Gesamtschule fordert vom Lehrer umfassenden, kritischen, rationalen Umgang mit dem Wissen. Sie zwingt geradezu, gedanklich die gesellschaftlichen und somit individuellen Existenzformen zu entwerfen, auf die Erziehung und Unterricht angelegt sind und die sich in der vorgegebenen Gesellschaftsstruktur nicht realisieren lassen. Sie macht damit aus dem quantitativ schnell an gesellschaftlichem Gewicht gewinnenden Lehrkörper eine politisch-soziale Kraft emanzipatorischer Entwürfe um der Kinder willen, deren Zukunft ihm anvertraut ist.

Die Motivation zur Nutzung der emanzipatorischen Möglichkeiten, die sich unter diesen Bedingungen eröffnen, erscheint fortschrittlichen Lehrern und Studenten als Forderung, nicht etwa als verinnerlichte, subjektive Rollenerwartung aus eben widersprüchlichen Gegebenheiten, sondern als »historisch-objektiver« Auftrag an sie, die wahren Verfechter des gesellschaftlichen Wohles schlechthin. In mehrfacher Weise ist diese Erscheinung mit Skepsis zu analysieren. Zunächst, weil jede Gruppe, auch eine Vorhut der Abhängigen, ihre besonderen gesellschaftlichen Interessen als die der Allgemeinheit ausgibt und ihre Motivationen damit rational »veredelt«. Sobald Anforderungen von einer Gruppe als die der Gesellschaft schlechthin formuliert werden, werden Gruppenmotivationen verabsolutiert.

Es ist also fraglich, ob die Gesellschaft »sich nach ehernen« Gesetzen entwickelt, deren »Erkenntnis« bereits die Ziele der Erziehung emanzipatorisch bzw. reaktionär festlegen. Mit anderen Worten: Liegt in einer solchen Vorstellung des Verhältnisses von »objektiven« gesellschaftlichen Gegebenheiten und »subjektivem Faktor« nicht eine gruppenegoistische Verfälschung der wirklich objektiven gesellschaftlichen Beziehungen? Wollen die »Emanzipatoren« nicht vielleicht ihre gesellschaftliche Rolle, und mit dieser scheinbar kritischen Theorie sehr unkritisch, überhöhen?

Die zweite industrielle Revolution hat die Rolle und damit das Selbstbewusstsein der »wegweisenden« Ideologen, ob Theologen, Philosophen, Lehrer, Parteiinstrukteure, in West und Ost, gegenüber den Technologen und Technokraten wesentlich herabgesetzt. Sie suchen also eine gesellschaftliche Selbstaufwertung, indem sie ihren Begriff von Gesellschaft mit der objektiven Bewegung gleichsetzen, deren Teil sie sind. Sie verkünden als neue Propheten des Hegel'schen Weltgeistes die angeblich materialistischen Widersprüche, die sie konstruieren, und stellen damit ebenso antiemanzipatorisch Marx auf den Kopf, wie dieser, wahrhaft kritisch, Hegel auf die Füße gestellt hatte. Die »objektive gesellschaftliche Bewegung« wird so wieder zum fordernden Gott, inkarniert eine ihr von Ewigkeit zu Ewigkeit immanente Gesetzmäßigkeit, die sich letztlich um Absichten, Willen, Utopien und Modelle der Gruppen und der Individuen nicht schert. Und damit wird sie, wie der alte »Vater Staat« der preußischen Apologeten der Reaktion, zur Verkörperung einer »objektiven Idee«. Der für jede Bildung unerlässliche Entwurf wird dann beschränkt auf das Anpassungstraining von Kindern und Jugendlichen an die »objektiven Notwendigkeiten des Kampfes« für oder gegen das »sozialistische« bzw. kapitalistische »System«, was nichts anderes bedeutet als das Nachplappern oder bestenfalls talmudistische Interpretieren der »reinen Lehre«. Diese Pseudomarxisten sind den Scholastikern des Mittelalters in Methode und gesellschaftlicher Rolle zu vergleichen. Diese interpretierten nicht die Natur, sondern was die Bibel und Aristoteles über sie aussagten. Damit verfestigten sie, wenn auch oft ungewollt, die Ohnmacht gegenüber der Natur, so wie unsere ideologischen Dogmatiker stalinistischer, trotzkistischer oder maoistischer Obedienz die politische Ohnmacht gegenüber den effektiven gesellschaftlichen Mächten ungewollt vergrößern.

Wohl gibt es Gesellschaft als objektive, strukturierte Wirklichkeit mit objektiven neben- und gegeneinander wirkenden Kräften, die der Analyse und der praktischen Einwirkung unterliegen können. Wohl ist sie ein den einzelnen Erscheinungen übergeordnetes Ganzes, aber nur insofern dieses Ganze zeitlich, geographisch, politisch, wirtschaftlich abgegrenzt, historisch herleitbar, soziologisch gegliedert betrachtet wird und nicht metaphysisch als ein gottähnliches Wesen, das den Menschen ihre Bewegungsgesetze mechanisch aufzwingt.

Wohl unterliegt die Gesellschaft Gesetzmäßigkeiten, die die Vorstellungen, Erwartungen und die Praxis der Gruppen und der Individuen in Widersprüchen zusammenfasst, nicht aber einem »objektiven«, das heißt von den menschlichen Akteuren unabhängigen Kräftespiel. Was sich in ihr abspielt, ist gerade kein Naturvorgang, sondern eben ein gesellschaftliches Geschehen, das heißt ein solches, in dem die wirkenden Kräfte erst durch das Kollektiv- und Individualbewusstsein der wirtschaftenden, rechtenden, miteinander kooperierenden und gegeneinander kämpfenden Gruppen und Einzelwesen entstehen und geformt werden.

Gesellschaft kann also nur als konkret umrissenes Gebilde behandelt werden. Als ein metaphysisches Ganzes, als abstraktes »Wesen«, das von außen und oben seine Glieder bestimmt und fordert, ist sie ein Mythos; als solcher durchaus gesellschaftlich wirksam, aber als Ideologie im Marx'schen Sinne verwirrend und hemmend. Keine Bildung hat von diesem neuen Gott eine Art wissenschaftlich ableitbare Offenbarung zu erhoffen.

Die Frage muss also konkret lauten: Hat die bundesrepublikanische, kapitalistische Industriegesellschaft eine Dynamik aufzuweisen, die nicht nur die Bildung bedingt, sondern auch die Veränderung dieser Bedingungen erkennen lässt, um die jetzt erkennbare Bewegungsrichtung hier zu beschleunigen, dort zu verändern, an anderer Stelle zu bremsen?

Die Frage muss dahin erweitert werden: Welches erkenntnisleitende Interesse führt denn zu pädagogischen Einsichten? Dazu dürfte eine kurze geschichtliche Besinnung nicht überflüssig sein.

In der Tat ist historisch die deutsche Gesellschaft dadurch ausgezeichnet, dass ihr seit dem Dreißigjährigen Krieg der notwendige Konsensus für die Entfaltung ihrer Widersprüche fehlt. Seit 300 Jahren betrachten in Deutschland die Klassen und Gruppen, mit ihrer geistigen, kirchlichen und politischen Struktur, die jeweils anderen oder entgegenstehenden als zwar »leider« koexistierend, aber als nicht dazugehörig und »draußenstehend«. Nationale Auseinandersetzungen im Bewusstsein, dass die eine Gruppe das Schicksal der anderen darstellt, gab es nur in seltenen historischen Augenblicken. Gerade das ist ein Charakteristikum der fehlenden Nationalgeschichte, der nationalen Identität. Katholiken und Protestanten haben, wie Strohm es in seinem beachtlichen Aufsatz zum kulturellen Gleichgewicht in der Bundesrepublik aufzeigt (in: Soziale Welt, Jg. 16, Heft 3), nur nebeneinander existiert in einer Art Stillhalteabkommen aus politischen Notwendigkeiten; jedoch diese Art »Toleranz« war begleitet vom Anspruch auf ausschließliche Existenz des eigenen Lagers.

Es handelt sich also in den verschiedenen deutschen Ländern, in denen die eine oder andere Religionsgemeinschaft vorherrschend war, um so etwas wie Teilgesellschaften, wie Dahrendorf sagt, Teilgesellschaften, denen – im Gegensatz zu den westlichen Nationen – das Band der Konkurrenz und des gemeinsamen und widersprechenden Ringens um das gesellschaftliche Ganze fehlt. Diese Situation hat sich im 19. Jahrhundert so fortgesetzt, dass die liberalen und später sozialistischen Kräfte von den Konservativen – im Gegensatz zu England oder Frankreich – nicht als der entgegengesetzte Pol der national gemeinsamen gesellschaftlichen Ausgangslage, sondern als nicht zur Nation gehörende, fremde und außenstehende Kräfte angefeindet wurden.

So haben Schule und Bildungswesen in Deutschland nicht erst unter Hitler die herrschenden Ideen, den herrschenden Geschmack, die Erwartungen und Hoffnungen der herrschenden Gruppen und Klassen zum ausschließlichen Gegenstand der Bildung gemacht. In die Schulfächer Deutsch und Geschichte gingen nur die Autoren und Fakten als lehrbar und bildend ein, die der herrschenden Gruppe beziehungsweise der protestantischen oder katholischen, der norddeutschen oder der süddeutschen Teilgesellschaft als wertvoll erschienen. Ein entmannter, gesellschaftlich entschärfter, unverbindlicher Humanismus ignorierte Büchner und Heine, Marx und Nietzsche, Bauernkrieg und Thomas Münzer, ja eigentlich alles, was von der Reformation an in der in- und ausländischen Kultur als explosiv hätte erscheinen können. Wahrheit und Schönheit wurden als »ewig« von ihrer menschlich-gesellschaftlichen Grundlage abstrahiert und dann als »Bildungsgut« der kleinen Minderheit des zahm gewordenen Bürgertums in der zweiten Hälfte des 19. Jahrhunderts vorbehalten. Die Gesellschaft, bis hinein in die gesprochene Sprache, blieb gespalten in »Gebildete« und »Ungebildete«, in Dialekt- und Kirchengruppen.

Dem entsprachen die Schulen: Höhere und Volksschulen, protestantische und katholische, norddeutsche und süddeutsche; allen gemeinsam war nur die Lehre von der Abhängigkeit des Individuums von Natur, Geschichte, Staat und Gott. Darum war es dem Dritten Reich so leicht, nicht nur die, wie es sie nannte, »entarteten« Traditionen deutscher Kultur, sondern mit ihnen gleich auch die »artigen« des Humanismus, der Religion, der bürgerlichen Anständigkeit, des norddeutschen sauberen Pflichtadels und der biederen deutschen Gemütlichkeit und Gutmütigkeit auszurotten! Im Namen einer als »Volk und Rasse« abstrahierten, angeblich fordernden deutschen »Gemeinschaft«.

So war es nach dem Zusammenbruch selbstverständlich, dass man im Westen Deutschlands einen Konsensus suchte, der es ermöglichen sollte, verschiedene und demokratisch wirksame Kräfte in einem gemeinsamen gesellschaftlichen Gebilde, einem Staat, zusammenzufassen. Im Überdenken dessen, was der Macht des hitlerfaschistischen Totalanspruches auf gesellschaftliche Wahrheit widerstanden hatte, hätte man im Wesentlichen zwei Kräfte finden können: auf der einen Seite die große humanistisch-liberale und sozialistische Tradition, auf der anderen Seite die christliche. Jedoch auf Grund der internationalen Verhältnisse am Ende des Weltkrieges und der deutschen Teilung, insbesondere bei Ausbruch des sogenannten Kalten Krieges, also in einem Augenblick, in dem die Bundesrepublik sich formierte, war wiederum die Tendenz vorherrschend, einen Teil der Gesellschaft, in diesem Fall die humanistisch-frei-denkerisch-sozialistischen Kräfte, aus der Gemeinschaft zu extrapolieren und als die verbindliche gemeinsame Basis die »christliche Tradition« allein anzunehmen. Dies geschah im Gegensatz zu den großen Nachbargesellschaften Frankreichs, Englands oder Amerikas. Zur gleichen Zeit schloss im anderen Teil Deutschlands die stalinistische Partei der Herrschenden in noch viel radikalerer, weil politisch totalitärer Weise, alle anderen Gruppen als »reaktionär« von der Mitbestimmung der gesellschaftlichen Strukturen aus. Jede der deutschen Teilgesellschaften, und damit ihre Bildungsvorstellung, existiert seither so, als sei die andere ein gespenstisch unwirkliches »Draußen«.

In der deutschen Geschichte, mehr als in der angelsächsischen oder französischen, verwechselt die formulierende Gruppe ihre Vorstellungen, Anforderungen und Motive mit denen der Gesamtgesellschaft. Überall waren die »herrschenden Ideen die Ideen der herrschenden Klasse« (Marx); aber sie galten auch dann noch nicht als ausschließlich, wenn die Herrschenden die Andersdenkenden blutig unterdrückten. Was an der französischen Geschichte zu belegen ist. Spätestens seit dem Ende des Zweiten Weltkrieges überwiegen auch in der Bundesrepublik, wenn auch mit historischer Verspätung, die allgemeinen Entwicklungstendenzen der industriellen Gesellschaften.

Sie scheinen uns gerade dadurch gekennzeichnet, dass die gewaltige Entfaltung der Produktivkräfte, unter den Bedingungen der überkommenen Strukturen ihrer Beherrschung, die Abhängigkeiten der Individuen von der materiellen Existenzgrundlage der Gesellschaft ebenso verschärfen, wie sie die Möglichkeiten ihrer Entfaltung vergrößern. Das wird am Prozess der Bildungsreform besonders deutlich. Denn zum ersten Mal tritt nicht nur die Frage nach der Abhängigkeit des Bildungswesens vom herrschenden Gesellschaftssystem auf, sondern die Frage kann umgekehrt werden: Welches sind die Anforderungen des Bildungswesens an die moderne Gesellschaft? Damit würden wir fragen, was für die jungen Menschen von heute das Leben in der Gesellschaft von morgen lebenswert zu machen geeignet ist, welche der Varianten möglicherweise gesellschaftlicher Entwicklung den potentiellen Fähigkeiten und den realen Bedürfnissen der Individuen am besten entgegenkommen beziehungsweise welche Trends ihnen abträglich oder gefährlich werden könnten. Die Fragestellung ist dann nicht mehr: Wie stellt man Bildung auf Anforderungen gesellschaftlicher Gruppen heute ab, sondern umgekehrt: Wie ist es möglich, aus den heute sich abzeichnenden Erfordernissen der Bildung die Gesellschaft von morgen umzugestalten?

Sollten wir widerspruchsvolle Entwicklungslinien der Gesellschaft aufzeigen können, so bliebe uns bewusst, dass insbesondere die durch das Bildungswesen geformten Vorstellungen und Modelle der gesellschaftlichen Zukunft diese selbst zutiefst verändern können und damit die heute als scheinbar objektiv gegebenen Entwicklungstendenzen. Hierdurch werden aber die Überlegungen und Forderungen, die das Bildungswesen und seine Menschen an die Gesellschaft stellen, ein außergewöhnlich wichtiger und wirksamer Faktor der gesellschaftlichen Entwicklung selbst.

Das hat andernorts als in der Bundesrepublik bereits praktische Konsequenzen. Etwa in der Kampagne der UNESCO und der Entwicklungsländer gegen das Analphabetentum, also für die Eingliederung von 540 Millionen Kindern dieser Welt in eine erst aufzubauende Industriegesellschaft. Dort steht nämlich die Frage: Wie ist es möglich, eine Schule zu organisieren, wenn die Kinder, die aus ihr entwachsen, eine Gesellschaft vorfinden, die so aussieht, wie eine heutige etwa im afrikanischen Busch oder in Südamerika oder in Indien? Muss dort nicht von der Bildung her, von einem der Grundrechte menschenwürdigen Daseins, an die bestehende Gesellschaft die Forderung nach ihrer grundlegenden strukturellen Veränderung gerichtet werden?

Also auch die Umkehr der Fragestellung, die wir gleichsam im Gedankenspiel hier vorgenommen haben, führt uns zu der Überzeugung, dass das Verhältnis von Bildungswesen und Gesellschaft nur in Wechselwirkung, nur in seiner Dialektik, wirksam untersucht werden kann.

Wollen wir, wie vorhin angekündigt, die Entwicklungslinien, die in unserer heutigen Zeit angelegt sind, in der Dynamik der Industriegesellschaft, insbesondere der bundesrepublikanischen, auffinden, so stoßen wir auf einige verhältnismäßig einfache und oft zitierte Prozesse, die wir hier zusammenfassen wollen. An jeden dieser schematisch zu skizzierenden Trends werden wir einige kurze Überlegungen anfügen, die auf das Bildungswesen oder die Anforderungen an das Bildungswesen hindeuten.

Bereits in der vor mehr als 100 Jahren erschienenen »Kritik der politischen Ökonomie« sagt Marx zusammengefasst folgendes: In allen vorkapitalistischen Gesellschaftsformen erscheint den Menschen die natürliche Vorgegebenheit ihrer Existenz als zwingend. Erst die industrielle Revolution ändert diese Vorstellung gründlich, dahingehend, dass nun die gesellschaftlichen, historischen Faktoren weit entscheidender als die natürlichen erscheinen. Erst durch die industrielle Revolution sehen sich die Menschen selbst nicht mehr als Geschöpfe einer kreisläufigen Natur, sondern als Produkte der Gesellschaft. In weit stärkerem Maße als vor 100 Jahren drängt sich unseren Zeitgenossen die Tatsache auf, dass die Abhängigkeit aller Menschen von den gesellschaftlichen Gegebenheiten schicksalhafter ist als die physische Natur.

Alle menschlichen Lebensprozesse erscheinen damit verwandelbar und vornehmlich abhängig von den Vorstellungen, Kenntnissen, Ideen, vor allem aber von der aus ihnen abgeleiteten Praxis der gesellschaftlichen Prozesse. Im Zeitalter von Atomenergie, Weltraumflug, Lebensverlängerung und sozialer Mobilität, das gleichzeitig das Zeitalter der Bombe, der Massenausrottung, des Hungers und der Gefährdung des biologischen Gleichgewichts auf unserer Erde ist, steigt das Bewusstsein der Machbarkeit der Welt durch die Gesellschaft gleichzeitig mit dem Gefühl schicksalhafter Abhängigkeit des Einzelnen von der gesellschaftlichen Dynamik. Man kann das auch so ausdrücken: Der Mensch hat im Laufe der letzten 150 Jahre zunehmend die vorgefundene Welt als eine veränderbare Größe empfunden, und diese Veränderbarkeit wird ihm durch Wissenschaft, Technik und Bildungswesen immer deutlicher und handgreiflicher. Die Wandelbarkeit der Lebensbedingungen erscheint als das hervorstechende Moment der gesellschaftlichen und individuellen Existenz von heute und gibt jedem einzelnen die Idee, dass das, was ist, auch anders sein könnte, die Vorstellung also, in der sich Bestehendes und Werdendes miteinander eng verknüpfen, in der Beruf, Partner, Standort, Lebensstil keine starre Vorgegebenheit mehr darstellen. Der Mensch entdeckt somit nicht nur seine Abhängigkeiten, sondern seine Möglichkeiten.

Gerade damit verlagern sich aber alle gesellschaftlichen Prozesse in zunehmendem Maße von der nach außen sichtbaren und gerade geübten Praxis in die zwar weniger aufdringliche, aber immer mächtiger werdende Welt der Theorie; in jene Welt hinein also, wo Wissen und Denken, Forschen, Erfinden, Experiment, Modell, Überprüfung und Kontrolle die Praxis von morgen entwerfen. Damit verlagert sich das Schwergewicht gesellschaftlicher Veränderung von den Stätten, an denen die gesellschaftliche Praxis der industriellen Arbeit, der Verwaltung, des Verkehrs betätigt wird, dorthin, wo mit den Mitteln der Wissenschaft, der Forschung, der Lehre, der Organisation die jeweiligen Modelle für die praktische Tätigkeit ausgearbeitet werden: also von der Werkbank ins Laboratorium, vom Schalter ins Studienbüro, von der geschickten Hand in den wissenden Kopf.

Diese Umstrukturierung des Arbeitsprozesses hat tiefgreifende Folgen für die Arbeitsmotivation und damit für die Motivationen von Schülern und Lehrern. Mit der genannten Verlagerung der Produktivkraft Arbeit von den physischen in die zerebralen Produktionsprozesse muss die Bewertung der Arbeitskraft in zunehmendem Maße nach qualitativen statt nach zeitquantitativen Kriterien erfolgen. Verinnerlichte Qualitätserwartungen müssen an die Stelle äußerer Quantitätskontrollen treten. Folglich müssten derartige verinnerlichte Erwartungen – Arbeitsmotivationen neuen Stils – bereits in den Lernprozessen der schulischen Bildung trainiert werden. Die Machteliten der sozialistischen Gesellschaften haben das früh erkannt und stützen sich dabei auf Prognosen, die bereits Marx im »Kapital« anstellte. Ohne ein »hohes sozialistisches Bewusstsein« (= verinnerlichte Arbeitsmotivation) ist eine Entwicklung der »Produktionsprozesse auf der Grundlage des vorwärtsschreitenden Höchststandes von Wissenschaft und Technik« nicht möglich. Darum erscheint die »sozialistische Erziehung« Voraussetzung und Motor der sozialistischen, allseitigen Bildung.

Qualifizierte Arbeit auf der Grundlage von technisch-wissenschaftlichen Produktionsmitteln (etwa der Hardware und erst recht der Software der Computerindustrie) bedarf einer Motivationsstruktur, für die »der materielle Anreiz« des Verdienstes nicht mehr ausreicht. Was in den sozialistischen Staaten die Ideologie bewirken soll, erhoffen sich amerikanische Kapitalmanager von psychischen Manipulationen, wie sie in der »Human relation«-Forschung erarbeitet werden. Beide Methoden erweisen sich als zwar vorübergehend, aber nicht adäquat wirksame Mittel, Arbeits- und Lernmotivation unter den heutigen Bedingungen der Produktion, der Schule und Lehre zu erzeugen.

In unmittelbarem Zusammenhang mit dieser Feststellung steht eine zweite. Die immer größer werdende Bedeutung der Theorie – das heißt des Arbeits- und Lebensprozesses in seiner Abstraktion – für den individuellen und gesellschaftlichen Entwicklungsprozess hat zur Folge, dass das Auseinanderfallen der Bevölkerung in zwei geschiedene Gruppen, nämlich die der gebildeten und herrschenden Minderheit und der nur ausgebildeten Mehrheit, den Anforderungen der Gesellschaftsentwicklung nicht mehr genügen kann. Je weiter sich die Abstraktion des materiellen und geistigen Produktionsprozesses entwickelt, je mehr Geist sich zwischen Natur und Produkt schaltet, um so mehr müssen diejenigen, die diesen Prozess – Arbeit genannt – bewältigen, nicht nur materialverändernde Fertigkeiten, sondern notwendigerweise die Fähigkeit zur Abstraktion und zur kritischen Situationsbewältigung mit erlernen, eine Fähigkeit, die früher allein dem Gebildeten überantwortet war. Theorie und Praxis in unserer Gesellschaft rücken aneinander, Kopf- und Handarbeit, Arbeiter und Ingenieur.

Das heißt konkret: Die Vorbildung, die für das aktive Eingliedern des Individuums in den gesellschaftlichen Lebensprozess notwendig ist, erfordert einen immer höheren Grad von Perfektion, geistiger Regsamkeit und lebenslanger Lernfähigkeit.

Nur scheinbar widerspricht der eben genannten Feststellung die Tatsache, dass die im Produktionsprozess notwendigen Fertigkeiten an sich nicht steigen, sondern in zunehmendem Maße bereits von den Laboratorien und Modellerarbeitungen vorweggenommen, mechanisiert und maschinisiert werden. Damit steigt in sehr hohem Maße das gesellschaftliche Bedürfnis nach einer mittleren technischen Intelligenz, nach Menschen, die fähig sind, Dienstleistungen aller Art zu vollbringen. Das heißt, es steigt die Anforderung an die Menschen, berufliche, geographische und Milieubeweglichkeit zu besitzen, um sich von einem Arbeitsprozess auf den anderen umstellen zu können. Die potentielle Fähigkeit des menschlichen Individuums, alle Funktionen, die in der arbeitsteiligen Gesellschaft existieren, ausüben zu können, wird damit zur Voraussetzung des modernen Arbeitsprozesses. Hier liegt eine der stärksten gesellschaftlichen Motivationen, die Herrschafts- und Bildungsprivilegien der bestehenden Gesellschaftssysteme in West und Ost grundlegend anzugreifen, weil sie nicht nur – wie im 19. Jahrhundert – die arbeitenden Massen an ihrer humanen Entfaltung hindern, sondern zur »Fessel der Produktivkräfte« selbst geworden sind.

Soziale Mobilität bedeutet in dieser Auslegung, dass der junge Mensch vorbereitet sein muss, mehrmals im Laufe seiner Existenz seinen beruflichen Einsatz und seine soziale Position zu wechseln. Dazu kann ihn nur die vorherige Bildung in der Schule instandsetzen. Sie muss leisten, dass er weite Bezirke der gesellschaftlichen Interaktionen aller Art einsichtig überschauen, kontrollieren, beeinflussen kann, dass er Verantwortung und Organisation zu übernehmen imstande ist.

Wir wollen in diesem Zusammenhang auf eine rein wirtschaftliche Tatsache aufmerksam machen. Der amerikanische Nationalökonom Sölow kommt auf Grund seiner Forschung zu folgendem Ergebnis: Der Zuwachs des Bruttosozialproduktes in den USA zwischen 1909 und 1949 beruht zu nicht ganz 90 Prozent auf technologischen und wissenschaftlichen Neuerungen. Damit ist die Akkumulation, die im Laufe des Wirtschaftsprozesses stattfindet, zu einem hohen Grade in ihrer rationalen und volkswirtschaftlich ertragreichen Verwendung von der technischen Fähigkeit der Gesamtgesellschaft abhängig. Das bedeutet nun seinerseits, dass alle wirtschaftlichen Investitionen, die aus dem Bruttosozialprodukt in den gesellschaftlich zentralwichtigen Teil der Bildung einfließen, einen größeren Impuls zur Zuwachsrate des Bruttosozialproduktes geben als irgendeine andere Kapitalverwendung.

Doch nicht etwa nur eine Erhöhung der Produktivität und des Bruttosozialproduktes wird auf diese Weise erzielt, sondern gleichzeitig wird die Klassen- und Schichtenstruktur der Gesellschaft damit verändert. Die Durchschnittseinkommen der verschiedenen Produzenten steigen dadurch, dass die höhere Qualifikation einerseits Zugang zu höheren Einkommen bietet, andererseits die Steigerung der durch Erziehung und Bildung angelegten beruflichen und politischen Bedürfnisse und Fähigkeiten eine der wichtigsten kollektiven und individuellen Motivationen für teils evolutionären, teils revolutionären Wandel der Gesellschaftsstrukturen darstellt. Die zweite Feststellung geht von der Tatsache der Beschleunigung aus, was bedeutet, dass die Zeitspanne zwischen der Erarbeitung eines technischen Modells und seiner Anwendung in der Praxis der Produktion sich von Jahrzehnt zu Jahrzehnt verkürzt. So betrug, wie es Menke-Glückert in seinem Memorandum zur Bildungspolitik erwähnt, die Zeitspanne zwischen der Entdeckung der Kernspaltung und dem Bau der ersten Leistungsreaktoren in Kanada und den Vereinigten Staaten noch 15 Jahre, dagegen von der Entdeckung der Laserstrahlen bis zu deren technischer Auswertung nur wenige Monate.

Diese Beschleunigung hat nun ihrerseits eine Konsequenz, die für die Bildungswelt von großer Bedeutung ist. Durch die beschleunigte Veränderung der gesellschaftlichen Verhältnisse in der Produktion und dem Warencharakter der Produkte (als Produktionsmittel im Arbeitsprozess, als Konsumgüter für die Bevölkerung) werden Wissenschaft und Technik ihrerseits genötigt, vielseitige und verschiedenartige Modelle zu entwickeln. Daraus wieder ergibt sich für die Periode, die vor uns liegt, die große Schwierigkeit, eine Bewegungsrichtung von Wirtschaft, Politik und gesellschaftlicher Entwicklung insgesamt extrapolieren und als logisch eindeutiges, dynamisches System definieren zu können. Die beschleunigte Zunahme möglicher Veränderungen bedeutet somit gleichzeitig die Unmöglichkeit, die Bewegungsrichtung als abhängige Variable im wissenschaftlichen Sinn festlegen zu können. Mit anderen Worten: Man kann zwar in etwa die bedingenden, nicht aber die bestimmenden Faktoren der Veränderung gesellschaftlicher Systeme voraussagen.

So verkümmern auch pseudomarxistische Aussagen über die Unveränderlichkeit des Hauptwiderspruches zwischen Kapital und Arbeit bis zur »Machtübernahme durch die Arbeiterklasse« zur Phrasenhaftigkeit. Unter diesen Bedingungen haben es Ideologen und Erzieher sehr schwer, motivierende Werte und Normen zu entwickeln, da doch die überlieferten Vorstellungen, Wertungen und Erwartungen aller Art sehr schnellen Veränderungen unterliegen und Menschen sich schnell in Situationen befinden, für deren Bewältigung die traditionellen Wertmaßstäbe keine richtungsweisende Gültigkeit mehr besitzen, auch die nicht, die noch vor 40 Jahren revolutionär waren. Gleichzeitig besteht kein Zweifel daran, dass die Schule nicht auskommen kann, ohne mit »Wissen und Können« auch Wertmaßstäbe zu vermitteln.

Die gesellschaftliche Dynamik bedingt, dass die Bildungsideale der Vergangenheit sich relativieren, und gleichzeitig, dass die jungen Menschen in die Lage versetzt werden, nicht nur sich selbst innerhalb der gesellschaftlichen Welt auszurichten, sondern dieser gesellschaftlichen Welt eine neue Ausrichtung zu geben, die den Interessen und Motiven der erwachsenen Machteliten, aber auch der erwachsenen Machtabhängigen weitgehend zuwiderläuft. Was sich als »generation gap« manifestiert, ist also nur die Erscheinung eines wesentlichen, gesellschaftsstrukturellen Widerspruches. Dieser Widerspruch äußert sich in der Schulpraxis an der Schwierigkeit, die Maßstäbe überlieferter Kulturgüter und ihre historische Relativität gleichzeitig zu übermitteln.

Im muttersprachlichen Unterricht steht also in Frage, inwieweit dem Kind und dem Jugendlichen durch die Literatur, die im Lebensraum vergangener Gesellschaftsprozesse entstanden ist, Beispiele von Verhaltensmodellen für seine Eigenbewegung im gesellschaftlichen Kräftefeld der Gegenwart mitgegeben werden können. Allenfalls wird es der Schule möglich werden zu zeigen, dass der Mensch fähig ist und fähig sein muss, die Grenzen seiner Macht gegenüber der Natur, die Grenzen seiner individuellen Möglichkeiten gegenüber der Gesellschaft und die Grenzen der menschlichen Gesellschaft gegenüber ihrer eigenen Zukunft zu erweitern und daraus wiederum die Notwendigkeit abzuleiten, mit Toleranz und Festigkeit zugleich die individuelle und gesellschaftliche Orientierung in eigener Verantwortung vorzunehmen. Kann die Schule aber die Lernmotivationen für solche Erkenntnisse ebenfalls erzeugen?

Die bisherigen pädagogischen Erfahrungen selbst der fortschrittlichsten Schulversuche in den USA, Schweden, England und Frankreich lassen daran zweifeln. I. Illich und v. Hentig bestätigen, in welcher Sackgasse sich die Schulreform gerade auf dem Gebiet befindet, das die Motivation für sie geliefert und sie in Gang gesetzt hat, dem der Demokratisierung der Gesellschaft.

Wir können diesen neu entstehenden Antagonismus auch folgendermaßen formulieren: Die wirtschaftliche, soziale, politische und geistige Dynamik erfordert eine Generation, die motiviert und fähig ist, sich ihr nicht nur
anzupassen, sondern ihr von sich aus Impulse und Richtung zu verleihen.

»Der Väter Sitte«, die individualistische Ethik und das »keep up with
the Joneses« bieten heute gleichermaßen keine Möglichkeiten der Orientierung. Gleichzeitig aber bedürfen die Machteliten weiterhin der traditi-
onsgeleiteten, innengeleiteten und außengeleiteten Orientierung der Abhängigen und fordern von der Schule, die entsprechenden Wertmaßstäbe
zu vermitteln. Die Dosierung der Lehrinhalte mit Bibel, Klassik, Pop, die
Methodenkonfusion von Drill und Intelligenztraining gleichen daher eher
einem Warenlager der Gegenwart als einem Laboratorium der Zukunft.

Schon von Kindheit an sieht sich der junge Mensch einer verwirrenden
Fülle von Verhaltensmöglichkeiten ausgesetzt, die in ihm eine sich emoti-
onell steigernde Unsicherheit auslösen. Je beschleunigter die Entwicklung
und je mehr Anforderungen an Neuorientierung dem Individuum gegen-
übertreten, desto intensiver wird für jeden Einzelnen das Bedürfnis nach
Sicherheit und Festigkeit, desto eher scheut er das Risiko aktiver Mitarbeit
an der Gestaltung des Ganzen und erhofft von seiner Beschränkung auf Beruf und Freizeit die Absicherung seiner Existenz. Gleichzeitig aber bedrü-
cken ihn Monotonie, Abhängigkeit und Perspektivlosigkeit, die heute als
Preis für Sicherheit zu zahlen sind. So erscheinen die antagonistischen Bedürfnisse nach Sicherheit, Status und Konsum einerseits, nach Entfaltung
und gesellschaftlicher Verantwortung andererseits abwechselnd dominant.

Gesteigertes Sicherheitsbedürfnis auf Grund gleichzeitig sich steigern-
der Unsicherheit läuft den Anforderungen der beschleunigten gesellschaftlichen Entwicklung gerade zuwider. Der Antagonismus, der aus individuellem Sicherheitsbedürfnis und gesellschaftlicher Anforderung nach Bereitschaft zu Risiko und Engagement besteht, kann nur durch einen Prozess
gesteigerten und erweiterten individuellen Bewusstseins aufgehoben werden. Diesen Prozess der Aneignung akkumulierten Wissens und Könnens
nennen wir Bildung, den der Verinnerlichung gleichbleibend dominanter
Motivationen: Erziehung.

Dieser doppelte und gekoppelte Prozess wird noch dadurch erschwert,
dass maßgebende gesellschaftliche Kräfte mit den mächtigen Mitteln der
Information und des bildhaften Vorstellungstrainings den Hang zur geistigen Trägheit, zum Konformismus und zur geheimen Angst vor akutem
Einsatz begünstigen, das heißt, die konservativen Motivationen zu stärken

suchen. Das Bedürfnis der Massen nach Ruhe und Ordnung war seit je ein stärkerer Stabilisierungsfaktor als Polizei und Armee. Demgegenüber hätten emanzipatorische Erziehung und Bildung die Aufgabe, dem jungen Menschen die Fähigkeit zu vermitteln, sich in seiner Arbeit und in seinen Entwürfen so einzustellen, dass ihr stellenweises Misslingen nicht als lebensbedrohend, sondern als fördernd für die eigene Existenz und die der Gesellschaft erscheint.

Bereits die Schulpraxis sollte lehren, dass Experiment, Irrung und Misserfolge notwendige Etappen der Wirksamkeit sind. In ihrer Bewertung sollte die Schule die misslungene Leistung als Ergebnis risikoreichen Denkens höher stellen als den gelernten Nachvollzug von vorgegebenen Wissens- und Denkschemata. Täte sie das, müssten die Erziehungsziele und Bildungspläne der Reform neu entworfen werden. Dem steht entgegen, dass ein solcher Entwurf gerade diejenigen verunsichert, die gegenwärtig die Reform verlangen und ihre Ausrichtung wesentlich bestimmen, nämlich die Machteliten, insbesondere die bildungspolitischen.

Einen letzten Trend wollen wir nun im Zusammenhang von Gesellschaft und Bildung betrachten: Mit der Ausweitung der gesellschaftlichen Verflechtungen und der Konflikte, mit der wirtschaftlichen, politischen und kulturellen Sprengung lokaler, regionaler und nationaler Beschränktheiten erhalten Wissen, Information und die Fähigkeit zu ihrer Nutzung eine qualitativ neue Bedeutung.

Information, das ist bekannt, bezieht ihren Wert aus der Fähigkeit des Empfängers, mit ihr umzugehen, das heißt, ihre disparaten Elemente miteinander zu verknüpfen. Nun ist es so, dass die Fähigkeit des Individuums, mit der Fülle elementarer Informationen, die es täglich empfängt, rational wie emotional fertig zu werden, nicht mehr ausreicht. Die emotionale Rückwirkung etwa der Kenntnisnahme von Grausamkeiten im Vietnamkrieg ist nicht zu vergleichen mit den Erschütterungen, die die gleichen Informationen vor etwa 100 Jahren gehabt hätten. Auf der anderen Seite ist aber auch die Zahl derer, die mit derartigen Informationen ausgestattet sind, gegenüber der der »Wissenden« von vor 100 Jahren so unermesslich gestiegen, dass der Informationsaustausch und die Folgerungen, die aus ihm gezogen werden, ein gewaltiger Faktor gesellschaftlicher Dynamik geworden sind.

Daraus entstehen dem Bildungswesen Anforderungen und Probleme vielerlei Art. Die erste und wohl wichtigste Anforderung ist, die Fähigkeit zu lehren, innerhalb der großen Zahl von Informationen diejenigen auszuwählen, die für die Erreichung individueller und für die Durchsetzung gesellschaftlicher Ziele bedeutend sind. Der Bedeutungsindifferenz der Informationselemente im rein rationalen Bereich steht die unbewusste Informationsabwehr bedrohlich erscheinender Fakten ebenso entgegen wie die bewusste Manipulation der Informationselemente durch die Machteliten, die die Verfügungsgewalt über Bildung und Massenmedien besitzen. Eine emanzipatorische Schule müsste befähigen, die heutigen Reformer zu ersetzen. Das aber setzte eine Pädagogik und Didaktik voraus, durch die Schüler motiviert werden, nicht passiv bereits Ausgewähltes zu lernen und in diesem Sinne sich Wissen anzueignen, sondern aktiv fähig zu sein, aus einer Vielfalt von Wissenswertem gleichzeitig mit der Aneignung des Wissens auch die Methode der Auswahl von Wissen zu beherrschen. Gelingt es der Schule nicht, die jungen Menschen unterscheiden zu lehren zwischen dem, was gesellschaftlich an Wissen angehäuft, und dem, was ihnen als Individuen zu wissen möglich ist, also zu wählen, was sie rational und emotional verarbeiten können, so liefert sie die junge Generation der rationalen und emotionalen Verwirrung aus und beschwört für den Prozess gesellschaftlicher Veränderung ernste Gefahren herauf.

In der Schule, der Universität und allen Bildungsinstitutionen muss sich die Überzeugung durchsetzen, dass der Lernprozess mit der Auswahl des Stoffes nicht nur durch den Lehrenden, sondern durch den Lernenden selbst erfolgen muss. Diese Vorstellung widerspricht nicht nur liebgewordenen Traditionen, sondern massiven Interessen. Erforderlich wäre ein sehr flexibles Training, sowohl des Lehrers als auch des Schülers, um zu schneller, vor allem rational-kritischer Orientierung zu kommen. Der Lehrende und der Lernende müssen zusammenarbeiten, beide als Fragende, beide als Informatoren und als Informationsempfänger, gemeinsam bemüht, der Mächtigkeit des Faktischen die Durchsetzung des Möglichen entgegenzusetzen. Das stellt mit der Aufgabe auch die Fragwürdigkeit und die Gefahr einer solchen Ausrichtung auf die Tagesordnung. In der Tat ist die schöne Devise von der Schule als Stätte, wo man das Lernen lernt (die These also vom exemplarischen Lernen und der verhältnismäßigen Vernachlässigung des Wissensumfanges zugunsten der Erlernung einer Methodik), für die eben genannte Bewältigung der Welt pädagogisch und gesellschaftlich widerspruchsvoll. Denn zwischen der Technik der Bewältigung und der Aneignung der zu bewältigenden Außenwelt besteht ein untrennbarer Zusammenhang. Sehr konkret: positives Wissen ist jeder Methode eingeschrieben.

Es ist unmöglich, eine Sprache ohne ihre Worte zu erlernen; es ist unmöglich, ein physikalisches Experiment überhaupt anzustellen, ohne die

Kenntnisse der physikalischen Eigenschaften, die erforscht werden sollen, vorher zu besitzen. Es gibt keine Methode der Weltorientierung ohne Information und Kenntnis der Fakten. Es gibt keine Methode der Analyse geisteswissenschaftlicher Produktion in Literatur, Geschichte, Gesellschaftswissenschaft ohne die Kenntnis ihrer historischen Ergebnisse; keine losgelöste Fähigkeit, mathematische Probleme zu lösen, ohne vorangegangene Lösungen und Lösungstechniken informatorisch gelernt zu haben. Und schließlich gibt es keine Methode, mit den politischen Geschehnissen fertig zu werden, ohne erlernte Kenntnisse über die geschichtlichen, sozialgeschichtlichen, politisch-geschichtlichen, wirtschaftsgeschichtlichen Hintergründe, durch die sie erst ihre Bedeutung oder ihren Sinn erlangen.

Zwischen einer Inflation erforderlichen Wissens und der Beherrschung von Methoden zu seiner Auswahl und gezielten Verwendung klafft ein didaktisch-pädagogischer Widerspruch schon deswegen, weil die Lernmotivation für Wissenserwerb meist dem Sicherheitsstreben der Individuen und der Gruppen entspringt, im Gegensatz zur Lernmotivation für kritisches Denken und entsprechendes Handeln, die nur aus dem Bedürfnis hervorgehen kann, den erlebten Frustrationen der gegenwärtigen Existenz durch risikoreichen, emotional-kollektiven und gleichzeitig rational-vereinzelnden Einsatz zu begegnen.

Lernforschung zur Überwindung dieses Widerspruches und die Umsetzung ihrer Ergebnisse in die Praxis der Schul- und Bildungsreform werden durch das Sicherheitsstreben, das natürlich auch die Pädagogen teilen, gelähmt. Ohne die antagonistische Macht des Wagnisses gibt es nur geringe Hoffnung, junge Menschen heranzubilden, die fähig sind, gleichzeitig mit ihrer Selbstorientierung die Umorientierung der Gesellschaft vorzunehmen, also den Prozess der Demokratisierung der entstehenden Gesellschaft mit Erfolg weiterzutreiben. Verantwortung kann nur der Wissende tragen, aber auch nur der Wissende, der bereit ist, die gesellschaftlichen Voraussetzungen der emotionalen und rationalen Erfahrungen in Frage zu stellen, die sich im Wissen niedergeschlagen haben.

Die erste Folgerung aus dem Gesagten wäre: Je schneller die Bewegung, je größer die Beschleunigung gesellschaftlicher Prozesse, desto notwendiger eine theoretische Durchdringung dieser Bewegung und die konkrete Inangriffnahme von Planung und Modell. Das heißt konkret: Theorie und Praxis der Bildungsplanung haben ausschlaggebende Bedeutung. Sie allein kann mit den Methoden, mit denen die Wissenschaft heute Modelle erstellt und ihre verschiedenen Konsequenzen durchdenkt, einer pädagogischen Praxis die Wege öffnen, die den Aufgaben der Entfaltung der gesellschaftlichen Produktivkraft Mensch ebenso gerecht wird wie der Entfaltung der Bedürfnisse und Fähigkeiten des humanen Individuums. Sie kann es aber nur, insofern sie wagt, zwischen den antagonistischen Lernmotivationen und Bildungsinteressenten emanzipatorisch zu unterscheiden.

Was heißt dann Bildungsplanung? Wenn wir, wie anfangs gesagt, davon absehen müssen, die Gesellschaft als ein strukturell-funktional gleichgewichtiges Ganzes darzustellen, dessen Tendenzen wir sozusagen, wie das Wort Gottes, durch Verkündung der erleuchteten Wissenschaft erfahren; wenn im Gegenteil die Ziele, auf die hin geplant werden muss, widersprüchlich sind, so widersprüchlich wie die Klassen und Gruppen, die unsere Gesellschaft erst als fassbare Identität der Widersprüche bilden, dann ist es notwendig, in der Planung eine Reihe von Modellen zu erstellen, zwischen denen Optionen seitens der Betroffenen möglich werden. Planung bedeutet also nicht, festzulegen, wie in Zukunft die Schule auszusehen hat, sondern vielmehr klarzustellen, welche Möglichkeiten unter welchen Voraussetzungen und durch welche Planungsvarianten in der Praxis eröffnet werden können und welche Gruppen und Machtinteressen dabei im Spiel sind.

Zeitlich und räumlich großzügige Bildungsplanung kann nicht ohne Gesellschaftsplanung in gleicher Richtung vorgenommen werden. Wir müssen eine Vorstellung von wirtschaftlichen, sozialen, geographischen Perspektiven haben, wenn wir Motivationen und Lernziele einplanen wollen. Wir können zum Beispiel keine Schulen bauen, wenn wir nicht effektive und wünschenswerte Bevölkerungsbewegung, Berufsentwicklung, Schichten- und Mentalitätsveränderung, materiellen und kulturellen Bedürfnis- und Motivationswandel in Planung und Entscheidung einbeziehen.

/.../

Auf Grund der Empfehlung (der 18. Internationalen Konferenz für das öffentliche Bildungswesen von 1955) sollen die dazugehören, für die Bildung geplant wird.

1. Sind sie nicht selbst durch ihre primäre Sozialisation mehr auf die eigenen gegenwärtigen als auf die zukünftigen gesellschaftlichen Bedürfnisse fixiert?
2. Können vorschulische und Grundstufenerziehung von denen »benefiting from education« mitgeplant werden?
   Die aufgezeigte Widersprüchlichkeit soll nicht entmutigen. Die Vertreter der »kompetenten Autoritäten auf dem Gebiet der Erziehung und Finanzen«, falls sie ihre Kompetenz nicht von Autoritäten, sondern ihre Autorität von ihrer Kompetenz beziehen, können sehr wohl

3. aus den Bedürfnissen und Forderungen der Schüler heute, aus ihrem Unbehagen ebenso wie aus ihren Interessen die Motivationen extrapolieren, die ihr Lernverhalten ebenso wie ihre Tätigkeit in der Zukunft speisen werden, je nach den Bedingungen, die die Bildungsplanung erhofft;

4. aus der Analyse der Sozialisationsbedingungen (etwa der schichtenspezifischen Kommunikationsfähigkeit) die gesellschaftlichen Verhältnisse entwerfen, die die Lernmotivation und Lernfähigkeit zukünftiger Vor- und Grundstufenschüler gegenüber ihrem jetzigen Stand entfaltend verändern.

Bei der Aufzählung der vier Bereiche, für die die Planer die Daten sammeln und analysieren sollen, die die Bildungsplanung auf die gesellschaftliche Zukunft ausrichtet, fehlen wohl nicht zufällig zwei schließlich entscheidende Felder. Nicht zufällig, sagen wir, weil positivistische Empirie hier keine Aussagen zu machen imstande ist. Das eine Feld ist die Rückwirkung des durch Bildungsentwicklung entstandenen Potentials an explosiver Forschung und ihren technisch-wirtschaftlichen, sozialen, politischen und kulturellen Konsequenzen. Das andere Feld zukünftiger Interaktionen wird bedingt durch die Veränderung der Bedürfnisse, Erwartungen und damit Motivationen und Zielsetzungen mittels der verändert geplanten Bildung selbst.

Diese Feststellung hat folgenschwere Konsequenzen für die Anforderungen, die an die Bildungspolitiker und Berufspädagogen gestellt sind. Zunächst einmal haben sie sich ihrer immensen gesellschaftlichen Bedeutung bewusst zu werden. Diejenigen, die lehren, forschen und planen, haben für die Beschleunigung und Richtung der gesellschaftlichen Bewegung eine Schlüsselbedeutung. Schüler, Studenten, Lehrer, Wissenschaftler bilden nicht nur gemeinsam die zahlenmäßig größte Gruppe (für die USA wurde errechnet, dass bereits Ende der siebziger Jahre jeder zweite Bewohner der USA hauptberuflich entweder lernt oder mit Lehre, Forschung und Information beschäftigt ist). Sie bilden auch die schichtenmäßig verzweigtesten Gruppen mit verhältnismäßig gemeinsamen Interessen und Motivationen. Aber vorläufig setzen sie diese potentielle Macht gegenüber den alten Machtprivilegien oder denen, die sich unter ihren Augen sozial und politisch herauskristallisieren, kaum ein. Ihnen ist also modifiziert zuzurufen, was der Arbeiterdichter Herwegh der Arbeiterklasse seiner Zeit zugesungen hat:

»Alle Räder stehen still,
wenn dein starker Arm es will.«

Die Modifikation könnte lauten: Alle Räder werden sich anders drehen, wenn die lernenden Köpfe die Macht erringen, und nicht mehr die Macht Kopf und Arm der Werktätigen zu motivieren und zu nutzen vermag.

DEMOKRATISIERUNG DER SCHULE

Ernest Jouhys Essay »Demokratisierung der Schule« von 1969 ist von ungebrochener Aktualität. Er thematisiert »grundlegend konfliktuelle Entwicklungen«, die Schule auch heute noch prägen und ordnet sie in den sozialen, ökonomischen und politischen Zeitkontext ein.

Neben der bis auf wenige Länder abgeschlossenen Dekolonialisierung war das politisch herausragende Ereignis der späten 1960er Jahre die internationale Bewegung für mehr Demokratie, für mehr soziale Gerechtigkeit, für mehr Bürgerrechte und insbesondere auch für mehr »Chancengleichheit« im Bildungswesen. Mit Begriffen wie »68er Bewegung« oder »Studentenbewegung« ist sie nur unzureichend beschrieben. International verbindend war der Kampf gegen die Atomrüstung und das Engagement für Frieden in Vietnam, politische Ziele, für die nicht nur Schüler und Studenten auf die Straße gingen. In der Bundesrepublik Deutschland stellten der Protest gegen die Notstandsgesetze und die Auseinandersetzung mit der NS-Vergangenheit des Landes noch ein Spezifikum dar. Die Parole »Unter den Talaren – Muff von 1000 Jahren« wurde rasch zu einer zentralen Parole der Studentenbewegung und stand für die Kritik an der hierarchischen Ordinarienuniversität wie für den Willen, sich entschieden der deutschen Geschichte zu stellen. Der Beitrag von Schule und Universität zur NS-Herrschaft und das Fortwirken tradierter Strukturen in den Bildungseinrichtungen der Bundesrepublik setzte die Forderung nach Demokratisierung dieser Institutionen auf die Tagesordnung.

Ernest Jouhy empfand große Sympathie für den politischen Aufbruch dieser Jahre und setzte sich persönlich mit den Akteuren der Schüler- und Studentenbewegung auseinander, etwa in einem offenen Brief, den er 1968 aus Anlass des Pariser 1. Mai an Daniel Cohn-Bendit, seinen ehemaligen Schüler an der Odenwaldschule, richtete. Jenseits aller Sympathie blickte Jouhy in seiner bekannt kritischen Herangehensweise auf Aktionen und Programmatik der Antiautoritären. Dabei beleuchtete er Vorwärtsweisendes und Illusorisches. Die gleiche Zielsetzung zieht sich wie ein roter Faden durch den Essay »Demokratisierung der Schule«.

Das Thema »Demokratisierung der Schule« wurde nicht nur durch die

Abb. 27: Diskussion in der Bibliothek der Odenwaldschule. Am Kopfende des Tisches Ernest Jouhy (Mitte) und Daniel Cohn-Bendit (rechts)

Schüler- und Studentenbewegung auf die Tagesordnung gesetzt. In der Krise 1966/67 geriet das Wirtschaftswachstum der Bundesrepublik Deutschland erstmals deutlich ins Stocken und die Entwicklung der Produktivkräfte und die fortschreitende Industrialisierung des Landes ließen die Frage aufkommen, ob Schule und Universitäten den Qualifizierungsbedürfnissen einer modernen kapitalistischen Gesellschaft noch genügen. In der objektiv gegebenen technischen Entwicklung sieht Jouhy eine zentrale Triebkraft für die Diskussion um die Demokratisierung der Schule. Wo gebildete Arbeitskräfte im Produktionsprozess selbstständige Entscheidungen treffen müssen, sind die alte Autoritätsgläubigkeit und der alte Untertanengeist überholt, wo autoritäre Betriebshierarchien obsolet werden, muss auch die Vorbereitung junger Menschen auf eine geänderte Gesellschaft dem Rechnung tragen. Wenn Willy Brandt in seiner Regierungserklärung von 1969 formulierte: »Wir wollen mehr Demokratie wagen«, so rekurrierte dieser Anspruch mehr auf den damals sichtbar werdenden Nachholbedarf in Sachen gesellschaftlicher Modernisierung als auf in die Zukunft weisende Vorstellungen einer radikal demokratisierten Gesellschaft. Für Jouhy steht jedoch das Ziel der Emanzipation, der individuellen Emanzipation, die durch gesellschaftliche Emanzipation erst ermöglicht wird und mit ihr einhergeht, im Zentrum seiner Überlegungen.

Die ab Mitte der 1960er Jahre geführte Diskussion um die Demokratisierung der Schule bewegt sich genau zwischen diesen beiden Polen, und Jouhy arbeitet die Interessen heraus, die den jeweiligen Positionen zugrunde lagen und auch vielfach heute noch zugrunde liegen. Er ist einerseits optimistisch, dass sich angesichts des durch die Entwicklung der Produktivkräfte geschaffenen Möglichkeitsraumes die an gesellschaftlicher Emanzipation interessierten Kräfte in der einen oder anderen Weise durchsetzen können, verkennt aber andererseits nicht die Gefahr, dass die Entwicklung des Schul- und Bildungswesens in einer technokratischen ausschließlich an kapitalistischen Verwertungsinteressen orientierten Modernisierung steckenbleibt.

Für Ernest Jouhy ist die Demokratisierung der Schule ein offener Prozess. Der Weg und die Richtung sind entscheidend; doch die Janusköpfigkeit der Schule lässt einen endgültigen Ausweg aus ihren Dilemmata nicht zu. Klar ist für ihn die Richtung. Die Aufgabe von Schule und Universität kann nicht in erster Linie auf den Erwerb von Qualifikationen für den Arbeitsmarkt zielen, sie muss vor allem die Fähigkeit zu »kritischer Orientierung«, zu »aktiver Mitbestimmung« entwickeln. Wenn sie dieses Ziel nicht verfehlen will, dann muss das gegliederte Schulsystem – das heißt heute vor allem das Gymnasium – abgeschafft werden. Solange es ein nach unterschiedlichem Leistungsvermögen und damit zwangsläufig auch nach sozialer Herkunft gegliedertes hierarchisches Schulsystem gibt, ist eine zentrale Demokratisierungsaufgabe nicht gelöst.

Ob und wie weit der Prozess der Demokratisierung im Innern der Schule vorankommt, hängt in entscheidender Weise von den Lehrerinnen und Lehrern ab. Welches Verständnis haben sie von ihrer Rolle? Wie gehen sie damit um, dass sie Schüler/innen entsprechend ihrer individuellen Ausstattung motivieren und fördern sollen und anschließend ohne Ansehen der Person nach allgemeingültigen gesellschaftlich festgelegten Leistungsnormen beurteilen müssen? Ist ihnen die Tragweite und Tiefe dieses Widerspruchs überhaupt bewusst? Der »Allokationsfunktion« kann keine Schule ausweichen, auch nicht die Gesamtschule. Sind Lehrerinnen und Lehrer gewillt, sich dieser Widersprüchlichkeit zu stellen? Thematisieren sie diese mit ihren Schüler/innen etwa im politischen Unterricht in Arbeitslehre oder ganz allgemein und befähigen sie so ihre Schüler/innen, gesellschaftliche Strukturen zu durchschauen, die der Veränderung bedürfen?

Im Prozess der Demokratisierung der Schule muss auch die Frage nach der Autorität der Lehrer/innen immer wieder neu gestellt werden. Jouhy kritisiert alle Formen der formalen Autorität und fordert den »Abbau von Lehrermacht«. Autorität kann sich nur auf die Fähigkeit zur rationalen Bewältigung sachlicher Probleme« sowie auf »pädagogisches Können« gründen. Die Rebellion der Schüler- und Studentenbewegung gegen unbegründete Autorität findet Jouhys Sympathie, er weist allerdings gleichzeitig auf die »nicht aufhebbare sachliche Überlegenheit des Lehrenden« hin. Dessen Ziel muss es sein, den Lernenden dieses Problem bewusst zu machen, sie aber trotzdem zu ermuntern, ihn kritisch zu hinterfragen. Er sollte seine Schüler/innen befähigen, über ihn hinauszuwachsen.

Heute ist die Forderung nach Demokratisierung von Schule und Unterricht so aktuell wie vor fünfzig Jahren. Vordergründig scheint viel geschehen zu sein. Projekte wie z. B. »Schule in der Demokratie – Demokratie in der Schule« oder »Demokratie lernen und leben« gründen auf Beschlüsse der Kultusministerkonferenz, die eine »Stärkung der Demokratieerziehung« fordern. Hinweise auf das widersprüchliche Interessengeflecht, in dem Schule nach wie vor agiert, und darauf, wie Schüler/innen ihre Interessen erkennen und letztlich auch vertreten können, wird man hier so vergeblich suchen wie eine Reflexion der ambivalenten Lehrerrolle. Bei nicht wenigen Lehrer/innen ist die Neigung groß, ihre widersprüchliche Funktion nicht zuletzt um ihrer psychischen Stabilität willen zu verdrängen. Darüber hinaus tritt im Prozess der Globalisierung – angetrieben von der Ideologie des Wettbewerbs – die Qualifikationsfunktion von Schule mit Macht in den Vordergrund.

Ernest Jouhy bietet keine einfachen Lösungen an. Sein Vorschlag, in und mit den Widersprüchen selbstreflexiv zu leben, die Strukturbedingungen der Gesellschaft für Schüler/innen transparent und kritisierbar zu machen und mit den konkreten Menschen im Kontext gegebener Möglichkeiten den Prozess der Demokratisierung von Schule und Gesellschaft voranzutreiben, weist über eine Bildungspolitik, die vor allem an Kompetenzen, fachlichen Leistungen, ihrer Verbesserung und Messung orientiert ist, weit hinaus. Der Gewinn für eine humane Schule und Gesellschaft liegt auf der Hand.

Bernd Heyl

Demokratisierung ist ein gesellschaftlicher Prozess. Zu seiner Klärung wäre zu fragen: Wer veranlasst ihn? Wer oder was steuert ihn? In welcher Richtung entwickelt er sich?

Wir setzen dabei voraus, dass es mit rationalen Mitteln möglich ist, die Grundtendenzen dieses Prozesses zu erfassen und zu beeinflussen und damit auch das, was zur Demokratisierung der Schule als eines wichtigen Teils der gesamtgesellschaftlichen Institutionen und Prozesse notwendig ist.

In sechs Trends manifestieren sich, wie uns scheint, die entscheidenden Wandlungsprozesse unserer Gesellschaft.

Erster Trend: In jeder Industriegesellschaft wird zunehmend *physische durch zerebrale Arbeit ersetzt:* Die Vorbereitung, Steuerung und Durchführung aller gesellschaftlichen Produktionsprozesse erfordern damit zunehmende Qualifikation. Welche Rückwirkungen das für die Schule hat, ist unmittelbar einsichtig.

Der zweite Trend ist der *der Ballung und Mobilität der Bevölkerung* bei gleichzeitiger Ausweitung und Internationalisierung aller Prozesse von Produktion und Austausch. Das hat die zunehmende geographische und soziale Interdependenz der Gruppen und die Erweiterung des Horizonts der Individuen zur Folge.

Dritter Trend: Die *Zeit,* die für die produktive Arbeit notwendig ist, verkürzt sich, und damit vermehrt sich die *Freizeit.*

Damit steht viertens in Beziehung, dass sich die Anfangs- und Endphasen des Lebens, *Jugend und Alter,* im Verhältnis zu denen der produktiven Aktivität ausdehnen: Einer immer kürzeren Zeit individueller Teilnahme am Produktions- und Gesellschaftsprozess geht eine sich dauernd verlängernde Periode der Vorbereitung auf produktive Tätigkeit voraus. Der aktiven Lebenszeit folgt ein immer früheres Ausscheiden aus dem Berufsleben.

Der fünfte Trend ist der der Konzentration von Macht und der dazugehörigen individuellen Abhängigkeit. Die Folge ist die ständige Ausweitung dessen, was man die *verwaltete Welt* nennt, bei gleichzeitig verstärkter individueller Mobilität. Diese Mobilität äußert sich sowohl geographisch als auch sozial, in den Wertungen wie in der Unbeständigkeit des politischen Establishments.

Sicher ist, dass es sich bei all diesen Trends um grundlegend konfliktuelle Entwicklungen handelt, um Grundkonflikte, deren wir beim Blick auf die Schule sofort wieder gewahr werden. Wir brauchen nur an unsere Mammutschulen zu denken, an die Schulen und Universitäten der USA oder Frankreichs, um zu erfassen, welche Konzentration und Verwaltung, aber

Abb. 28: Der Essay Demokratisierung der Schule wurde unter anderem in der Monographie Nicht auf Tafeln zu lesen... *veröffentlicht.*

auch welche massenhafte Verbreitung der Bildungsprozesse in die Welt einbricht, die wir noch vor fünfzig Jahren in verhältnismäßig festen Zuordnungen vorfanden. Diese Konflikte haben entscheidende Auswirkung auf die Demokratisierung der Schule.

So wäre noch die Revolutionierung der Maßstäbe als sechster Trend auszugliedern, da alle genannten Prozesse gesellschaftlicher Umwälzung von ihrer kollektiven und individuellen Beurteilung begleitet werden. Wenn man heute statt von »Demokratie und Schule« eher von der *Demokratisierung* (als einem Prozess) spricht, so zeigt sich darin, dass uns die Sicherheit verlorenging, mit der die bürgerliche Demokratie des 19. Jahrhunderts, die ja bis weit in unsere Zeit hineinreicht, ihre eigene politische Struktur in liberaler Zuversicht beurteilte.

Der Schule fällt aus dieser eben skizzierten gesamtgesellschaftlichen Entwicklung eine Reihe von Aufgaben zu. Freilich besitzt das Bildungswesen wie jede Institution ihre eigene traditionsbedingte Schwerkraft, die sich dem schnellen Durchsetzen der anstehenden gesellschaftlichen Aufgaben widersetzt. Als Institution ist es Erbe und Träger einer Wertewelt, die die Eingliederung in eine Gesellschaftsstruktur bewirken soll, die der modernen, bereits entfalteten Gesellschaft nicht mehr angemessen ist. Zugleich sind die Funktionsabläufe, die in der heutigen Gesellschaft wirksam werden, nicht notwendigerweise die, die sich in absehbarer Zukunft, sagen wir in den nächsten 25 Jahren, als dominierend erweisen werden. Somit

Ernst Jouhy Buchenweg 14 6232 Bad Soden 2 T.06196-22101

November 1982

Liebe Weggenossen

*Was motiviert mich, dem bei-
liegenden Verlagsbrief ein persönliches Wort
an Euch beizufügen? Das Verlangen,
mich als Autor in Euren Augen wichtig
zu machen?*

*Ähnlich eitle Gefühle mögen mit-
spielen. Doch hoffe ich, daß ein besserer
Grund vorwiegt.*

*Mit jedem von Euch verbindet
mich das uns gemeinsame Bemühen,
den Herausforderungen unserer Zeit gerecht zu werden. Aus diesem Bewußt-
sein entstanden alle Beiträge meines
Buches. Es sucht mit Euch, unser
gemeinsames Anliegen zu veröffentlichen.
Ich verstehe es als Wegzeichen zu einem
, Wir' das mehr umfaßt als uns.*

*So bitte ich Euch, diesen Versuch
nicht achtlos zu behandeln*

Euch verbunden

Abb. 28: *Persönliches Schreiben von Ernest Jouhy an gute Freunde, das Buch* Nicht auf Tafeln
zu lesen… *nicht »achtlos zu behandeln«.*

befindet sich das Bildungswesen in der schwierigen Lage, einerseits auf den gesellschaftlichen Zustand, den wir heute Demokratie nennen, noch nicht wirklich vorbereiten zu können, andererseits ist es nicht darauf angelegt, die Fragwürdigkeiten aufzufangen, die sich im bestehenden antagonistischen Entwicklungsprozess der Gesellschaft zeigen und die auf eine veränderte Struktur von Funktionen und Machtverhältnissen in der Zukunft hinweisen.

Angesichts dieser doppelten Konfliktsituation stellen sich uns als denjenigen, die in dieser Institution tätig sind, eine Reihe von Fragen: 1. Welches sind die noch nachzuvollziehenden Veränderungen, welches ist der Nachholbedarf der Schule auf dem Gebiet der Demokratisierung? Dazu gehört etwa die notwendige Verlängerung der gesamten Ausbildungs- und Bildungszeit der jungen Menschen. So ist es notwendig, dass die Schule eine zehnjährige, für alle gemeinsame Basis erstellt, auf der sich eine weitere drei- bis zehnjährige Fortbildung aufbaut – das ist der Nachholbedarf auf dem Gebiet der Schulpflicht und der Umstrukturierung der Bildungsinstitutionen. Andere Gesellschaften wie die der USA, Frankreichs, Schwedens usw. haben die Notwendigkeit einer Ausweitung der Schulpflicht schon vor einiger Zeit begriffen und durchgesetzt. Bei uns stellt man es bereits als Errungenschaft hin, wenn Bundesländer im Lauf der letzten fünf Jahre von der achtjährigen auf die neunjährige Schulpflicht übergegangen sind!

Zum Nachholbedarf gehört ferner die notwendige Differenzierung der Schule. Differenzierung bedeutet, dass statt der überlieferten ständischen, vertikalen Gliederung in Volksschule, Mittelschule, höhere Schule und Universität, die ja bereits im 19. Jahrhundert ihren undemokratischen Charakter sichtbar machte, eine der modernen, mobilen, marktgesellschaftlich organisierten Leistungsgesellschaft entsprechend differenzierte Gesamtschule tritt. Durch sie würde der junge Mensch auf die Leistung vorbereitet, die die gegenwärtige Gesellschaftsstruktur erfordert, nämlich die Mobilität des Individuums, die Fähigkeit eines jeden, von einem Tätigkeitsbereich in den anderen überzugehen, nach vieljähriger Berufstätigkeit seinen Beruf neu zu erlernen beziehungsweise sich auf einen Beruf umzustellen, der neu entstanden ist usw.

Bis hierher bedeutet Demokratisierung lediglich die anstehende Befriedigung des gesellschaftlichen Nachholbedarfs.

Wenn wir uns nun fragen, wie kommt in der Bundesrepublik die Schule dahin, diesen Nachholbedarf aufzuholen, und wo liegen die Ansätze dafür, dass mindestens einige Pädagogen und Institutionen darüber hinaus den »Vorholbedarf« mit in ihre Überlegungen einbeziehen, so müssen wir feststellen, dass die Wirksamkeit dieser pädagogischen Vorhut Teil eines gesamtgesellschaftlichen Entwicklungsprozesses darstellt, an dem in außerordentlich komplexer Weise die verschiedensten zum großen Teil antagonistischen Kräfte unserer Gesellschaft im »feedback« beteiligt sind.

Die Schule ist heute ein Politikum ersten Ranges. Sie spiegelt damit die Bedeutung, die die wissenschaftlich-technische Vorbereitungszeit auf beruflichen Einsatz in einer Industriegesellschaft einnimmt. Als Politikum unterliegt sie den im engeren Sinne politischen Kräften wie Parteien, Kirchen, Gewerkschaften, Elternverbänden. Gleichzeitig aber ist sie durch ihre institutionelle Struktur und Tradition in widersprüchliche Tendenzen aufgespalten, die aus der jeweiligen Bildungstradition der Schulart, der Lehrfächer, der Berufshierarchie herrühren. So gibt es ein Standesbewusstsein der Volksschullehrer, der Mittelschullehrer, der Philologen, und wir sollen solche Standestraditionen in der Schulpolitik nicht unterschätzen. Dazu kommen die Statussorgen der Elternschaft. So wissen wir, welche Schwierigkeiten es macht, die Chancengleichheit im Bildungswesen gerade den unterprivilegierten Schichten als ihre ureigenste Emanzipationsforderung verständlich zu machen. Wir haben weiterhin den Staat beziehungsweise die Bundesstaaten als institutionelle Träger des Schulwesens, die ja wiederum nicht etwa eine einheitliche Größe darstellen, sondern nach den politischen Kräften und den administrativen Sparten der Kultusministerien aufgespalten sind. Dabei haben wir es generell mit anderen Vorstellungen auf höchster als auf mittlerer Verwaltungsebene und mit wieder anderen an der Basis, also bei den Lehrkräften selbst, zu tun, wobei einmal die eine und das andere Mal die andere Ebene eine fortschrittliche oder retardierende Rolle spielt.

Der Kampf um die Demokratisierung des Bildungswesens stellt sich also als eine vielseitige Auseinandersetzung und als ein komplexes Zusammenspiel bereits organisierter Kräfte unserer Gesellschaft dar. Aber in diese Situation hinein wirkt der Konflikt, der in neuer Weise die grundlegende Problematik der Demokratisierung des Bildungswesens polarisiert. Versuchen wir, diese Problematik nach Problemkreisen so anzugehen, dass die Sorgen der Schülergeneration als gesamtgesellschaftliche Fragen artikuliert werden.

Was bedeutet in diesem Zusammenhang die These von der Demokratisierung des Bildungswesens mittels der Durchsetzung der Chancengleichheit? Ist die Voraussetzung für die Demokratisierung der Schule etwa bereits durch die Aufhebung überfälliger Privilegien, das heißt durch den institutionell garantiert gleichen Zugang zur »höheren« Bildung, aufgehoben? Gewiss ist es wichtig, dass alle sozialen Schichten einen gleichwertigen Zugang zur Bildung erhalten. Die Realisierung dieses Ziels gehört aber nur zum Nachholbedarf der demokratischen Gesellschaft und wurde bereits durch die Französische Revolution im ersten Schulgesetz von Condorcet im Konvent verkündet. Erst durch und nach ihrer Realisierung stellt sich die entscheidende Frage, ob denn Chancengleichheit für beispielsweise bayerische Dorfkinder und Hamburger Stadtkinder, für Schüler aus Arbeiterfamilien, in denen die Bild-Zeitung gelesen wird, und Intellektuellenfamilien mit differenzierten Informationsmitteln und entsprechendem Gedankenaustausch durch Maßnahmen institutioneller Reform der Schulstruktur allein schon bewirkt werden kann.

Wenn wir von Chancengleichheit der Kinder als einer Grundlage der Demokratie sprechen wollen, so erhebt sich die Frage, inwieweit der Leistungsbegriff in Schule und Gesellschaft mit der emanzipatorischen Wertskala vereinbar ist, die von der humanen Potenz und nicht von einer augenblicklichen Effizienz ausgeht. So muss man sich fragen, ob der Begriff der Begabtenförderung, der unseren Reformen offensichtlich zugrunde liegt, denn überhaupt noch eine demokratische oder etwa bereits eine in ihrer Wirkung antidemokratische Forderung beinhaltet. Ist doch erwiesenermaßen die durch die Mittelstandsinstitution der Schule bewertete Begabung, etwa einen Aufsatz anzufertigen, selbst Funktion der sozialen Herkunft. Ist nicht vielleicht die demokratisch anmutende Begabtenförderung nur eine utilitaristische Ausschöpfung der, wie es so schön heißt, »Bildungsreserven« der Bundesrepublik? Für wen und von wem wird das Potential an Humanität nach seiner Effizienz im Berufsleben gemessen? Ist es denn so, dass wir einer demokratischen Gesellschaft dann nähergekommen wären, wenn jeder die Positionen einnimmt, für die ihn eine nur leistungsorientierte Schule ausgesiebt hat? Kann der Sohn eines ungelernten Arbeiters tatsächlich die Möglichkeiten, die in der institutionellen Gleichheit des Zugangs zur Schule liegen, in derselben Weise ausschöpfen wie der Sohn eines Universitätsprofessors? Unter außergewöhnlichen Umständen, zu denen Begabungsvoraussetzungen gehören, die heute noch kaum erforscht sind, ist es einem Mädchen aus katholischem, bayerischem Bauernmilieu möglich, bis zum Ordinariat einer Fakultät aufzusteigen. Auf diese Möglichkeit sozialer Mobilität sind wir stolz. Demokratisch wäre unser Bildungswesen aber erst, wenn die »Begabungsschranken«, die im Ausgangsmilieu liegen, allgemein niedergerissen würden, und das kann nicht der Pädagogik allein aufgehalst werden. Wir haben uns als Pädagogen also die Frage zu stellen, wie können wir Begabtenförderung durch demokratische

Förderung der Begabungen ersetzen, wie können wir durch pädagogische Differenzierung des Bildungsweges das Kind und den jungen Menschen zur Entfaltung führen, an der ihn sein Ursprungsmilieu und seine gegenwärtige Situation hindern?

Eine solche Erziehung und Bildung schüfen die andere wichtige Voraussetzung einer demokratischen Gesellschaft, für die der formal-institutionelle Rahmen unseres Grundgesetzes nur so etwas wie eine juristisch garantierte Möglichkeit darstellt, nämlich die Orientierungs- und Entscheidungsfähigkeit aller, jene individuelle Autonomie also, die erst so etwas wie Volkssouveränität begründet und ermöglicht.

Autonomie als Selbstbestimmung und Mitbestimmung ist für ein modernes demokratisches Verständnis erst dann vorhanden, wenn die Individuen nicht mehr durch die Zufälligkeit ihres sozialen Standortes urteils- und handlungsbeschränkt sind. Volkssouveränität, gebunden an ein Volk gesellschaftlich blinder, vorurteilsgefütterter, unkritischer und im politischen Handeln ungeschulter Massen, kann bei geschickter Manipulation durch traditionelle Machteliten durchaus zu Krieg, Terror oder sozialer Katastrophe führen.

Wie also erzieht die Schule das Kind so, dass seine potentiellen Menschenrechte effektiv werden? Die bloße Vermittlung der Fähigkeiten, die das widersprüchliche Rollenspiel in der Gesellschaftsordnung erfordert, in der die Rollenerwartungen von Management, Parteien, Kirchen, Universitätsgremien fast souverän formuliert werden, dürfte ebenso wenig zur Entfaltung der Individuen und zur Demokratisierung der gesellschaftlichen Beziehungen führen wie eine utopische Schülersouveränität, die Lernziele, Beurteilung und pädagogische Leitung von den beschränkten Bedürfnissen und Perspektiven der zu Unterrichtenden allein abhängig machen würde. Die Erziehung zur Mündigkeit wird genauso gefährdet, wenn Entscheidungen über Lernziele und Didaktik von der Kräftekonstellation der Kirchen, Parteien und Verbände abhängen, wie wenn eine intelligente Schülerminorität ihre Vorstellung von Unterricht und Förderung zum Maßstab der erforderlichen schulischen Arbeitsleistung machen könnte. Die erstgenannte Gefährdung entspricht der heutigen Situation, gegen die die emanzipatorische Schülerminorität Front macht. Aber die Utopie, die sie als demokratische Variante dagegenhält, würde in ihrer Konsequenz auf folgendes hinauslaufen: Falls eine Schülergruppe nichts von klassischer Literatur, von Musik oder Differentialrechnung erfahren will, weil sie, gemäß ihrer augenblicklichen Bewusstseinsstruktur, das eine oder das andere für überflüssig, frustrierend oder entwicklungshemmend hält, so könnte sich die daraus resultierende Lernentscheidung ebenso antiemanzipatorisch auswirken wie die pädagogische Berücksichtigung der Wünsche einer politischen, wirtschaftlichen oder weltanschaulichen Lobby, die Parteien und Verbände für ihre Ziele mobilisiert.

Wenn aber die bestehende Struktur des gesellschaftlichen Kräftespiels das Bildungswesen undemokratisch macht, weil es die sozialen und politischen Machtverhältnisse reproduziert, und gleichzeitig Gruppen radikalreformatorischer oder revolutionärer Studenten und Pädagogen die Emanzipation von Kindern und Jugendlichen dadurch gefährden könnten, dass sie ihre eigene Vorstellung von Bildung und Gesellschaft für die »objektiv befreienden« ausgeben, also für sich das Recht zur Manipulation in Anspruch nehmen, das sie dem Establishment absprechen, dann scheint das Dilemma der Demokratisierung unüberwindbar.

Es könnte fast so aussehen, als sei zwischen der Herrschaft der Etablierten über das Bildungswesen und der angeblich emanzipatorischen Diktatur der Revolutionäre, die vorgeben, das Bildungsinteresse der Mehrheit zu kennen, das diese noch nicht begriffen hat, kein Weg beschreitbar, der aus der »unverschuldeten Unmündigkeit« der Schüler zu ihrer und der Gesellschaft Mündigkeit führt. Wer hat das Recht zu entscheiden, welche Ziele und Programme, welche Didaktik, welche Pädagogik zur Mündigkeit führt, welche Gesetze, Verfügungen, Schulversuche, welche Selbstorganisation und autonome, radikale Bewegung der Schüler und Studenten emanzipatorischen, welche »systemstabilisierenden« Charakter tragen? Ist es nicht unsere demokratische Pflicht als Bürger und als Pädagogen, *das vorhandene Bewusstsein und die gegenwärtige Entwicklung des Bildungswesens als Ergebnis noch undemokratischer Verhältnisse beziehungsweise noch unterentwickelter Fähigkeiten zu erkennen* und darum für ein verändertes Selbstverständnis, eine andere pädagogische und politische Willensbildung einzutreten, um derart der Entfaltung einer vorläufig nur potentiellen Gesellschaft und potentieller Individuen den Boden zu bereiten? Eine konkrete Antwort auf diese beängstigenden Fragen erhalten wir nicht aus der nur abstrakten Abwägung der Gesellschaftsphilosophie noch vom delphischen Orakel der pädagogischen Wissenschaft, sondern nur aus der rationalen Analyse der effektiven Kräfte, die Gesellschaft und Schule in die eine oder andere Richtung drängen. Diese Analyse zeigt die Beschränktheit der Ausgangsposition und die Schranken, die wir unseren Bemühungen um Wandel von Gesellschaft und Bildung auferlegen müssen. Wir müssen im Kampf der vorhandenen Antagonismen jeweils für die Kräfte Partei ergreifen, die ein Mehr an emanzipatorischen Möglichkeiten durchzusetzen vermögen, auch wenn wir nicht all ihre Utopien oder gar ihren elitären Machtanspruch teilen.

Die Problematik wird konkret, wenn wir untersuchen, welche gesellschaftlichen Gruppen mit welchen Vorstellungen und Zielen in der Auseinandersetzung über die Schulreform gegeneinanderstehen und wie diese Zielvorstellungen den Entwicklungstendenzen der Gesellschaft entsprechen, von denen eingangs die Rede war. Da zeigt sich, dass bestimmte Gruppen von Eltern, Philologen, Klerikern, Politikern eine traditionsgebundene Wertewelt als bindend für die Schulstruktur, den Fächerkanon, die Ausleseverfahren verteidigen, die den aufgezeigten Trends der Entwicklung völlig inadäquat sind. Mögen sie auch noch so zahlreich sein, ja die parlamentarische Mehrheit für sich haben, ihre gesetzgeberische und Weisungsrolle auf dem Gebiet des Bildungswesens wird effektiv bestenfalls die Wirkung einer schlecht funktionierenden gesellschaftlichen Bremse am mächtigen Triebwerk der Entwicklung haben. Sie können die bestehenden Bildungsinstitutionen allenfalls »heißlaufen« lassen, aber ihre überfällige Veränderung nicht verhindern. Die Technostrukturen in Wirtschaft und Staat ebenso wie die gewandelte Sozialstruktur unserer Gesellschaft wirken, wenn auch durch ihre inneren Widersprüche gehemmt, im Sinne eines schnellen Wandels der Ziel- und Wertvorstellungen unseres gesamten Bildungswesens.

Wenn andererseits die APO Schule und Universität »mit historischer Notwendigkeit im Rahmen des Spätkapitalismus« als lediglich systemstabilisierende Institution darstellt, deren Aufgabe darin bestünde, die junge Generation in die Leistungs- und Konsumgesellschaft als »nützliche Diener der Profitmaximierung« hineinzumanipulieren, so ist dies deshalb falsch, weil sie die widersprüchliche Dynamik der Entwicklung wie einen eingleisigen, mechanischen »objektiven« Prozess begreift, der die effektive Wirkung des politisch-ökonomischen Managements auf die Bildungsanforderungen und die Struktur des Bildungswesens nur an dessen Absichten misst, nicht aber an der sich antagonistisch entfaltenden Wirklichkeit. Die Anforderungen etwa des Industriemanagements an Leistung, Mobilität, Orientierungsfähigkeit der Arbeiter und Angestellten sind widersprüchlich. Ihre Durchsetzung schafft »tüchtige« Industriemeister, Techniker, Wissenschaftler, die den Interessen des Establishments dienen, aber sie bildet auch gleichzeitig Menschen, die ihr Unbehagen kritisch formulieren können, die sich mit der Unmündigkeit ihrer nur exekutiven wirtschaftlich-politischen Fraktion nicht abfinden wollen, die sich also an die tradierten

Gesellschaftsstrukturen nicht anpassen, sondern mit neuen Erwartungen an sie herantreten. Der massenhafte Zugang der Jugend zu den traditionellen Institutionen der Schule und Universität sprengt nicht nur deren Strukturen, sondern stellt darüber hinaus die der Machtverteilung in Staat und Wirtschaft demokratisch in Frage.

Es sind eben gerade die formal-demokratischen Strukturen unseres Staates, so wie sie in den Grundrechten und der Verfassung niedergelegt sind, es ist gerade die marktwirtschaftliche Technostruktur unserer Sozialverfassung, die den stürmischen Wandel der Demokratie über den erreichten Stand hinaus gleichzeitig möglich und notwendig machen.

Die Schule ist ganz und gar in diesem Prozess einbezogen, dessen Ausgang gewiss nicht nur mit liberal-optimistischer Zuversicht ins Auge gefasst werden darf. Auf der einen Seite nämlich muss sie den Anforderungen der arbeitsteiligen, sich sehr schnell wandelnden wissenschaftlichen und technischen Welt gerecht werden. Die romantische Gedankenkonstruktion einer Wirtschafts- und Gesellschaftsordnung, die nicht den Prozessen der Arbeitsteilung, Spezialisierung, der Macht technischer Kompetenzen und der Entfremdung unterliegt, ist, so revolutionär-anarchistisch sie scheint, nichts als die Wiederholung der vor-marxistischen Maschinenstürmerei des proletarischen Handwerks, nur diesmal auf der Ebene revolutionierender Studenten, die sich mit dem Verlust der Autonomie geistiger Lohnarbeit nicht abfinden wollen. Auf der anderen Seite ist aber gerade der Schülerschaft der Oberstufen und erst recht den Studenten bewusst, dass die Aufgabe von Schule und Universität nicht erstrangig eine Fachvorbereitung sein darf und sein kann, sondern vielmehr die Entwicklung der Fähigkeit zu kritischer Orientierung, zu aktiver Mitbestimmung, zu individueller und gesellschaftlicher Nutzung der Möglichkeiten, die eine rational genutzte Wissenschaft eröffnet. Zwischen diesen beiden Trends, die in den Bildungsinstitutionen gleichzeitig wirksam werden, besteht nun eine fundamentale Konfliktsituation, weil gerade das, was den Heranwachsenden auf die erfolgreiche Eingliederung in das System der verschiedenen Funktionen dieser Gesellschaft vorbereitet, nicht einfach in Übereinstimmung zu bringen ist mit der Ausbildung seiner Fähigkeiten zur Selbstbestimmung und Mitbestimmung in diesem System. Dafür möchte ich ein einziges Beispiel nennen.

Man ist gemeinhin der Ansicht, dass die Weisung und Fremdbestimmung am Arbeitsplatz seitens der Betriebshierarchie nur so weit gehen darf, aber auch so zwingend sein muss, wie es »sachlich notwendig« ist. Nun ist die moderne Industriegesellschaft gerade dadurch gekennzeichnet, dass sachliche Notwendigkeiten, »objektive Zwänge«, die Macht aller Individuen und aller Instanzen, die den Arbeitenden festlegen und jeder schöpferischen Selbstständigkeit im Produktionsbereich berauben, ihn überzeugt sein lassen müssen, dass seine Frustration und Selbstentfremdung nicht das Ergebnis von Willkür ist, ja dass es Alternativen zur Struktur des Arbeitsprozesses und der Macht kaum geben kann. So kann sich keine kompensatorische Aggression gegen die Personen richten, die diese »Sachzwänge« vertreten. Was derart den industriellen Arbeitsprozess charakterisiert, erlebt schon der Schüler. Die Zwänge, unter denen er steht, erscheinen umso sachlicher, das Abreagieren am »feindlichen Pauker« wird umso schwieriger, als die Lernprozesse durch pädagogische Reform rationaler werden und damit der Schüler zur »Einsicht in die Notwendigkeit« gezwungen wird, so dass er die erlebte Frustration und die Erfahrung des Leistungsdrucks rational als ihm förderlich einschätzen muss. Je besser und vernünftiger die Schule wird, umso mehr bringt sie den Schüler zur Anerkennung der sachlichen und fachlichen Anforderungen, die die schulische Konsequenz der Entwicklung der Produktivkräfte unserer Gesellschaft darstellen. Die demokratische Zerstörung wirtschaftlicher, sozialer, und politischer Privilegien erzeugt die Notwendigkeit und den Zwang einer Selektion nach Leistung und damit neue Formen der Ungleichheit und Frustration.

Spätestens ab dem fünfzehnten Lebensjahr wird bei Auseinandersetzungen in den Klassen um konkrete Probleme der Organisation von Unterricht und Mitbestimmung in der Schule dieses Problem auftauchen. Es entstehen effektive Leistungs- und Sachzwänge auch in der differenzierten und integrierten, pädagogisch und didaktisch neu konzipierten Gesamtschule. Auch und gerade dort sind wir als Pädagogen die Sachwalter solcher Zwänge, die unsere eigene Freizügigkeit der personalen Unterrichtsgestaltung ebenso beschränken wie die unserer Schüler. Während wir die jungen Menschen zur Selbsttätigkeit, Selbstverantwortung, zur kritischen Überprüfung der Informationen und ihrer gedanklichen Verknüpfung bringen wollen, sind wir genötigt, Lehrpläne Stoffauswahl, Didaktik, Beurteilung nicht diesem erzieherischen Prozess der zunehmenden Selbstbestimmung zu überlassen, sondern sie den Anforderungen zu unterwerfen, die Beruf und Universität in der weiteren Perspektive, unmittelbar aber Schulbehörde, Elternbeiräte, öffentliche Meinung etc. an uns stellen.

Setzen wir den Bohrer unserer Kritik noch etwas härter und tiefer an, so stoßen wir auf einen fundamentalen Widerspruch im Wertesystem der Demokratie, der sich insbesondere im pädagogischen Raum auftut.

Die demokratisch orientierte Gesellschaft wertet die Person ohne Ansehen ihrer Herkunft und Voraussetzung, nach ihrer effektiven Leistung. Nur sie soll – so das demokratische Leitbild – über die gesellschaftliche Rolle und den Status entscheiden, nur ihr entsprechend soll der private Anteil am kollektiven Reichtum bemessen werden. Ist das nicht schon eine immens fortschrittliche, radikaldemokratische Forderung, deren Durchsetzung grundlegende Veränderungen unserer Sozial- und Schulstruktur erfordern würde?

Und dennoch ist eine solche Wertung für die Entfaltung und Emanzipation unzulänglich, ja gefährdend. *Als Lehrer habe ich gerade die Person anzusehen und nicht die von ihr isolierte, anonyme Leistung.* Ich habe mit meiner Beurteilung den Schüchternen zu ermutigen, den Langsamen mit Geduld gewähren zu lassen, den Hyperaktiven in seinem Geltungsanspruch zu dämpfen usw., auch wenn das Lehrpläne und Unterrichtsziele stört, also leistungsmindernd im Sinne einer pädagogischen Input/Output-Rechnung wirkt. »Jeder nach seinen Möglichkeiten« und nicht nach seinen objektiven Leistungen, das ist das einer demokratischen Leistungsgesellschaft entgegengesetzte demokratische Prinzip der Pädagogik. Die demokratische Reform von Schule und Universität visiert antagonistisch diese Förderung der Begabung an, die schichtspezifisch und nicht »natürlich« bedingt ist, während sie gleichzeitig anstrebt, aus dem Reservoir der Schüler das bestehende Potenzial an Leistungsfähigkeit für die jetzt artikulierten Bedürfnisse an qualifizierten Fachkräften und Besetzung der Leistungsfunktionen im heutigen wirtschaftlichen und politischen System auszusieben. Beides scheint notwendig, und beide Notwendigkeiten kaum miteinander vereinbar. So liegt tief in der Widersprüchlichkeit der Gesellschaft – und nicht nur in der augenblicklichen Struktur ihrer Machtverhältnisse – die Problematik dessen verankert, was man mit dem Begriff der Demokratisierung der Schule zu fassen sucht.

Noch ein Problem muss behandelt werden: Autorität. Auch hier bedeutet Demokratisierung der Schule zugleich die Befriedigung des Nachholbedarfs an Abbau gesellschaftlich und pädagogisch hinfälliger Autorität und die Entwicklung einer Autoritätsform, die der Gesellschaft von morgen adäquat sein muss. Nachholbedarf an Autoritätsveränderung bedeutet eben den Abbau jener institutionsgebundenen Autoritäten und ihrer Ansprüche, die mit Recht von der zugleich progressiven und aggressiven Vorhut der Schülerschaft als »autoritär« attackiert werden. Es besteht kein Zweifel, dass wir alle infolge unserer eigenen Erziehung, Bildung und gesellschaft-

Abb. 30: Ernest Jouhy im Gespräch mit einem Schüler an der Odenwaldschule

lichen Funktion ein gerütteltes Maß an autoritärem Verhalten in die Schule einschleppen, das sich an Alter, Geschlecht, Stand, Hierarchie und Macht orientiert. So darf theoretisch kein Zweifel mehr daran bestehen, dass Demokratisierung der Schule unter anderem Abbau von Lehrermacht (und häufig auch Willkür) bedeutet, dass Schüler ab dem fünfzehnten bis sechzehnten Lebensjahr die Gestaltung des Unterrichts (und nicht etwa nur der außerunterrichtlichen organisatorischen Fragen der Schule) mitbedenken und mitbestimmen sollen. Ist das bei der psychologischen Struktur der Lehrerschaft in nächster Zukunft realisierbar? Wenn wir uns die Erfahrungen in unseren Schulen genauer ansehen, so erweisen sich effektive Mitverantwortung und Mitbestimmung der Schüler durch die Barriere des institutionell verfestigten Autoritätsanspruchs des Lehrers als überall dort ungewöhnlich schwierig, wo es um wirkliche Mitgestaltung in der Stoff- und Methodenwahl der Oberstufe durch Schüler geht. Das liegt nicht so sehr an den rational formulierten Absichten der Bildungsinstitutionen als an der Furcht aller Lehrer und Behörden vor den nicht absehbaren Konsequenzen des pädagogischen Wandels und der Angst, mit Auflösung der Autorität von Institutionen, Berechtigungsschein, Alter und Würde jede Führungsmöglichkeit der jungen Menschen zu verlieren. Wir glauben offensichtlich nicht mehr an die sachlich-menschliche Autorität des Wissens beziehungsweise der Person, die sie vertritt. Dieser Zweifel besteht deshalb zu Recht, weil wir selbst an der Unumstößlichkeit des Wissens und der Werke zweifeln, die zu unserer Ausbildung gehörten und die wir vermitteln. Aber dieser Autoritätsschwund ist durch autoritäre Selbstaufwertung nicht aus der Welt zu schaffen.

Gewiss wird es keine Gesellschaftsstruktur ohne Formen von Hierarchie und Autorität geben. Aber eine sich demokratisch verstehende Gesellschaft kann diese Autorität nur auf Fähigkeiten zu rationaler Bewältigung sachlicher Probleme und auf das pädagogische Können zur Anleitung und Entwicklung vielseitiger Initiativen im Team gründen.

Selbst wenn eine so geartete Demokratisierung der Autorität des Lehrerberufes erreicht wäre – und wir sind davon sehr weit entfernt –, bliebe die Tatsache bestehen, dass die sachliche Überlegenheit des Lehrenden für junge Menschen frustrierend und revolutionierend bleiben wird. Auf der Ebene der Schule und Universität entspricht die Verfügung über Wissen und Können dem, was in der wirtschaftlichen Gesellschaft die Verfügung über Produktionsmittel und Sachverstand bedeutet, nämlich die Möglichkeit, die Fremdbestimmung des Jugendlichen (beziehungsweise des Arbeiters oder Angestellten) ihm selbst als sachliche Notwendigkeit erscheinen zu lassen. Gegen diese Fremdbestimmung wird sich in zunehmendem Maße der Schüler wehren, weil seine schulbedingte sachlich-gesellschaftliche Unmündigkeit im krassen Widerspruch zu seiner psychosozialen Reife steht, insbesondere aber auch, weil seine Schülerexistenz ihn geradezu herausfordert, Tradition, Realität und Utopie in immer stärkerem Maße kritisch zu assimilieren, worauf der Jugendliche seine Auflehnung gegen jede Art der Autorität, deren er kompensatorisch bedarf, auch rational begründet.

Je mehr also Lehrerautorität und wissenschaftlicher Anspruch sich demokratisieren, umso mehr wird die Schule zum Schauplatz grundlegender Konflikte, die nur vordergründig den Charakter antiautoritärer Auflehnung annehmen. Die Frage nach der Möglichkeit einer autoritätsfreien Gesellschaftsstruktur stellt sich in der Schule schärfer als in der Produktion, weil die materiellen Konsequenzen tastender Versuche, nicht ausgefüllter Verantwortung, mangelnder oder sporadisch geminderter Leistung, also die gesellschaftlichen Konsequenzen größeren individuellen Spielraums in der Schule, immer noch weit weniger unmittelbar gravierend sind als in der Produktion, im Gerichtssaal oder im Ministerium. Was Bildung an sachlichen Zwängen einschließt, wird somit von den Gruppen, die über das Bildungswesen bestimmen, immer anders interpretiert werden als von der gesellschaftlichen Gruppe der Jugend, auf die diese Bildung gemünzt ist. Damit ist auch sachliche Autorität noch an gesellschaftliche Gruppen, an ihre Interpretation der Sache und an ihre Macht gebunden. Daran wird der demokratische, kooperative Führungsstil der Pädagogen nichts ändern, und sie werden sich immer wieder von den aufgeweckteren Schülern sagen lassen müssen, dass sie »ihre Sachautorität zur Manipulation missbrauchen«, weil sie mit der »scheindemokratischen Mitverantwortung der Schüler« nur die Durchsetzung der von ihnen bestimmten Ziele erreichen wollen.

Emanzipation des kindlichen und jugendlichen Individuums contra gesellschaftliche Erfordernisse, die von jeweils herrschenden, im besten Fall sachkompetenten Minderheiten artikuliert und als Erwartungen formuliert werden, das ist der Widerspruch par excellence, der die demokratische Gesellschaft und die demokratische Schule in fruchtbarer Spannung, aber auch in antiemanzipatorischer Struktur befangen hält.

DIE BEFREIUNG VON LYON:
»DAS GRÖSSTE GLÜCKSGEFÜHL,
DAS ICH JE ERFAHREN HABE«

Bis kurz vor seinem Tod am 18. Mai 1988 hatten Leo Kauffeldt, Heinz Peter Gerhard und Michael Brand die Gelegenheit zu ausführlichen Gesprächen mit Ernest Jouhy über seine Lebensgeschichte. Von diesen Gesprächen gibt es eine über 200 Seiten umfassende Abschrift der Tonbandaufzeichnung, die allerdings unbearbeitet geblieben ist. Der Text »Die Befreiung von Lyon« wurde dieser Abschrift entnommen, von Edgar Weick bearbeitet und erstmals in einer Textsammlung zum Seminar »Heimat ist öffentliches Engagement«, das zum 100. Geburtstag von Ernest Jouhy vom 22.–29. März 2013 im FIEF in La Bégude stattfand, veröffentlicht.

Sebastian Voigt beschreibt in seinem in diesem Buch veröffentlichten Aufsatz »Widerspruch und Widerstand. Zum Lebensweg und zur politischen Entwicklung Ernest Jouhys« ausführlich diese Zeit in Lyon. Er verweist hier auch auf die literarischen Texte, in denen Ernest Jouhy diese für ihn außerordentlich wichtigen Erfahrungen verarbeitet hat. (Siehe ab Seite 131.)

Edgar Weick

Wenn ich mich recht erinnere, erfolgte sie am 3. September. Die Alliierten haben am 3. September Lyon erreicht und besetzt. Die zwei, drei Tage vorher und dieser Tag sind für mich auch in meiner Lebensgeschichte wirklich unvergesslich …

In der Nacht, vor der Besetzung Lyons durch die Alliierten, hörte man von unserem Haus aus das dauernde Grollen und ein ununterbrochenes Geräusch von Verkehr. Am Tag vor dieser Nacht waren sowohl Lida als auch ich in der Stadt. Es war bekannt, die Deutschen requirierten in Lyon überall die Fahrräder. Wo sie auf jemanden trafen, der auf einem Fahrrad fuhr, ließen sie ihn absteigen und nahmen das Fahrrad mit. Und in den Kneipen waren bereits die Soldaten von Einheiten, die nach Norden abzogen, die sich einen genehmigten, Kaffee oder Schnaps oder so etwas. Das war also vollkommen klar: Lyon wird aufgegeben.

Die Frage war für uns: Wird es kampflos aufgegeben, oder wird gekämpft werden? Es war für uns eine große Frage, weil wir in dem im Norden liegenden Teil der Stadt wohnten: Hatten wir zu intervenieren oder nicht? Mussten wir noch im letzten Augenblick das Leben riskieren, wenn eigentlich schon alles entschieden war? Jedenfalls war das etwas, was mich bewegte: Wenn man schon weiß, für die Gesellschaft ist alles entschieden, und du bist moralisch und politisch verpflichtet noch einmal zu kämpfen – und so möglicherweise im letzten Augenblick nicht mehr am Sieg teilzuhaben?

Am Abend war das so, es trippelte und zog auf dieser Straße alles nach Norden. Es kam mir vor wie das, was ich über den Rückzug der Armee Napoleons aus Moskau weiß. Fahrräder, Autos, also ein ununterbrochener Zug, dazwischen Panzerwagen und eine kleine Einheit von Soldaten. Das war kein Rückzug, das war keine strategisch geplante, sondern nur noch eine taktisch abgesicherte, von individuellen Interessen gezeichnete Flucht. Sie dauerte die ganze Nacht.

Die ganze Nacht lagen wir, Lida und ich, im Bett und hörten immer und immer wieder dieses Geräusch einer sich zurückziehenden Armee. Natürlich dämmerten wir zwischendurch auch mal, schliefen auch kurz ein … Natürlich wussten wir es, das ist ein Geräusch, daraus kann man nicht schließen, dass das schon ein Zurückziehen der ganzen Armee ist … Ich kann das Gefühl, das da bei mir entstanden ist, mit Lida habe ich mich darüber unterhalten, bei ihr entstand dasselbe Gefühl, das Gefühl, das da entstanden ist, nicht beschreiben. Es ist unbeschreiblich! Weil es bedeutete: Der furchtbare, auch nicht zu beschreibende Druck auf unsere Seelen, der in der Unterdrückung, Illegalität, Vernichtung bestand, dass der mit diesem Geräusch aufhört und dass eine völlig andere Welt beginnen wird. Dies war klar, und es war überwältigend. Es ist sicher von allen Glücksgefühlen, die ich in meinem Leben erfahren habe, das größte Glücksgefühl, das größte Glücksgefühl, das ich je erfahren habe. …

Ich halte diese Nacht und den nächsten Tag für so etwas wie eine Grenze zwischen zwei Teilen meiner Existenz. Einen Teil, in dem Vergangenheit und Gegenwart – bei aller Ideologie über Zukunft und rationaler Kalkulation, über Zukunft im Sinne von Marxismus – eine entscheidende Rolle gespielt haben, mit dem Gefühl dauernder Bedrohung von meiner endlichen

Existenz, wie beschränkt immer die Bedrohung aussah, des Antisemitismus und allem anderen, wovon ich hier erzählt habe.

Bis zu dem Augenblick eben in jener Nacht und am nächsten Tag, wo mit einem Mal die Gegenwart von etwas Neuem bestimmt war und bestimmt geblieben ist, bis zum heutigen Tage, von den mehr oder weniger realistischen Visionen einer anderen Zukunft. Es geht hier nicht um die Frage, welche Ideologien diese Zukunft bestimmen werden, sondern einfach um Voraussetzungen für Handeln. Also, vorher war es situativ, wenn ich mal diesen Ausdruck benutzen kann, situativ, konstellativ. Unter den Bedingungen dieser Situation habe ich so und so zu reagieren. Zu dieser Dominanz gehörte auch die Vision von einer Zukunft, aber im Vordergrund standen Antifaschismus, Anti-Hitler, Überleben. Verteidigung der Kinder.

Von diesem Augenblick an war entscheidend – was nun? Wie jetzt weiter? In welchem Sinne weiter? Und das war ungeheuer belebend, perspektivisch die Gegenwart von der Zukunft aus zu sehen. Und so ist es bis heute geblieben. Also, deswegen meine ich, diese Nacht und der Tag sei so eine Scheidewarte. …

Während der ganzen Zeit, die ich eben beschrieben habe, blieb eine – wenn auch mir jetzt im Einzelnen nicht mehr nachvollziehbare, also nicht mehr einzeln belegbare Verbindung zur jüdischen Untergrundorganisation bestehen, die das Heim in Chabanne organisiert hatte, bis zu meiner Flucht nach Savoy. Es gab weitere Verbindungen, und ich weiß, dass unmittelbar nach dieser Befreiung bereits das Bedürfnis und das Konzept einer Hilfe oder eines neuen pädagogischen Ansatzes für jüdische Kinder bestanden hat. Bereits im Zusammenhang mit dieser Nacht. Das weiß ich. Und ich weiß, ich habe im unmittelbaren Anschluss an diese Nacht ein Konzept für psychische und physische und soziale Rehabilitation jüdischer Kinder verfasst. Dazu gehörten auch politische Phantasien über das, was Kommunismus in der Zukunft bedeutet … was weiß ich, was ich alles in dieser Nacht phantasiert habe. In der Nacht, und nicht nur in der Nacht …

Wenn ich mein Leben überschaue und mich frage: Wo habe ich das höchste Glück in meinem Leben erfahren? Es war in dieser Nacht, in diesen zwei Nächten. Diese zwei Nächte sind die Nächte des höchsten Glücks. Ein ähnliches Glücksgefühl habe ich nie wieder erlebt.

IDENTITÄT

Der historische Hintergrund dieser Erzählung »Identität« ist die geradezu tragische Zerschlagung der Résistance auf der Hochebene des Gebirgsmassivs Vercors der französischen Alpen durch die deutsche Wehrmacht im Jahr 1944. Über 4.000 Widerstandskämpfer waren hier versammelt. Am 3. Juli 1944 wurde hier symbolisch die République Française ausgerufen, die sich von der Vichy-Regierung lossagte und eine eigene Verwaltung errichtete. Der Kampf der Partisanen sollte in einem offenen Aufstand gegen die deutsche Wehrmacht zur Befreiung des Landes führen. Nur wenige Wochen später landeten ganz überraschend Lastensegler der Deutschen Wehrmacht auf dem Hochplateau. Mehrere Dörfer und Einzelhöfe wurden niedergebrannt und die gefangen genommenen Widerstandskämpfer erschossen. Es kam zu Massakern an der Zivilbevölkerung. Unter anderem in einer Gedenkstätte des Widerstands oberhalb von Vassieux-en-Vercors und in einem ursprünglich von einem ehemaligen Widerstandskämpfer eingerichteten Museum wird heute an dieses Ereignis erinnert.

Jouhy schildert in dieser Erzählung das Überleben des jungen Deutschen Thomas Felsenthal, der sich als Franzose der Résistance angeschlossen hatte, seine mühevolle Flucht aus den Bergen ins Tal und seine Rettung, die nur möglich war, weil er immer wieder Hilfe und Unterstützung fand. Das Nachdenken über die Identität, die sich Thomas zulegen musste, seine jüdische Herkunft und die antisemitischen Erfahrungen, durchziehen diese Erzählung. In diesem Nachdenken spiegelt sich immer wieder auch die Biografie von Ernest Jouhy. Ausführlicher hat sich Sebastian Voigt in seinem Beitrag »Ernest Jouhys literarische Verarbeitungen des Widerstands« dieser Erzählung gewidmet. (Siehe ab Seite 135.)

Edgar Weick

Die Mulde ist so flach, dass sie seinen Körper nicht ganz aufnimmt. So bewegt er sich nicht.

»Im offenen Gelände verrät dich nur die Bewegung«, hieß es vor Wochen in der Instruktionsstunde. »Bewegung und Luft« hatte der Arzt der Mutter geraten, damals in Stargard, als er noch ein Junge war, ein kleiner Junge, kurz vor der Emigration. Er wollte nicht essen zu jener Zeit, nicht essen und abends nicht einschlafen.

Essen! Wenn er nur ein Stück Brot hätte, ein einziges kleines Stück! Es dürfte schmutzig sein, jemand könnte es schon fortgeworfen haben, und doch Brot! Dabei ist es erst zwanzig Stunden her, dass seine Abteilung einen halben Hammel vertilgt hat. Vierzehn Mann einen halben, fetten Hammel. Sogar ausreichend Brot hatte es dazu gegeben. Die Bauern, diese armen Gebirgsbauern hatten Brot gefunden, um die Partisanen zu versorgen. Jetzt sind sie tot, die Bauern und die dreizehn anderen. Wäre er nicht zum Holzbesorgen abkommandiert worden, so läge er jetzt auch neben der Gruppe und dem alten Bauern unterhalb des Schuppens, an dem stinkenden Mauerrest, wo die einquartierte Gruppe ihre Notdurft verrichtete, seit drei Wochen, seit sie hier oben auf dem Hochplateau zusammengezogen waren. Oder er läge quer auf dem Weg, der vom Waldrand aus sich durch die Wiesen aufs Haus zu schlängelt, ganz oben, da wo er aus dem Baumschatten austritt. So wie Raymond. Er war der Erste, auf den er gestoßen war. Die dicht über die Baumwipfel pfeifenden Lastensegler hatten ihn alarmiert. So hatte er Holz und Fuhre stehen lassen, um zum Quartier zurückzulaufen. Dann war die Knallerei losgegangen.

Raymond lag mit den Beinen auf der Wegböschung, den Kopf tiefer im Staub des Weges, die Füße bizarr gegeneinander verdreht. Für Thomas war es das erste Totenstaubgesicht seiner siebzehn Jahre, obschon er bereits seit Monaten bei den Partisanen war und in drei Einsätzen erprobt.

Raymond musste versucht haben, den Wald zu erreichen, als sie ihn abknallten. Thomas kroch um den Körper und schauderte, ihn zu berühren. Dann weiter bis zur kleinen Böschung, von der aus man den Bauernhof sehen konnte. Dort lag er und sah, als sie die anderen und den Bauern an die Mauer führten. Sie trotteten im Gänsemarsch. Jeder schien nur noch die Spanne Boden zu sehen, die ihn vom Vordermann trennte.

Als Thomas sie mit dem Gesicht zur Mauer aufgereiht sah, begann ihn die Angst zu entleeren, wie eine schmerzhafte Kolik. Bald tauchten rechts am Waldrand neue Gruppen in Tarnkleidung auf. Man hörte sie sprechen. Thomas fürchtete die Nähe des Weges und die Nähe von Raymonds schräg verworfenem Körper. Er brauchte fast eine Stunde, um bis zu dieser Mulde oberhalb des Weges fortzukriechen.

Sie mussten das ganze Hochplateau von seinem Zentrum aus aufgerollt haben. Die Lastensegler waren wahrscheinlich dicht bei Vassieux gelandet. Also war keine Hoffnung, zu einem geschlossenen, kampffähigen Verband zu stoßen. Soweit noch Gruppen oder Einzelne jetzt nicht gefasst waren, wurden sie an die Peripherie gedrängt, zu den Felswänden, die das Plateau so unzugänglich machten, dass nur drei Straßen sich in unendlichen Kurven hinaufwanden, die zu blockieren für den Widerstand ein Leichtes gewesen wäre. Auch Fallschirmjäger allein hätten nichts ausgerichtet. Dafür war Vorsorge getroffen. Nur, wer hätte an Lastensegler gedacht und an die leichten Panzer, die sich aus ihrem Bauch herausschälten. Thomas hatte sie unten auf der »Nationale« kriechen sehen.

Keine Hoffnung also auf die lebensspendende, todbringende Sicherheit des Kampfverbandes. Thomas war allein. Ein Wild inmitten der Treibjagd. Totstellen – nicht bewegen! Bis zur Nacht. Und dann über die Felswände ins Tal. Eine Chance auf hundert, bis zur Steilwand zu gelangen – auf tausend, sie im Dunkeln abzusteigen. Thomas will nicht rechnen und nicht denken. Wenn er nur einen kleinen Kanten Brot hätte. Langsam verschieben sich Angst und Begierde von Brot auf Wasser. Er denkt an die Quelle oben im Wald. Von Viertelstunde zu Viertelstunde wird die Versuchung größer, zurückzukriechen, um trinken zu können. Nur das unberechenbar Plötzliche von deutschen Stimmen – bald fern, bald dicht unterhalb des Weges – lässt ihm die Kraft zu verharren. »Harre meine Hoffnung, harre auf den Herrn …«

Die Eltern hatten ihn taufen lassen. Ein deutsches Kind in Stargard war besser protestantisch. Wozu ihm die Mühsale des alten Volkes mitgeben, wenn man nicht mehr an die Unantastbarkeit der Überlieferung glaubt? Möge er sein wie die andern. Was er später einmal glauben wird … Warum ihn das Schicksal der Vergangenheit weiterschleppen lassen, nur um des Großvaters willen, der noch in die Synagoge geht? So hatte er die Choräle gelernt. »Harre meine Hoffnung …« – Aber eigentlich nur die Worte und welches Gesicht zu zeigen war, wenn man sie sang. – Die kleinen pommerschen Jungen, mit denen er zur Schule ging, glaubten nicht so recht, dass es sich um den gleichen Herren handelte, von dem sie gemeinsam sangen. Der Pastor hatte sie ermahnt, besonders nett zu Thomas zu sein. Das war eine Bestätigung, dass er nicht ganz einer von ihnen war, auch wenn er mit ihnen Räuber und Schandi spielte.

Dann wurden die Blutfahnen gehisst. Mit zackigen Galgen im leichen-weißen Mittelfeld. Die Jungen bekamen Uniformen, Ehrendolche und neue Lieder. Da brauchte man Thomas: denn sonst gab es keinen »Judenspröss-ling« in der Klasse. Man brauchte Thomas, um ein Opfer zu haben, ein le-bendiges Exemplar dieses Ungeziefers. Ein Jahr lang predigten die Eltern Geduld, bis sie beschlossen, in eine kleine elsässische Stadt auszuwandern.

Diesmal kommen die Stimmen mit behaglich lachender Breite von un-ten den Weg hoch zum Waldrand. Nein, nicht nur auf dem Weg! Sie rufen sich an. In breiter Schützenkette. Die Begierde nach Wasser verschwindet und die Erinnerung an Brot, Wein und Choräle. Nur das Gehör bleibt. Der ganze Körper will hören und hämmert doch selbst so laut. Unter Thomas' Bauch liegt die Maschinenpistole mit einem Ladestreifen Munition. Wie eine Aufforderung: er liegt nicht hier als Hase für die Jäger. Vielmehr als Raubtier, das sie anfallen soll, bevor es selbst erliegt. Es ist Krieg. Krieg und kein Recht auf Überleben. Er weiß genau, was er soll. Noch fünf Mi-nuten, dann muss der Ladestreifen verschossen sein. Dann muss er hier liegen wie Raymond und hundert Meter weiter drüben ein oder zwei von denen, die sich jetzt ahnungslos anrufen.

Aber er bewegt sich nicht! Er scheut noch, die rechte Hand unter den Bauch zu schieben und die Waffe zu berühren. Die Brust hämmert so stark, dass er meint, die Steine, auf denen er liegt, müssten zu dröhnen beginnen.

Noch sind sie nicht so nah, dass ein Zwang bestünde, auf das Leben zu verzichten, ein absoluter Zwang zu handeln statt zu hoffen. Thomas be-schließt, bis zwanzig zu zählen … nein: bis dreißig. Nach fünfundzwanzig werden die Zahlen zäh wie Leim. Dann vergisst er sie.

Die Schützenkette muss sich doch dichter an den Weg gehalten ha-ben, als er vermutet hatte. Es sei denn, einige gingen stumm vorwärts, gerade auf die Mulde zu. Aber selbst dann wäre noch Zeit für den La-destreifen, wenn er die Schritte vor sich hört. Jawohl! Das ist sein end-gültiger Beschluss: Wenn er das helle Knirschen von Stiefeln auf dem steinigen Boden vernimmt – also nicht nur die Stimmen, die näher kom-men – jetzt kann man fast schon verstehen, was sie sich sagen – es läuft ein Gespräch die Reihe entlang wie ein dünnes Flämmchen auf einem langen, grünen Scheit – wenn also die Lautnähe der Schritte erreicht ist, dann wird er den Kopf über den Muldenrand heben, die Waffe in An-schlag bringen und schießen. Würden sie ihn dann nur selbst so treffen, dass er nichts mehr spürt, dass er das Ende nicht bewusst erlebt. Vor allem, dass sie ihn nicht mit dem Messer fertigmachen. Wie Jäger. Die

Vorstellung eines langen Dolches, der ihm in den Körper gestoßen wird! Nein, nicht so!

Vielleicht kann er auch seinen ganzen Streifen verschießen, ohne zu treffen und ohne getroffen zu werden. Dann kann er sich gefangen geben, und sie werden ihn bis zur Mauer unten führen und dort erschießen. Das wäre erträglicher. Möglich ist auch, dass sie ihn erst noch verhören. Vielleicht haben sie inzwischen neue Befehle erhalten. Nicht alle werden niedergemacht. Partisanen sind Soldaten. Er trägt eine Armbinde F.F.I. auf dem Zivilhemd. Dann käme er in ein Gefangenenlager und dürfte leben. Nur sollen sie nicht erfahren, dass er in Stargard geboren wurde, dass er ein ehemals deutscher »Judenstämmling« ist. Das nicht! Aber wer soll schon darauf kommen, dass er Thomas Felsenthal ist und nicht Etienne Gabriel, wie auf seiner falschen Kennkarte heißt. In Belfort geboren.

Jetzt kann man die Schritte hören, aber drüben am Weg, etwa in der Höhe der Mulde. Wenn sich die Laute noch etwas weiter zum Wald hinaufziehen, dann haben sie ihn nicht bemerkt, dann liegt er in ihrem Rücken. Wartete er jetzt noch ein wenig, so könnte er eine größere Anzahl mit einem einzigen Streifen Munition niedermachen. Er griffe sie vom Rücken aus an. So hätte er Zeit zu zielen. Nur sein Kopf und seine Arme würden aus der Mulde ragen. Es wäre nicht unmöglich, mit einigem Glück, dass von den zehn – zwölf, die da jetzt noch ausschwärmen, keiner ihn erreichte; dass er sie alle kampfunfähig machte. Er könnte dann zum Wald hoch sich absetzen. Er hätte gehandelt, wie er gelobt hatte, es zu tun, als er die Partisanenbinde bekam. Vor vier Monaten.

Bis dahin war er noch als Kind behandelt worden, als ein von der Deportation bedrohtes Kind. Die Organisation hatte ihn in die Berge herauf geschickt zu einer Gruppe von Köhlern. Lauter Illegale, Junge und Alte. Spanienkämpfer, Juden, Franzosen, die sich nicht zum deutschen Arbeitsdienst hatten verschicken lassen wollen. – Köhler. – Es war ein fröhliches Leben in der Hütte da oben. Sie machten Holzkohle als Treibmittel der Motoren, für die es kein Benzin gab, für die Busse und die wenigen Wagen, die noch Fahrerlaubnis hatten. Er wurde einmal wöchentlich zum Dorf hinuntergeschickt. Mit einem Maultier, um Proviant zu holen. Sie behandelten ihn wie einen Mann, aber auch wie ihr Kind. Er hatte eine Decke mehr als die andern und den geschütztesten Platz in der zugigen Hütte. Nur rauchen hatten sie ihn nicht lassen, denn er besaß keine Tabakkarte. Für Rauchwaren zeigten sie sich missgünstig, jeder auf seinen gerechten Anteil bedacht, auf das Gramm genau. Sie hatten sogar gemeinsam eine Briefwaage gekauft, und wenn er die Monatsration mitbrachte für die paar Karten, die für die Gruppe zur Verfügung standen, zusätzlich der vier Päckchen, die ihm der Wirt überließ – »wenn Ihr mal einen Hasen herunterbringt oder einen jungen Bock aus Euren Schlingen … – dann setzten sich die Männer um den Tisch mit den Kerzen – die klebten auf umgestürzten Konservenbüchsen in bizarren Formen aus herabgeflossenem Stearin – stellten die Briefwaage auf, und der Chef wog jedem seinen Anteil zu. Thomas schaute zu. Etwas Bitterkeit stieg jedes Mal in ihm hoch, dass keiner auch für ihn eine Zigarette drehte, keiner auch nur eine einzige. Aber es war schließlich wieder gut und warm im Innern, wenn sie qualmten und ihm freundschaftlich auf die Schulter klopften. Sie lachten. »Du wirst auch älter. Wenn der Krieg noch lange dauert, rauchst Du ein ganzes Kilo hier oben auf.«

Dann kam eines Nachts ein Kurier. Und die ganze Gruppe verpflichtete sich. Der Kurier blieb als Instrukteur. Sie machten weiter Holzkohle, aber die Spanienkämpfer lehrten den Umgang mit der Waffe. Sie bekamen ein Militärgewehr, zwei Jagdstützen und den Revolver: 7/35– Munition gab es nur so wenig, dass Übungsschießen untersagt blieb. Bis vor vier Monaten. Da wurden sie hier heraufgeholt, und jeder bekam eine Waffe. Es wurde täglich geübt, wie beim Militär. Von da an erhielt er auch eine Ration Tabak – und die Binde, die er trägt.

Aber die Stimmen entfernen sich zum Wald zu, ohne dass er geschossen hätte. Ist er ein Mann? Ein wirklicher Kämpfer des Widerstandes? Als es ganz still geworden ist, kommt der Durst wieder. Diesmal bewegt er sich und lugt mit dem Kopf aus der Mulde. Dann kriecht er vorsichtig zum Wald zu, denn es dämmert und die Steinfelder werden stumpf. Im Wald wagt er aufrecht zu gehen. Er verhält alle paar Schritte, um zu horchen. Einmal hört er viele Schritte und Stimmen weit vorn, zu den Steilhängen zu: und eine Salve. Aber er ist schon an der Quelle und trinkt. Sie können ihn hier nicht mehr finden. Es ist fast dunkel.

Kaum eine Stunde später tritt er am Rand der Steilwand aus dem Wald in die Dunstschwaden des Halbmondes. Dicht am Abgrund entlang verläuft die breite Fahrstraße, der letzte Streifen, auf dem die Gefahr von den Menschen her lauert. Auf der anderen Seite beginnt die Tiefe, ihr unempfindliches Riesenmaul aufzureißen. Thomas hält sich an einem Spalt in der Felswand, eine Art abwärtsverlaufende Rinne. Nur nicht im Rücken den leeren Raum um sich spüren! Solange die Rinne ihn birgt, auch da, wo sie schließlich in einen gerade niedergehenden Kamin sich verwandelt, in dem er mit dem Rücken an die eine Wand gestemmt die Nacht ohne Ende unter sich weiß, fühlt sich Thomas ohne Angst.

Dann aber endet der Kamin wie ein Überhang an der steilen Felswand. Nicht einmal ein Vorsprung, um aussteigen zu können. Da kommt die Lähmung über ihn als ein Gefühl der Körperlosigkeit und des Unsinns. Wenn er sich jetzt nicht mehr stemmt, sich fallen lässt, ist alle Qual zu Ende. Die Vorstellung hört auf: der Körper, der unten zerschmettern wird, ist ihm fremd. Nur der schmerzhafte Druck des Gesteins gegen die Schultern überdauert zäh und boshaft die Entfremdung.

Abb. 31: Zeichnung von Rico Blass aus: Ernest Jouhy, Die Brücke, Frankfurt 1964

Sodass dann plötzlich die Angst wieder einsetzt, schweißtreibend, kolikartig. – Die Hände suchen nach neuen Griffstellen, mit zitternden Knien arbeitet sich der Körper im Kamin zurück nach oben, fort von der auswegslosen Öffnung. Gallig bitter steigt der Geschmack bangen Verlangens nach Leben wieder in den Mund. Die Hast der Bewegungen übersetzt das wiedererwachte Gefühl für die Zeit, den Trotz gegen das Ende.

Nach dreiviertel Stunden erreicht Thomas wieder den Kamineinstieg. Der Mond steht jetzt hoch und lässt die Konturen der Felswand besser abschätzen. Einige hundert Meter weiter, da wo der große Bogen in der Kesselwand zur Rundung ansetzt, sieht Thomas einen grünen Streifen von Büschen und Krüppelholz sich fast bis zum Talboden hinabziehen, wo er sich im Dunst der Tiefe verliert. Die Hoffnung, er könne dort vom Geäst gehalten herunterklettern, wird ungeduldig bohrend, dass er sich nicht die Zeit lässt, das Zittern der Glieder zur Ruhe kommen zu lassen. Er keucht noch, als er endlich an den ersten Krüppeleichen mit ihrem doppelten Schutz vor der Sicht von der Straße oben und gegen das maßlose Gefälle angelangt ist.

Er hat richtig geschätzt: Sträucher, zähes, stichig-trockenes Holz treibt stufenbildend aus dem Fels und macht den Abstieg fast mühelos. Dreihundert Meter tiefer beginnt sogar ein Trampelpfad. Kaum scheint der Halbmond tiefer gesunken, als er die Talsohle erreicht.

Jetzt lastet nicht mehr die Angst, auch nicht die Hoffnung, nur der Körper, die schleppende Schwere im Rücken, in den Beinen. Aber er darf sich nicht ausruhen. Bevor es dämmert, muss er eine Bleibe gefunden haben, Mauern, die ihn verbergen, Menschen, die ihn abschirmen. Die Einsamkeit darf nicht länger währen als diese Nacht, die ihrem Ende zugeht. Sonst wird sie endgültig, der Tod.

Während er vorwärtstaumelt, spielt er die Rolle durch, deren Szene das erste Gehöft am Wege sein soll. Der kläffende Hund, dann wird er an einen geschlossenen Laden klopfen und warten, bis unwillig und barsch ein verschlafener Bauer von innen her fragt, wer ihn störe. Was soll er antworten? Dass er vom Wege abgekommen sei, ein Waldarbeiter, der nach St. Jean en Royan wollte? Dann würde der drinnen ihm vielleicht nur antworten, ohne den Laden zu öffnen, dass dieser Weg auf die Straße führe und die Straße nach St. Jean. Aber er dürfe nachts doch nicht auf der Straße sein, würde er antworten. Die Deutschen schössen jeden nieder, der vor sechs Uhr morgens unterwegs sei. Er sucht nach einer überzeugenden Antwort, nach Argumenten und Stimmfall, die das Misstrauen überwinden könnten, ohne die volle und dann gefährliche Wahrheit zu enthüllen, die ihn in den Augen des anderen zum Räuber machte, zum jahrhundertalten, verehrten und mit Furcht gemiedenen Räuber, den aufzunehmen bedeuten würde, das uralte, schützende Mimikry des Unterdrückten aufzugeben und selbst den Bruch mit den Mächtigen zu vollziehen.

Thomas sucht sich ein besonderes Ich, eines, das er nicht ist und das von einem mürrischen Bauern nachts aufgenommen würde. Nur die grauschwere Müdigkeit dürfte dem wirklichen und dem angenommenen Thomas gemeinsam sein.

Der Weg tritt aus dem Gehölz aus und wenige hundert Meter weiter, etwas abseits, liegt ein Gehöft. In der müden Versponnenheit seines vorgestellten Dialogs und bei dem fahlen Licht, das allen Konturen ihre Aufdringlichkeit nimmt, hätte Thomas beinahe das niedrige Haus mit seinen zwei ungleich hohen Dachsenken übersehen. Wie er davorsteht und lauernd hoffnungsvoll das kleine Gebäude umschreitet, stört ihn, dass entgegen dem Kulissenhaus seines Wachtraumes hier die Fensterläden offen stehen. Dann rütteln ihn diese störend schwarz starrenden, blinden Schei-

ben aus seiner Schläfrigkeit. Warum sind nachts die Läden nicht fest geschlossen? Schlief jetzt wer hinter den dicken Steinmauern mit den tief-
liegenden, bösen Fenstern, so hätte er nach altem Brauch des Südens die
Holzläden festgemacht. Und wäre das Haus unbewohnt, so hätte man es
nicht aufgegeben, ohne vorher die Läden zu schließen. Thomas wagt nicht,
an die Scheiben zu klopfen. Er geht vor die Tür und schlägt zaghaft den
eisernen Klöppel, als sei es Tag und ein Vorübergehender heische Eintritt.
Die vorgeträumte Stimme des mürrischen Alten bleibt aus. Thomas lässt
diesmal laut den Klöppel auf seine metallene Unterlage zurückfallen. Er
schreckt vor dem harten Klang zusammen. Niemand scheint hinter der Tür
unwillig zu erwachen. Kein Laut. Um sich noch eindringlicher bemerkbar
zu machen, schlägt Thomas mehrmals kurz auf den Türhebelteller, der an
der Innenseite den Riegel hebt. Spielend und unerwartet gibt die geschlossen geglaubte Holztür nach, öffnet sich spaltbreit und bleibt nach kurzem
Knarren wie ein zum Gähnen ansetzendes müdes Maul stehen. Thomas
schiebt seinen Fuß in den Spalt, als müsse er fürchten, es könne jemand
drinnen jetzt versuchen wollen, die Tür zuzuschlagen. Dabei hofft er fast
auf solchen Widerstand, denn es graut ihm vor der dunklen Leere. Dann
drückt er leicht mit der Schulter nach und steht im niedrigen Zimmer. Er
ruft zaghaft. Die Lautlosigkeit antwortet, und das Geheimnis des fremden
Hauses legt sich ihm wie ein nasskaltes Tuch auf die Stirn. Er wischt sich
mit dem Ärmel den Schweiß ab, der beizend in die Augenhöhlen rinnt.
Dann holt er sein Feuerzeug heraus und zündet einen Fetzen Papier an.

Ein paar ungewaschene Teller stehen auf dem Tisch und mehrere Scheiben Brot liegen daneben. Er greift danach. Mehr um zu prüfen, ob sie seit
langem zurückgelassen seien als aus Hunger. Der erwacht erst unmäßig, als
Thomas die erste Scheibe noch frisch und weich spürt, mit zartbröckelnder
Kruste. Während er kaut und schlingt, ohne sich zu rühren, im Dunkel der
unheimlich leeren Behausung, hetzen die Vermutungen einander, und mit
einem Schlage wird ihm klar, dass auch hier heute der Krieg war, die SS-
Jäger, dass sie die Basis des Massivs nach Partisanen abgekämmt haben
müssen und nach denen, die gewagt hatten, ihnen Unterschlupf zu bieten.
Auch hier haben sie wahrscheinlich alle Bewohner mitgeschleppt. Darum
waren die Läden nicht geschlossen und die Tür nicht verriegelt.

Thomas wagt nicht, Licht anzumachen. Es könnten Einheiten im Dorf
weiter unten liegen. Außerdem schaudert es ihn, die Läden zu schließen,
irgendetwas hier zu verändern. Als habe er es mit einer Leiche zu tun. Nur
der Hunger ist aufdringlich genug, um ihn im Dunkeln nach dem Wand-

schrank tappen zu lassen, ob es da wohl noch Brot gäbe und sonst irgendetwas Essbares. Er findet alles für einen Leichenschmaus, den er stehend am Tisch verzehrt. Er wagt nicht, sich zu setzen, nicht einmal in den Schubläden nach einem Messer zu suchen oder eines der Gläser zu benutzen, die noch mit Weinresten auf dem Spülstein stehen. Er bricht das Brot mit den Händen, reißt mit den Zähnen Stücke aus dem Räucherschinken und lässt den Wein aus der Flasche in den Mund laufen, ohne den Flaschenhals mit den Lippen zu berühren. Als sei jeder Gegenstand hier vom Geschehen verseucht und ansteckend.

Als der Hunger gestillt ist, wird die Müdigkeit so schmerzhaft heischend, als sei er krank. Aber noch ist die Hoffnung, sich zu retten, stärker. Er taumelt zurück auf den nächtigen Weg und stolpert vorwärts, dem Ort zu, der nicht mehr weit sein kann. Hier und dort liegen jetzt Gehöfte inmitten der Wiesen, die sich nachtschwadenüberdeckt dem Gebirgsbach zuneigen, neben dem der Weg führt. Dann kommen die ersten Häuser an der Straße. Jetzt wagt sich Thomas nicht weiter geradeaus. Er umgeht ein Gehöft und sucht einen Pfad hinter der Häuserreihe, den Gemüsegärten entlang. Wenn ein Hund aufheult, verhält er wie Wild. Er späht nach deutschen Streifen, die Zähne krampfartig aufeinandergepresst. Bei welchem der unruhig schlafenden Häuser soll er das vorgestellte Spiel ablaufen lassen? Er wirft sich jetzt vor, bis zum Dorf herabgestiegen zu sein und den Schrecken des Leichenhauses nicht bereits beim nächsten Gehöft überwunden zu haben. Hier ist die Gefahr so viel größer. Wenn er anklopft, wird innen Licht. Hunde werden bellen. Eine Streife könnte aufmerksam werden, lange bevor er eingelassen wäre. Sollte er sich nicht besser in einen der Gärten legen, dort etwa zwischen die Himbeersträucher und warten, bis bei Tagesanbruch die Frau ihn entdeckte? Überhaupt hat eine Frau eher Mitleid. Besonders, wenn sie ihn zusammengekauert unter den Sträuchern schlafend fände. Er sieht eine junge Bäuerin mit zwei kleinen Kindern sich zu ihm herabbeugen und mit der Hand über sein Haar streichen. Das Bild ist so verlockend, dass er sich sofort hinlegen möchte und dem Schlaf nachgeben.

Da bemerkt er durch Hecken und zwischen den Häusern hindurch den Widerschein von Licht. Er duckt sich und wartet, ob es sich bewege. Doch die Quelle scheint festzuliegen. Zögernd schleicht er auf sie zu. Dort eine Kellertür, zum Garten offen, gibt es frei. Auch die Stimme eines Mannes dringt von dort herüber, kurz von Zeit zu Zeit die Stille unterbrechend. Als gebe er Anweisungen. Thomas wartet, bis er sicher ist, da wird französisch gesprochen. Dann überklettert er einen niedrigen Drahtzaun, zwängt sich durch eine immergrüne Hecke. Nun späht er schräg von der Seite in den erleuchteten Keller. Es ist eine Backstube. Der Raumteil, den er überblickt, dient einem untersetzten, halbnackten Mann mit weißer Hose und mehlstaubiger Mütze als Durchgang. Er ist es, der Anweisungen erteilt. Nur einmal hört Thomas eine kurze Antwort. Die Stimme klingt hell und beflissen.

Es gehört viel Entschlusskraft dazu, jetzt in den Lichtkegel zu treten und den Bäcker anzusprechen. Thomas zittert. Auch seine Stimme. Dabei sagt er nur: »Guten Morgen.«

Der Bäcker starrt ihn an. Ein etwa 15-jähriger Junge, auch weiß verstaubt, tritt neben ihn, eher neugierig als erschrocken. »Was wollen Sie?«, fragt der Bäcker. Jetzt muss Thomas sprechen, seine Geschichte erzählen. Doch wird sie kürzer und wahrheitsgetreuer als die vorbereitete. Er komme von da oben und habe sich den ganzen vergangenen Tag hindurch mit seiner Einheit geschlagen. Schon spricht er nicht weiter, weiß nichts mehr zu sagen. Der Bäcker steigt die drei Kellerstufen herauf, an ihm vorbei und zieht die Eingangstür zu. Beim Zurückgehen tippt er auf Thomas' Arm. Der schaut nieder und bemerkt, dass er noch die Armbinde der Partisanen trägt. Erschreckt reißt er sie sich herunter, weiß nicht, wohin mit dem kleinen Stofffetzen. In die Tasche stecken? Dort vor den Ofen zum Holz werfen? Der Bäcker nimmt sie ihm aus der Hand, faltet sie vorsichtig wie ein Dokument und steckt sie in einen leeren Mehlsack, den er an der Mauer aufhängt. »Sie können hier nicht bleiben«, sagt er, »Waffen-SS liegt im Ort und französische Miliz aus Grenoble. Die ist noch gefährlicher, noch niederträchtiger.«

»Ich kann nicht mehr«, sagt Thomas und spürt, dass nun, da er weiß, der Mann wolle ihn nicht ausliefern, die Spannung ihn verlässt und mit ihr die Kraft, wach zu bleiben.

»Wecke meine Alte«, wendet sich der Bäcker an den Lehrling, »sie soll einen Kaffee machen, aber einen echten, mit den paar Bohnen aus der letzten Zuteilung. Und schnell!« Thomas hat sich auf einen Haufen leerer Säcke gesetzt und ist sofort eingeschlafen. Als ihn der Bäcker aufrüttelt, weiß er nicht, wie lange er im schwarzen Loch der Bewusstlosigkeit gesteckt hat. Er schlürft den heißen, starken Kaffee. Es ist der erste seines Lebens. Als es ihn noch gab, war er ein Kind, und seit er kein Kind mehr ist, trinken alle nur noch bitteren Ersatz. »Ein Stück Brot!«, bittet er zaghaft. Der Kaffee treibt eine peinliche, fliegende Unruhe in seine Glieder und Schweiß in die Handflächen. Der Bäcker hat eine Zigarette gedreht, die er ihm zuschiebt. »Du musst über den Fluss, bevor es ganz Tag wird. Sieben

Kilometer weiter nördlich stößt du auf die Hauptstraße, auf der der Bus nach Grenoble verkehrt. Er kommt gegen acht durch St. Nazaire. Bis dahin kannst du dort sein. Aber du musst schleunigst über den Fluss. Er bildet die Grenze der Operationszone. Drüben riskiert man nur noch die üblichen Kontrollen. Hast du Papiere?« Thomas nickt. »Ich gebe dir Robert mit. Bis zum Fluss. Er kennt die Stelle, wo man ihn durchwaten kann.«

Thomas' Zigarette ist ausgegangen. Der glimmende Zündschwamm des Bäckers sticht ihm in die Nase und treibt Tränen. »Na, na«, sagt der, »wenn du's bis hierher geschafft hast … Hast du einen Anlauf in Grenoble?« Thomas schüttelt den Kopf. »Georges Rambert, 12 Place du Vieux Marché. Wenn dir unterwegs was zustößt, hast du die Adresse vergessen! Und wenn sie dich noch so zwiebeln! Er ist im Vorstand der reformierten Kirchengemeinde. Hilft schon, wo er kann. Aber sonst hat er sich draußen gehalten. Ist auch zu alt, um aktiv zu werden. Die richtige Adresse für dich. Er wird dich schon unterbringen. Da …«, fügt er hinzu und streckt Thomas etwas Geld hin und ein halbes Päckchen Tabak, »mach, dass du jetzt hier rauskommst.«

Der Lehrling geht voran, zwischen den Gärten hindurch. Dann kommt ein Gehölz. Das tote Holz unter den Füßen bricht bei jedem Schritt die schützende Stille. Thomas hat das Gefühl, man müsse sie weithin gehen hören, aber er wagt nicht, Robert zu bitten, achtsamer aufzutreten. Er will nicht als Feigling gelten, er, der Partisan, gegenüber dem Halbwüchsigen. Der braucht sich nicht zu fürchten. Warum bin ich nicht geboren wie er: zwei Jahre später und hier? Oder in Amerika? Warum in Stargard? Warum muss ich Thomas sein und nicht ein anderer?

Es dämmert bereits, als sie auf die Wiesen hinaustreten, die zum Fluss absteigen. »Es ist höchste Zeit«, sagt Robert, »ich muss im Wald zurück sein, bevor es hell wird. Hier können uns die Wachen von der Brücke aus sehen, sobald es Tag wird. Lauf dort unten zu den Weiden. Da ist die Furt. Siehst du die Baumreihe dort gegen den Himmel? Das sind die Platanen, die den Weg säumen. Wenn du die erreicht hast, gehst du ohne Gefahr bis zur Hauptstraße. Der Bus hält gerade dort an der Wegkreuzung, wenn du ihm ein Zeichen gibst. Mach's gut!«

Am Fluss zieht Thomas Schuhe und Hosen aus. Das Wasser scheint ihm eisig, und mehrmals gleitet er auf den glatten Steinplatten aus. Nur nicht fallen! Wenn die Sachen nass werden, kann ich den Bus nicht nehmen.

Als er endlich auf der anderen Seite ist und die Füße notdürftig mit dem Taschentuch abgetrocknet hat, ist es fast hell geworden. Die Brücke sieht man jetzt nur ein paar hundert Meter weiter flussaufwärts. So läuft er im Schutz der Uferweiden den Flusslauf entlang hinunter, bis eine Bodenwelle sich rechtwinklig landeinwärts zieht. Im Straßengraben unter den Platanen fühlt er sich geborgen. Da geht er schlendernd, pfeift leise vor sich hin, bis er gewahr wird, dass die Melodie ein deutsches Volkslied ist. So bricht er brüsk ab.

Die Sonne geht hoch hinter dem Alpenkamm auf. Bis der Bus drüben vorbeifährt, hat er noch fast zwei Stunden Zeit. Zwei Stunden ohne anderes Ziel als nicht einzuschlafen. Warum muss er eigentlich nach Grenoble? Warum sich jetzt nicht hier an einer geschützten Stelle hinlegen und später am Tage bei einem Bauern Unterschlupf suchen? Doch in Grenoble hat er die Adresse, den Anlauf. Hier bei einem Bauern müsste er noch einmal selbst den gerissenen Faden zu den anderen knüpfen. Davor fürchtet er sich. Besser schon, im Schutz der gegebenen Weisung warten und den Bus nehmen. Obschon die Gefahr, bei einer Straßenkontrolle im Bus gefasst zu werden, groß ist. Doch schließlich ist die Vorstellung der Reise weniger beängstigend als die, nochmals an die Tür eines Unbekannten klopfen zu müssen. So stark wirken die hilfreichen Minuten beim Bäcker nach.

Während er in der allmählich wärmenden Sonne hockt, den Rücken an einer Platane, und sich eine Zigarette dreht, spinnt er die Vorstellung wie ein Spiel vorwärts. Er macht Pläne. Als Etienne Gabriel. Jetzt kennt ja niemand mehr den Thomas Felsenthal. Keiner kann wissen, dass der Geburtsort auf dem falschen Personalausweis sowenig der seine ist wie die übrigen willkürlich ausgedachten Angaben zur Person. Der falsche Stempel wird als authentisch ausweisen, was immer er sich zur Geschichte seines Lebens erfindet. Damit steht ihm die Vergangenheit offen, wie anderen die Zukunft. So hat er als Etienne nicht mehr zu fürchten, das Schicksal der Juden herumschleppen zu müssen, noch sich zu schämen, weil der Eroberer in der gleichen Sprache die verhassten Lieder durchs Land trägt, in der die Mutter Thomas Märchen erzählt hat. Nein: Etienne Gabriel ist ganz und gar Franzose mit französischen Eltern! Sein Vater? Gefallen natürlich. Im Juni 40, heldenhaft, beim Sprengen einer Brücke, um den deutschen Vormarsch zu verlangsamen. War er Rechtsanwalt? Kaufmann? Nein. Das hielte den Etienne, seinen Sohn in zu großen Abstand von den Männern, bei denen er oben in der Köhlerhütte erfahren hatte, wie eine ganze Familie in einer Stube kocht, liebt und flucht, wie hart es ist, zu arbeiten, und wie gut, zu essen. Etienne soll so aufgewachsen sein wie der tote Raymond. Was war wohl dessen Vater? Automechaniker? Gut: Vater Gabriel hatte eine

Garage, von der er abends mit ölschwarzen Händen nach Hause kam. Sie gleicht der Reparaturwerkstatt in Villeneuve le Duc, vor der Thomas auf dem Heimweg von der Schule täglich voll Neugierde und Bewunderung herumlungerte. Die elterliche Wohnung liegt im ersten Stock. Es soll in ihr nach Benzin riechen, aber auch ein wenig nach Pfannkuchen. Die aß der Thomas so gerne. Darf auch Etienne Pfannkuchen lieben? Oder muss er den Geruch von siedendem Öl bevorzugen, den Thomas widerlich findet?

Als er den Bus kommen sieht, ist er noch ganz in seiner gespielten Vergangenheit. Dort hat er sich in Jungenstreichen hervorgetan, an denen er in Wahrheit nie gewagt hätte, teilzunehmen, er, der Ausgeschlossene, der Judenstämmling in Stargard und der Deutsche in Villeneuve. Ja, ein Radrennen hat er im Wachtraum gewonnen, dem er in Villeneuve zugeschaut hatte. Mit der Inbrunst des Jungen, dem kein Fahrrad gehörte.

Die drückende Enge im Bus und der Geruch der Menschen legen sich als wohltuende Schutzschicht um seine geheime Angst. Nach jedem Halt, an dem keine Gendarmeriekontrolle erfolgt ist, empfindet er die zurückgelegte Etappe als einen zusätzlich sichernden Raum, der sich zwischen Vergangenheit und Zukunft legt. Zwölf Kilometer vor Grenoble sperrt Polizei die Straße. Kontrolle der Personalausweise, bitte. Thomas wird es so trocken im Mund, dass er fürchtet, nicht sprechen zu können, falls er Antwort stehen muss. Er hat nur die eine falsche Kennkarte, auf der er sechzehn ist, ein Jahr jünger als in Wahrheit. Keinen Briefumschlag an Etienne Gabriel adressiert, keine Mitgliedskarte von einem Fußballklub, durch die er lässig erhärten könnte, dass er in dem Dorf zu Hause ist, das das Papier ausweist, seines Dorfes also, wo die Seinen leben, die nicht mehr leben, in dem Haus, das er nie gesehen hat, seine vom Bürgermeister bestätigte Zugehörigkeit zur Gemeinde, in der er nie war.

Er steht vorn am Buseingang eingekeilt, so dass er als einer der ersten die Kennkarte zeigen muss. Der sie ihm abverlangt, ist ein ganz junger Schnösel mit der Armbinde der freiwilligen Hilfspolizei. Er nimmt sich für wichtig. Seine Überlegenheit über die zu Kontrollierenden gibt ihm den Bart, der in Wirklichkeit noch nicht wächst. Thomas fürchtet ihn. Gerade ein so junger Kerl weiß noch genau, wie man mit sechzehn aussieht, beziehungsweise mit siebzehn. Und zusätzlich fällt ihn die Angst an, er müsse doch wenigstens den Lehrlingsausweis oder eine Schülerkarte besitzen. Der von der Hilfspolizei liest die Angaben mit beunruhigender Genauigkeit. Er hebt die Karte gegen das Licht der offenen Bustür, lässt es durch den falschen Stempel scheinen. »Sonst noch Ausweise?« »Nein, genügt das nicht, wenn man erst sechzehn ist?« »Nicht so selbstsicher, Bürschchen«, höhnt der Kontrollierende und drängt sich mit Thomas Kennkarte zum Bus hinaus, zeigt sie einem älteren Beamten in Zivil, der draußen wartet. Wohl der Chef. Es ist aus, denkt Thomas und wird so müde, dass er sitzen möchte, nur einen Augenblick sitzen. Sonst wird ihm übel. Da hört er den Chef den Übereifrigen anschreien: »Keine Augen in Deinem Dusselkopf, was?! Tadellos dieser Ausweis. Gib ihn dem Jungen nur zurück.« Dann tritt er an den Buseingang und ruft in den Wagen: »Nichts für ungut, meine Herrschaften, Dienst ist Dienst, aber unnötig, Sie noch länger aufzuhalten. Hier sieht's ja im Wagen nicht gerade nach Terroristen aus.« Und er lacht, Verständnis und Einvernehmen heischend. »Gute Weiterfahrt«, fügt er hinzu und zieht den Bartlosen vom Trittbrett, dass die Wagentür sich schließen kann. Thomas hat sogar den Eindruck, er zwinkere ihm lächelnd zu, als er jetzt den abfahrenden Bus mit einer nachlässigen Grußbewegung verabschiedet. Ja, für Thomas besteht kein Zweifel: der hat ihn durchschaut, aber wollte ihn schützen. Durchschaut: so dünn ist das Hemdchen der falschen Identität. Der erste Beste könnte es zerreißen. Doch ist ein ganzes Volk um ihn, wärmend und schützend. So dicht sind die Fäden gewebt, die machen, dass es aus einem Stoff ist, aus ein und demselben Stoff, sogar der Polizeichef, so dicht und so fest, dass der gedeckt wird, von dem niemand wissen will, was jeder insgeheim vermutet, der unbekannte Illegale, an den sich wildfremd das vorbeigehende Mädchen hängt, als es merkt, dass Spitzel ihn beargwöhnen, ihn küsst, den Verdutzten, und ihn in den Hauseingang zieht, damit er durch eine Hintertür entkommen könne. Der, um den sich zäh und unauffällig die Passanten auf der Straße zusammenschieben, um ihn zu decken, da er sichtlich untertauchen muss — es steht in seinem gehetzten Gesicht geschrieben, in der verhaltenen Hast seiner Bewegungen. Thomas spürt diesen Flausch von wollener Hilfsbereitschaft, die sich jetzt um ihn legt, weich und wärmend.

In Grenoble findet Thomas nicht gleich Georges Rambert.

Er sei bei der Arbeit, sagt ihm eine Frau, von der er nicht weiß, ob es die seine ist oder eine fremde, die nur für Stunden ihm den Haushalt besorgt. So wagt Thomas nicht zu sagen, welches sein Anliegen ist und dass er nicht erst abends wiederkommen könne, weil es gefährlich wäre, den ganzen Tag unbeschäftigt auf den Straßen herumzuirren. Vielleicht hat sein Zögern die Sprache gesprochen, in der die stummen Verschworenen sich miteinander verständigen. Die Frau nimmt ihn herein, und als er sich schwer mit schlaffen Gliedern niedersetzt, holt sie etwas Suppe und eine winzige Scheibe

Brot von ihrer Ration. Dann darf er sich in einem Alkoven auf einem alten Bett niederlegen. Es strömt einen süßlichen Duft aus. Wie Mädchen riechen, wenn sie samstags ins Kino gehen.

Als er geweckt wird, ist es halbdunkel im Zimmer. Georges Rambert steht neben dem Bett, ein älterer Mann mit großen Augen und tief eingeschnittenen Falten im Gesicht. Thomas berichtet ihm vom Bäcker, und dann schwingt er sich mit unvermuteter Leichtigkeit in die erfundene Vergangenheit.

Etienne Gabriel, der jetzt aus dem Vercors kommt. Tagelang hat er sich geschlagen, fast allein, bevor er die Waffe versteckte und die Steilhänge nachts herunterstieg. Gottes Hand erwähnt er beiläufig, als würde er, wie Rambert, an ihren Schutz glauben. Auch die kleine protestantische Gemeinde in Villeneuve. Er weiß nicht einmal, ob es eine solche gibt. Als er zu erzählen beginnt, wie er, der fast Zwanzigjährige in Villeneuve den Widerstand organisiert hat, unterbricht ihn Rambert; er wolle nicht wissen, was ihn nichts anginge. Aber es ist viel Respekt in seiner Stimme.

Sie gehen zu einer Kriegerwitwe, ein paar Straßenzüge von der Wohnung Ramberts entfernt. Dort ist das große Ehebett seit 1940 unbesetzt. Die Witwe schläft mit der Tochter im kleinen Zimmer. Nicht so sehr Totenkult, meint Rambert, als das Bedürfnis, nachts atmen zu hören und dem Kind nahe zu sein. Das »Kind« ist nun siebzehn. Thomas fragt sich, ob bei Protestanten bestimmte Dinge strenger beurteilt werden, als bei den Franzosen, die er kennt. Diese sprechen dauernd davon, rühmen sich. So hat er schon gelernt, es ebenfalls zu tun. Dabei weiß er nichts von Frauen und Mädchen. Nichts. Nur Etienne Gabriel hat schon eine feste Freundin, eine Blonde, die ihn mit Briefen, an eine Deckadresse selbstverständlich, überschüttet. Für Thomas dagegen steht der erste Ansturm auf Herz und Körper der Rätselhaften noch aus. Und er fühlt sich schlecht gerüstet, trotz seines heftigen Begehrens. Das zielt nur auf deren Körper, irgendeinen, ohne Person und ohne das Drum und Dran, das besungen und bedichtet wird. Schlecht gerüstet, weil er fürchtet, lächerlich zu werden. Insgeheim glaubt er den Prahlereien nicht, in denen die Männer oben in der Hütte von ihren Abenteuern erzählten. Es muss sehr schwierig sein, eine Frau zu dem zu bringen, was er von ihr begehrt. Vielleicht ist es bei Protestanten noch schwerer? Und siebzehn ist schon zu alt. Thomas entkleidet in seinen Wunschträumen die Vierzehnjährigen. Sie sind klein, fest und haben kein Gesicht. Dann verschwindet ihm selbst diese Vorstellung und es bleibt nur die Nötigung des eigenen Geschlechts. Bis zur Erschöpfung und zum Ekel.

Die Witwe ist bereit, ihn aufzunehmen. Er soll im großen Bett schlafen. Sie ist eine traurige Frau mit langem Gesicht und hager. Aber die Tochter gefällt Thomas, und Etienne wird ihr nichts von seiner blonden Freundin erzählen. Umso häufiger vom gewonnenen Radrennen und von seinen Heldentaten im Vercors. Beiläufig, als sei es selbstverständlich und seine frühe Männlichkeit nur natürliche Kraft, die auf keine Wirkung zielt. Albertine hört gern zu, denn in diesem Haus herrschten bisher Schweigen und Tischgebet. Die Witwe schließt Etienne jeden Tag in das Gebet ein, so dass Thomas doch etwas beschämt bleibt. Zwar glaubt er nicht, doch scheint ihm, er bemogele Gott. Darum macht er während des Gebetes eine besonders gesammelte Miene.

Der vierte Tag seiner neuen Person ist ein Sonnabend, und er lädt Mutter und Tochter ins Kino ein, mit dem Geld, das ihm vom Bäcker noch verbleibt. Im Dunkeln gelingt die erste Berührung mit den Schenkeln von Albertine. Thomas fürchtet, zu weit zu gehen, aber er ist der Erfahrung des Etienne mehr Kühnheit schuldig. Bis er abgewehrt wird. Ohne Unwillen zwar, aber bestimmt. Thomas ist ratlos. Noch ratloser, weil er nicht weiß, wie Etienne sich jetzt verhalten soll.

Beim Heimweg plaudert er vom Film, unentwegt, um kein Schweigen aufkommen zu lassen. Bis die Witwe die Wohnungstür aufgeschlossen hat und ihm traurig gute Nacht wünscht. Albertine streift seine Hand wie eine Liebkosung.

Im zu breiten Bett findet er keinen Schlaf. Aber seine Unruhe gleicht nicht der früheren. Alle Vorstellungen kreisen um die kleinen Gesten des Dienstes, den er ab morgen Albertine leisten will. In völliger Hingabe, ohne die geringste Erwartung auf Anerkennung, ohne Aufschneiderei, ohne ein Wort der Lüge über die Taten des Etienne Gabriel.

Es ist Kirchgang und Albertine trägt ein weißes Kleid, das etwas zu knapp geworden ist. Thomas zeigt sich schüchtern und besorgt, in ihrer Nähe zu sein. Er weiß nicht mehr, wovon er zu ihr sprechen kann; denn alles Wahre der Vergangenheit hat er selbst zugeschüttet, und nicht Etienne will ihr dienen, sondern Thomas, den sie nicht kennen darf. Die Kirchenlieder stören ihn durch ihre Fremdheit. Er fühlt sich wie ein Eindringling. Jeder muss spüren, dass er kein echter Protestant ist, nicht der französische Protestant Etienne Gabriel, sondern der getaufte Judenstämmling aus Stargard in Pommern.

Auf dem Rückweg fasst er den grimmigen Entschluss. Bevor sie noch zu Mittag essen, hat er auf einem Blatt Papier Albertine alles gestanden.

Auch dass er erst siebzehn ist. Er hat ihr das Blatt unter den Teller geschoben, während die Witwe Salz aus der Küche holte, um den Tomaten einen etwas weniger nackten Geschmack zu geben.

Nun wartet er auf die Wirkung, den Nachmittag über, den er mit vorsichtigem Schlendern durch die Nebenstraßen ablaufen will.

Als er zurückkommt, wartet Albertine. »Thomas« sagt sie, und ihre Stimme ist etwas belegt. »Du musst morgen nach Romans. Ein Kurier war hier. Morgen früh schon, Thomas.«

Dann nimmt sie seinen Kopf zwischen ihre Hände und küsst ihn auf die Stirn.

Er wird ihr schreiben. Jeden Tag. Und jede Stunde an sie denken. Sie lächelt, aber er wagt nicht, sie zu berühren. »Ich liebe …«, sagt sie mit großer Mühe in der fremden Sprache des gemeinsamen Feindes. Und da sie es sagt, vergisst Thomas, warum er diese Sprache vergessen wollte.

Am nächsten Morgen, als er nach Romans aufbricht, hört er zwei deutsche Soldaten zueinander sprechen. »Klar, Thomas«, sagt der eine laut, »das wird auch noch überstanden.«

Thomas wiederholt sich leise: »Ich liebe …«, und eine große Sehnsucht nach Frieden überkommt ihn. Er könnte Thomas sein und abwechselnd sagen: »je t'aime« und »ich liebe dich«. »Das wird auch noch überstanden«, hatte der eine gesagt. Ob es einen Tag geben wird, an dem er an ihn herantreten und sagen könnte: »Auch ich heiße Thomas. Bin aus Stargard und Jude.« Er will Albertine heute noch schreiben, dass alle die zueinander gehören, die überstehen wollen, die sagen können: Ich liebe … Gleich in welcher Sprache.

»Heimat ist öffentliches Engagement.« Wanderer zwischen den Welten: Ernest Jouhy im Gespräch

Von Fabian Wurm und Harry Bauer

Einführung

Ernest Jouhy war immer ein Mann des Gesprächs. Im Gespräch entwickelte er seine Gedanken, bekamen diese Gedanken in scharf akzentuierter Aussage die Gestalt eines unverkennbaren politischen Profils. Er dachte radikal und stellte sich mit dieser Radikalität den Widersprüchen der politischen Aktualität. Er bewahrte eine historisch begründete Zuversicht selbst dann noch, wenn viele um ihn herum sich einem lähmenden Fatalismus hingaben. Jouhy argumentiert »marxistisch«, gerade auch gegenüber der »realsozialistischen Form des Totalitarismus«, er sieht sich damit in der Tradition der Aufklärung und des Humanismus. Im Gespräch war Ernest Jouhy der große Lehrer und leidenschaftliche Pädagoge. Es lag daher nahe, dieses 1985 in der Zeitschrift »päd. extra« veröffentlichte Porträt mit seinen langen Gesprächspassagen in dieses Buch mit aufzunehmen. Hier begegnet uns Ernest Jouhy in der ihm eigenen Authentizität und Lebendigkeit.

Jouhy geht hier auch auf eine für ihn bittere Erfahrung ein: Die Enttäuschung und Erschütterung, die er erlebt hatte, als sich sein alter Freund Manès Sperber 1983 in seiner Rede bei der Verleihung des Friedenspreises des Deutschen Buchhandels in schroffer Weise gegen eine damals mächtige Friedensbewegung stellte. In einem Brief an Manès Sperber suchte er danach sich selbst Klarheit über diese fundamentale Differenz zu verschaffen, ohne dabei die Freundschaft infrage zu stellen.[1] In diesem Gespräch

---

[1]   Ernest Jouhy, Brief an Manès Sperber, in: ders., Klärungsprozesse, Frankfurt 1988, Bd. 1, S. 129 ff.

*sieht Jouhy durchaus ideologische Ambivalenzen des öffentlichen zivilge-
sellschaftlichen Protests, doch sie hindern ihn nicht daran, sich solidarisch
an der Seite dieses Protests zu sehen.*

*Das Gespräch ist drei Jahre vor seinem Tod erschienen. Im selben
Jahr wurden auch seine »Essais zur Bildung in Nord und Süd« unter dem
Titel »Bleiche Herrschaft – Dunkle Kulturen« und ein von ihm gemeinsam mit Christian Alix und Lothar Beier herausgegebenes Buch »Sehfehler links? Über deutsch-französische Miß-Verständnisse« veröffentlicht. Diese beiden Bücher rücken noch einmal die »Arbeitsfelder« in den
Mittelpunkt, die für Jouhy eine geradezu existenzielle Bedeutung hatten:
Den Gedanken der Befreiung des Menschen mit einem weltgeschichtlichen Blick der Bildung nahezubringen und das ganz besondere Verhältnis
zwischen Frankreich und Deutschland, zwischen den Franzosen und den
Deutschen.*

*Immer wieder dreht sich dieses Gespräch um die Sehnsucht des Men-
schen nach Heimat. Doch: »Heimat existiert nicht im privaten Glück.
Heimat beginnt im gemeinsamen öffentlichen Engagement«. Ein gänzlich
anderes Verständnis von Heimat begegnet uns hier. Dieses Verständnis unterliegt nicht dem nach Identität suchenden Bedürfnis, das sich in einem
Rückzug in vertraute Herkunft ausdrückt. Heimat entsteht durch öffentliches Engagement und ist auf Zukunft gerichtet – und so ganz im Sinne
Ernst Blochs, der das letzte Kapitel »Karl Marx und die Menschlichkeit;
Stoff der Hoffnung« in seinem monumentalen Werk »Das Prinzip Hoffnung« mit dem Satz beendet: »… so entsteht in der Welt etwas, das allen in
der Kindheit scheint und worin noch niemand war: Heimat.«*

*Die hier veröffentlichte Fassung des Porträts ist leicht gekürzt. Nicht
aufgenommen wurde der Anfang, in dem die Annäherung der Gesprächs-
teilnehmer beschrieben wird und einige Lebensdaten von Ernest Jouhy
enthalten sind. Nicht enthalten sind hier die Beiträge von Roseline Baffet
»Die Rückkehr in die Familie« und Lida Jablonski »Die rettende Zigarette«, die zur Veröffentlichung des Gesprächs in der Zeitschrift »päd. extra«
gehören, sowie kurze Hinweise auf die Biografie Jouhys und seine Veröffentlichungen.*

Edgar Weick

»Ich erwartete aggressive Frager – es kamen freundliche junge Menschen, die mir Cointreau mitbrachten.« Wir erwarteten einen altersweisen Skeptiker, der unsere kritischen Einwände gegen populistische Tendenzen in der Friedensbewegung teilt und erhärtet. /.../

Uns interessiert der praxisversessene Theoretiker, der Schriftsteller, dessen Werk der sozialen Realität verpflichtet ist. »Erst wenn Hoffnung und Entwurf des politischen Handelns nicht mehr auf Erlösung, sondern Lösung, nicht den endgültigen Frieden, sondern auf Abwendung konkreter Katastrophen gerichtet sind, wenn das politisch Machbare in den Vordergrund tritt, werden der Hannoversche Kirchentag, die Friedensbewegung, Solidarność und die Sandinisten, die italienischen Kommunisten und die amerikanischen Katholiken – zwar in Auseinandersetzung miteinander – aber in einer Weltbewegung beheimatet sein … Es ist unsere gemeinsame Aufgabe«, insistiert Jouhy, »dass zum Beispiel ein Sacharow überlebt, dass wir überleben – überleben nicht im physischen Sinne –, sondern weiterhin für einander einstehen können. Ob wir heute zwanzig sind oder dreißig oder siebzig, ist dabei völlig belanglos. Belangvoll ist, haben wir genügend Heimat, also einen genügend tragenden Kreis, auf den wir uns verlassen können.« /.../

Heimat, Angst und Friedensbewegung – seine Themen. Ernest Jouhy findet bruchlos Übergänge: »Ich behaupte, dass die apokalyptische Stimmung, die sich in der Bundesrepublik ausgebreitet hat, weniger objektiv, sondern subjektiv innere Lebensangst ist. Sie hat nichts mit der Wirklichkeit, sondern mit der historischen Brille, die wir uns aufgesetzt haben, zu tun.«

Dennoch nimmt er die Ängste anderer, auch ihre privaten Nöte, ernst: »Sie enthalten einen Kern von Wahrheit, es gilt diese Ängste politisch zu wenden.« Ihn selbst scheinen die kleinen Gefährdungen des Alltags freilich kaum zu berühren. »Ich schließe mein Auto nie ab.« Warum auch – es steht in einer Seitenstraße.

Es ist elf Uhr, Ernest Jouhy fährt in Richtung Taunus. Dort, in Bad Soden, einem kleinen Taunusvorort in der Peripherie Frankfurts, wohnt er seit einigen Jahren mit seiner zweiten Frau und einer Adoptivtochter aus Indonesien in einem der kleinen modernen Häuser, aus denen dieser Ort zusammengewürfelt ist. »Ich habe drei Viertel meiner Existenz in Kollektiven gelebt, ich bin froh, dieses Haus zu haben.« Der Großstädter Jouhy – »meine Identität wurde durch Metropolen geprägt: Berlin und Paris« – beheimatet in der vorstädtischen Provinz?

»Ich bin nicht mehr fähig, in einer Wohngemeinschaft zu leben, ich kann's nicht mehr aushalten. Aber das sagt überhaupt nichts über die Existenzform, in der morgen Menschen gemeinsam in der Stadt leben werden. Das werden Sie schaffen, nicht ich. Ich kann mich nur noch in eine kleinbürgerliche Hülle mit Garten und Haus im Grünen zurückziehen. Ich schäme mich dessen nicht. Ich kann nur sagen, von mir aus gesehen, habe ich es verdient. Aber meine Existenz ist natürlich keine zukunftsweisende Form. Die Zukunft gehört Ihnen!«

Es ist nicht der Wunsch nach Rückzug, der ihn im kleinen Vorort leben lässt. Jouhy braucht heute die Distanz, um einen Alltag voller Aktivitäten zu bewältigen und neue Kraft zu schöpfen. »Erst vor dem Hintergrund der Stadt sind Natur und dörfliche Nachbarschaft nicht dumpf machende Fesseln, sondern befreiende Ergänzung«, sagt er. Ernest Jouhys Biografie ließ diese Distanz, den privaten Raum als Rückzugsmöglichkeit nur selten zu.

Jouhy als Widerstandskämpfer

Als Widerstandskämpfer in dem von deutschen Truppen besetzten Frankreich beispielsweise konnte es kein privates Refugium geben. In seinem Gedichtband »Correspondances« und in Erzählungen, die unter dem Titel »Die Brücke« in der ausklingenden Adenauer-Ära veröffentlicht wurden, hat Ernest Jouhy seine Widerstandszeit verarbeitet.

»Identität« heißt eine Geschichte, die die Suche eines siebzehnjährigen jüdischen Widerstandskämpfers nach einer sicheren Unterkunft beschreibt. Aus seinem Versteck beobachtet Thomas aus Stargard, wie gleichaltrige deutsche Soldaten die französischen Bauern des Dorfes zum Exekutionsplatz führen. »Man hörte sie sprechen.« Es ist die Sprache seiner Eltern, er ertappt sich, als er später ein deutsches Volkslied trällert. »Die Eltern hatten ihn taufen lassen. Ein deutsches Kind in Stargard war besser protestantisch. Wozu ihm die Mühsale des alten Volkes mitgeben, wenn man nicht mehr an die Unantastbarkeit der Überlieferung glaubt? Möge er sein wie die andern … Thomas sucht sich ein besonderes Ich, eines, das er nicht ist.« In Grenoble wird Thomas von einer Kriegerwitwe aufgenommen. In deren siebzehnjährige Tochter verliebt sich Thomas, er offenbart ihr, wer er wirklich ist: »Sie lächelt, aber er wagt nicht, sie zu berühren. ›Ich liebe …‹, sagt sie mit großer Mühe in der fremden Sprache des gemeinsamen Feindes. Und da sie es sagt, verdrängt Thomas, warum er diese Sprache vergessen wollte. Am nächsten Morgen, als er nach Romans aufbricht, hört er zwei deutsche Soldaten zueinander sprechen. ›Klar, Thomas‹, sagt der eine laut, ›das wird auch noch überstanden.‹ … Ob es einen Tag geben wird, an dem er an ihn herantreten und sagen könnte: ›Auch ich heiße Thomas. Bin aus Stargard und Jude.‹«

Szenen, mit biografischem Charakter, sie berichten von der Heimatlosigkeit, die für Jouhy aber auch immer Heimat ist. Grenzgänger, Menschen, die einander nicht näherkommen können, die an ihrer Heimat verzweifeln, zersplitterte Existenzen, Wanderer zwischen den Welten: In ihnen kann sich Ernest Jouhy wiedererkennen. »Die unzähligen Situationen von Gefahr und Kampf können leicht zu Klischees von Heldentum degenerieren. Dieser Mythologisierung versuchte ich literarisch zu begegnen.«

In einer Zeit, da eine öffentliche Diskussion von Vergangenheit in Deutschland nicht stattfand, stoßen diese Geschichten nur auf geringes Interesse. In der biografischen Skizze, die der Herausgeber Jouhys Gedichten vorangestellt hat, wird seine kommunistische Vergangenheit nicht erwähnt. »Das totale Unständnis für mein früheres kommunistisches Engagement war mein alltägliches Ambiente.«

Ein zwanzigjähriges Engagement, das 1952 sein Ende fand: »Als ein leitender Genosse der Kommunistischen Jugendinternationale, mit dem ich in Paris gekämpft habe, als Konterrevolutionär in Prag vor Gericht gestellt wurde, war es völlig aus: Der latente Zweifel an der Partei wurde dominant und durchbrach das Bedürfnis nach Konsequenz und Treue, ein tiefes Bedürfnis nach Identität und Heimat zugleich.«

Begonnen hatte er seine Arbeit für die Partei im Berlin der frühen dreißiger Jahre. Arbeitslosigkeit und Armut kontrastierten die bürgerliche Idylle: »Meine Eltern lebten in Neu-Westend, einem gepflegten Viertel, mit Villencharakter, während der Ort meines ersten politischen Einsatzes ein ausgesprochenes Armenviertel voller Arbeitsloser und Marginalisierter mit leprösen stinkenden und dunklen Hinterhöfen war.« Es ist der Umweg über die bündische Jugendbewegung, der Ernest Jablonski (»durch das Geschehen des Widerstands neu getauft«), den Sohn einer jüdischen Kaufmannsfamilie, zur kommunistischen Partei führt.

Von Hölderlin zu Marx, oder wie er retrospektiv formuliert, vom »schwarz-rot-goldenen Bübchen« zum »Soldaten der Revolution«: »Ich fand mich in Blühers Schrift ›Die Jugendbewegung als erotisches Phänomen‹ voll verstanden, war tief bewegt von Hermann Hesses ›Demian‹, schwärmte von Führung, von einer engen platonischen Freundschaft mit einem Klassenkameraden und fand ein pädagogisches Vorbild in meinem Klassenlehrer.« Ein anderer Mitschüler »brach in meine unausgegorene, jugendbewegte Ideenwelt mit seinen Kenntnissen von Marx und seinem scharfen Verstand ein und sprach dabei mein Bedürfnis nach Erklärung und Handlungsmöglichkeit gegenüber den gesellschaftlichen Missständen zutiefst an«.

Ebenfalls in diese Zeit fällt die erste Beschäftigung mit der Individualpsychologie Alfred Adlers: »Als meine erste Lehranalyse stattfand, war ich noch nicht ganz achtzehn.« In Paris, wo Jouhy sich nach kurzer Untergrundtätigkeit im Nazi-Berlin 1933 im Auftrag der Partei betätigt, befreundet er sich mit einem jungen Assistenten Adlers: Manès Sperber. Er wird »menschlich und geistig ein Vorbild«. Neben Marx, Adler und Camus einer der »Denker und Märtyrer, denen ich«, so Ernest Jouhy, »mein Sosein verdanke«.

Sein Aufenthalt ist nicht, wie der junge Aktivist hofft, ein »Standortwechsel, die Versetzung in einen anderen Frontabschnitt«, sondern Beginn eines langen Widerstandskampfes, in dessen erster Phase er mit Sperber zusammenarbeitet. »Ich begann zu begreifen, dass ich in den nächsten Monaten nicht im Triumph der Revolution ins rote Berlin zurückkehren würde, dass mein Platz im antifaschistischen Kampf dort war, wo die französischen Genossen um die Erhaltung der demokratischen Rechte kämpften«.

Die Stationen des Widerstandes wechseln schnell, ebenso Aufgaben: Zunächst Organisation der FDJ-Gruppe in Paris (mit Sperber), Studien in Geschichte, Ökonomie und Sport, Fabrikarbeiter bei Citroën in Paris, Journalist im »Weltjugendkomitee für Frieden, Freiheit und Fortschritt«, das von Henri Barbusse und Romain Rolland ins Leben gerufen worden war.

Ferner: eine politische Mission im Spanien des Bürgerkriegs, Aufbau der internationalen Hilfe für die Kinder in den von Faschisten bedrohten Gebieten in und um Madrid und Valencia. Nach Internierung und kurzem Dienst als französischer Hilfssoldat, Leiter eines jüdischen Kinderheims in Mittelfrankreich mit Stephan Hermlin.

Danach: Koordination des bewaffneten Widerstands in Grenoble und im Elsass, als Landarbeiter in der französischen Provinz. Von 1943 bis 1944 in Lyon: »Wo ich mit der Zersetzung der deutschen Armee beauftragt, im militärischen und politischen Widerstand tätig war. Von 16 Genossen blieben zwei übrig, einer davon war ich.«

Die französische und die deutsche Linke

Ernest Jouhy, der Pendler zwischen Frankreich und Deutschland, wie beurteilt er heute den offen zutage tretenden Dissens der Linken diesseits und jenseits des Rheins? Die Rede seines verstorbenen Freundes Manès Sperber zur Verleihung des Friedenspreises des deutschen Buchhandels (der Schriftsteller hatte sich für die atomare Abschreckung starkgemacht), steht für Skepsis und Ablehnung der deutschen Friedensbewegung durch die Mehrheit der französischen Intellektuellen: Die Mitterand'sche Realpolitik der Militarisierung ist in Frankreich unumstritten, von ihr wird die Zukunft Europas abhängig gemacht. Wie kommt es, dass in zwei Ländern, die seit Ende des Krieges so eng miteinander verbunden sind, politisch so unterschiedlich gedacht wird? Themen eines langen Gesprächs.

Jouhy: »Zwei ganz entscheidende Komponenten haben mit dieser anscheinend paradoxen Situation zu tun. Erstens: In der französischen Geschichte nahm der jeweils Links-Denkende, der Antikonformist, der aufbrechende Intellektuelle eine eminente Position innerhalb der Gesellschaft ein. Er wurde als Mitglied der Nation von allen anderen gesellschaftlichen Kräften akzeptiert. Er war sich seiner Rolle bewusst und konnte sich darum mit der französischen Gesellschaft identifizieren: Er war Franzose. Er hatte die Vorstellung, dass Frankreich – nicht zuletzt durch die Französische Revolution – die Spitze der Kultur, des Fortschritts, mit welcher Kritik auch immer gegen die bestehende Macht, bildet. Es war kein chauvinistischer Gleichklang, überhaupt nicht: beispielsweise Victor Hugos Engagement gegen Napoleon III. oder Zolas Unterstützung der Pariser Kommune. Das hat ermöglicht, dass der französische Intellektuelle die französische Position als eine widersprüchliche Einheit, aber als seine ethische Grundlage, als seine kulturelle Heimat gesehen hat. Selbst die sich in der Commune bekämpfenden Klassen betrachteten sich als zur selben Einheit gehörig.

Die zweite Komponente: Sie betrifft die Sprache. Der Schriftsteller Antoine de Rivarol hat 1784 auf die Preisfrage der Preußischen Akademie »Ist die französische Sprache eine Universalsprache?« eine Abhandlung verfasst, die preisgekrönt wurde. Er sagt darin:»Was nicht klar ist, ist nicht französisch.« Mit anderen Worten: Nur was begrifflich gefasst werden kann, ist für den Franzosen Wirklichkeit. Damit ist für die französische Linke klar, dass das, was französisch ist, eine gewisse Eindeutigkeit hat, also prinzipiell sein muss: Prinzipiell in kontradiktatorischer Begrifflichkeit, im Gegensatz zum deutschen harmonisierenden Traum. Dieses Bedürfnis, in einer klaren Front zu stehen, hat so viele Intellektuelle vor und nach dem Zweiten Weltkrieg in die kommunistische Partei gebracht. Da war es klar: Zu jeder Frage gab es eine eindeutige Antwort. Die Intellektuellen haben sehr wesentlich – besonders in Frankreich – zu dieser falschen Klarheit beigetragen, ich schließe mich selbstverständlich ein. Diese Frontstellung ermöglichte uns Heimat, Heimat, die klar definiert war.«

Frage: Übertragen auf die aktuelle Situation …

Jouhy: »Gerade deswegen ist der Bruch zwischen Glucksmann sowie Sperber und mir so groß. Insbesondere in der Beurteilung der Friedensbewegung. Wenn einmal alles klar war, so ist jetzt alles obskur: Wir haben uns geirrt, alles war falsch, aber jetzt haben wir die neue Position. Sie ist kein Irrtum. Damit setzen sie den alten Dogmatismus fort. Also, ich kann mich nicht von einer Friedensbewegung mit der Hochnäsigkeit der französischen Intellektuellen distanzieren. Das ist unmöglich!«

Gartenzwerge und Raketen

Frage: Uns kommt es so vor, als würde, nicht nur in den beiden Ländern, unter völlig anderen Vorzeichen, eine nationale Entwicklung thematisiert. So etwas, was man die ›Europäisierung‹ des Nationalismus nennen könnte. Sie findet nicht nur in Frankreich und Deutschland ihren Ausdruck, sondern auch in Polen etwa, wo heute eine nationale Bewegung eine große Rolle spielt – ganz im Gegensatz zu den polnischen Revolten von '56 und '68, deren Begründung im Wesentlichen eine marxistische war. Namen wie Kolakowski und Kuroń, Modzelewski und Michnik standen dafür.

In Deutschland sind es Teile der Friedensbewegung, die nach einem nationalen Ausdruck suchen. Sie haben einen Populismus wiederbelebt, der seinen Ausdruck in einem diffusen ›Wir‹-Gefühl findet, entsprechend der Sprache Kohls: »Neben unseren Schrebergärten montieren die Amerikaner ihre Raketen« – so zu lesen auf einer Schautafel der Friedensinitiative vor dem Depot in Frankfurt-Hausen.

Jouhy: »Wenn ich als Linker das Gewordensein der Schrebergartenideologie einschließlich des Gartenzwerges nicht als Teil meiner eigenen Existenz weiß, ich nicht weiß, dass ich zu derselben historischen Gemeinschaft gehöre, einschließlich der Nazis, dann bin ich hoffnungslos verloren!«

Frage: Aber doch nicht als Argumentationshilfe gegen amerikanische …

Jouhy: »Vielleicht doch! Ich denke, dass eine bestimmte Gefühlslage von Massen beispielsweise zu einer solchen, politisch falschen Stellungnahme – also dem Bemühen der Schrebergartenideologie – führt. Aber wichtig für mich ist, dass diese Gefühle, diese Ängste – so hilflos sie sich auch immer artikulieren mögen – einen entscheidenden Kern von Wahrheit enthalten. Auch und gerade wenn ich deren Ausdruck politisch kritisiere, muss ich ihre Beweggründe verstehen, auf den Begriff bringen und die Bewegung als Gegenmodell zur herrschaftlichen Bedrohung unterstützen. Ich kann mich weder gegenüber dem Kirchentag in Hannover 1983 noch der Schrebergartenideologie der badischen Bauern gegen Atomkraftwerke oder gegenüber der Punk-Bewegung und sonstigen Exzessen so benehmen, als würden sie nicht historisch existenziell Tendenzen ausdrücken, mit denen ich als politisch denkender Mensch solidarisch und nicht nur kritisch zusammenhänge! Wenn ich mich nach Art gewisser französischer Intellektueller distanziere, indem ich die Friedensbewegung als nebulöse, typisch deutsche, nicht realpolitische, blauäugige Traumtänzerei denunziere, dann bin ich blind und helfe zu blenden. Der notwendigen Kritik an Illusionen fehlt die fundamentale Solidarität mit dem Kampf gegen die atomare Rüstung. So antwortete ich Sperber.«

Vom Lob der Inkonsequenz

Frage: Sie halten der »Hochnäsigkeit« der französischen Intellektuellen das, »Lob der Inkonsequenz« entgegen …

Jouhy: »›Inkonsequenz‹ meint die Absage an letzte Gewissheiten, gleichzeitig aber Parteinahme! Beispiele: Es ist inkonsequent, in der Friedensbewegung mit der DKP zusammenzuarbeiten und gleichzeitig die Friedensbewegung in der DDR zu unterstützen. Es ist besonders inkonsequent, den Sowjetimperialismus in Afghanistan zu bekämpfen und seine Position der Unterstützung Vietnams gegenüber China für besser zu halten als Chinas Unterstützung Pol Pots. Der Gipfel der Inkonsequenz aber ist es, gegen die Atomrüstung in der Sowjetunion und in den USA Stellung zu beziehen und gleichzeitig Mitterrands oder Chinas atomare Rüstung mit der internationalen Friedensbewegung für bündnisfähig zu halten, weil sie konkret die Möglichkeit bietet auf machtpolitischer Ebene die Konfrontation der Supermächte zu durchkreuzen und die Blockbildung in Frage zu stellen.

Gerade das letzte Beispiel zeigt, dass jede Inkonsequenz die Möglichkeit des eigenen politischen Irrtums bewusst einschließt. Natürlich mögen die genannten Stellungnahmen eine Täuschung sein, aber erst die Inkonsequenz bei Bündnissen und Parteinahmen macht eine politische Bewegung lernfähig. Ein Beispiel: Die Menschenkette zwischen Stuttgart und Ulm mag, was die politische Zielsetzung betrifft, unklar, illusionär, mystisch und inkonsequent sein. Aber gegenüber aller Reagan'schen, Mitterand'schen, Schmidt'schen und Kohl'schen Klarheit stellt sie mehr Elemente neuen politischen Denkens und Handelns dar, als alle Strategen von Nato und Warschauer Pakt auch nur wahrzunehmen imstande sind.«

Frage: Steht die Menschenkette nicht eher für Ringelpiez mit Anfassen: Gesellschaftliche Verhältnisse werden nicht mehr thematisiert, Tabus nicht mehr gebrochen?

Jouhy: »So wie Sie es darstellen, sieht es so aus, als würde ich der negativen Seite dieses Phänomens unkritisch gegenüberstehen. Natürlich kann es passieren, dass die Grünen und Franz-Josef Strauß zusammenfinden. Darum weiß ich! Die Pflicht des Intellektuellen ist es, die Flucht in die Fiktion von ›neuer Heimat‹ zu verhindern.«

Ernest Jouhy, dessen Biografie so verschiedene Aktivitäten umfasst, so viele Brüche aufweist, der Orte in Permanenz wechseln musste, für den andererseits die Begriffe »Heimat« und »Orientierungssystem« zentral sind, hat er Heimat gehabt? »Heimat existiert nicht im privaten Glück. Heimat beginnt im gemeinsamen öffentlichen Engagement«, sagt er. Demnach ein erfülltes, an Heimat reiches Leben?

Dialog mit dem toten Vater

Für sein Engagement in Deutschland und Frankreich – im Politikerdeutsch Völkerverständigung – wurde ihm das Bundesverdienstkreuz verliehen: »Ich hatte mich vor der Öffentlichkeit für die Annahme zu verantworten. Ich tat dies, indem ich mit meinem Vater, der in Auschwitz umgekommen ist, Zwiesprache hielt: ›Nimmst Du diese Auszeichnung an, so bindest Du Dich an eine Macht, die sich als organisierte nationale Öffentlichkeit, als Staat, schon wieder an der Vorbereitung einer unausdenklichen Katastrophe aktiv zu beteiligen sucht. Lass die Finger von Verdiensten um dieses und um jedes Volk, denn sie bedeuten immer, an Verbrechen mitschuldig zu werden: siehe Deinen Kampf gegen die US-Intervention in Vietnam! Geholfen hast Du praktisch und konkret dem angeblichen Kommunisten Pol-Pot, eine Million Menschen so auszurotten, wie die Nazis mich. Handle also wie Voltaire es am Ende des ›Candide‹ empfiehlt: Bestelle Deinen privaten Garten!‹ So mag er mir raten. Ich antworte ihm: ›Verzeih' Deinem Sohn, dass er von einem deutschen Minister eine deutsche Ehrung annimmt. Auch ich halte es mit Voltaire, hoffentlich mit etwas weniger Ressentiments und Eitelkeit: Mein Leben wird nur erfüllt, gerade in Anerkennung der Schuldhaftigkeit meines, genau wie Deines Engagements, armer zerstörter Vater, gegenüber den menschlichen Gebilden, in die uns die Geschichte hineingestellt hat. Wie Camus' Sysiphos schleppen wir alle den Stein der Menschwerdung unablässig den Berg hinauf, und immer wieder rollt er hinunter ins Auschwitz und in Kambodscha, zu Reagan und Tschernenko, SS 20 und Pershing II. Aber wir rollen ihn, Du, Vater, und ich, Dein Sohn, und weil wir ihn weiter rollen, soll man uns auch anerkennen: Ja das ist ein Verdienst!‹«

Der Dialog von Vater und Sohn, der Pakt zwischen den Generationen, der das Lernen aus der Geschichte beinhaltet: In diesem Bündnis sieht Ernest Jouhy, der Urvater einer humanen Pädagogik, eine der wesentlichen Hoffnungen für die Zukunft. Am Ende unserer Gespräche schenkt er uns ein schmales Buch: »Correspondances« – Dichtung in zwei Sprachen. Eines der Gedichte ist mit dem Titel »Den Abiturienten« überschrieben. Es endet mit den Zeilen:

So dient ich nur
als notgebaute Brücke,
auf der ein Erbe,
das ich stolz gekannt,
zu Euch zerfetzt und frierend
über Gräber,
den Abgrund der Verworfenen
fliehend, kam.
Weil Ihr am andern Ufer
es empfangen,
gabt Ihr dem Notbau Wert –

Aus: »päd. extra« 2/1985, S. 23–28

ERNEST JOUHY

CORRESPONDANCES

Dichtung
in zwei Sprachen

Poèmes
en deux langues

LAMBERT SCHNEIDER

Abb. 32: Buchcover von Correspondances mit einer Grafik von Jacques Pouchain

Drei Gedichte: Suche – Geschichte – Trost

Diese drei Gedichte sind dem Gedichtband »Correspondences« entnommen. Er enthält insgesamt zwanzig Gedichte, die Jouhy bewusst als »Dichtung in zwei Sprachen« versteht: Die deutsche Fassung ist keine Übersetzung des französischen Gedichtes und umgekehrt ist die französische Fassung keine Übersetzung der deutschen. Jouhy hat seit den Jahren der Résistance in zwei Sprachen gelebt und so geben ihm beide Sprachen die jeweils besondere Möglichkeit, das auszudrücken, was ihn bewegte und in einer literarischen Form so zu einem Kunstwerk wurde. Von diesem 1964 bei Lambert Schneider veröffentlichten Gedichtband wurden »150 nummerierte Exemplare auf echtem Bütten gedruckt, die vom Verfasser und den beiden Künstlern handsigniert wurden«. Die beiden Künstler, die dieses Buch mit »Graphischen Entsprechungen« ausgestaltet haben, waren Rico Blass und Jacques Pouchain.

Jouhy verstand sich selbst als »Brückenbauer« zwischen Frankreich und Deutschland. Über seine Gedichte können Menschen zueinander finden, die auf der »Suche« sind, die »Trost« erwarten und die »Geschichte« begreifen wollen.

Die Gedichte sind in den Jahren entstanden, in denen Jouhy Lehrer an der Odenwaldschule war. Von Gudrun Jablonski, der Witwe von Ernest Jouhy, wissen wir, dass er diese Gedichte in der Nacht geschrieben hat. In der besonderen Kraft ihres Ausdrucks und der Klarheit der Gedanken spiegelt sich das Leben und Lebenswerk Ernest Jouhys.

Sehr früh haben wir uns in den Seminaren im FIEF auch mit diesen Gedichten beschäftigt. Wie sehr die französische Fassung eines Gedichts vom gleichen Gedicht in der deutschen Fassung abweicht, zeigt eine Übersetzung der französischen Fassung. Dieser Übersetzung haben wir hier auch den französichen Text hinzugefügt.

Eine ausführliche Betrachtung zu diesen Gedichten ist unter dem Titel »Poesie eines Revolutionärs« ab S. 141 zu finden.

Edgar Weick

Suche
Recherches

Habe Bleche gestanzt
Und im Oktober
Die Trauben gekeltert –
Eins meiner Zimmer
Stank nach frierender Armut
Aber ich schlief auch am Meer
Und hütete Wolken
Auf keiner Karte
Ist meine Heimat verzeichnet

Hab' mit Annette getanzt
Und mit der Andern
Viele Nächte gespielt –
Aufgesplitterter Reiz
Stach mich und Scherben der Lust
Auch an stillende Rundung
Schmiegte mich Liebe
Doch in keinem Gedicht
Sang die Ausschließlichkeit

Hab' in Systemen gedacht
Und mit Genossen
Heimlich Waffen verladen –
Hörte Mozarts Spinett
Sanft von Henkern gespielt
Trank den Rausch von Ideen
Aus brüchigen Rätseln
Doch stehen nicht Sinn noch Gesetz
Auf Tafeln zu lesen

Geschichte
Les Drapeaux

Geschichte – ungleich gefügte Brücke
aus Quadern der Macht –
Immer neue Entwürfe bilden die Pfeiler
Und es trocknet das Blut als Mörtel der Bögen –
Stückwerk ohn' anderes Ufer betritt mit der Frage wohin
das neue Geschlecht die modrigen Steine
rampenlos über dem Strom dem flimmernden Rätsel –

Da bieten sie alle sich an die billigen Führer
den Bau zu erläutern die Tragkraft den Punkt
der weite Aussicht gestattet,
als wüßten sie mehr von den Knochen
im Turme von Douaumont
und könnten die Gaskammern deuten
Hiroshima zeigen sie freundlich
im gleichen Bild wie die Schwerter
vergeblicher Samurai und sagen nichts
von der Angst brennender Ketzer am Dom

Doch über'm Fluß braut die Ahnung: das Opfer der Blinden
habe nie sehend gemacht noch die Tränen der Mütter'
das Kind selig gewaschen vom Krampftod am Kreuz –
Nur daß Kinder dort spielen und Mädchen mit täglicher Last
sich lächelnd sicher bewegen spiegelt sich freundlich –
Und daß Begegnungen Arbeit Gedanken für diese Brücke
hellere Steine erwählen und achten die Mühe
der Fügung hellerer Bögen klärt die Gesten des Baus
schützt vor dem lähmenden Blick in die grundlosen Wirbel –

237

Trost
Consolation

Traum kann wirklicher sein
Als Erwachen
Und Liebe verständiger
Als die Vernunft gegen sie.
Auch Schmerzen schreien
Gegen das taube Umsonst
Nur rinnendes Wasser ist
Sinnlos.

Gegen der Wirklichkeit Wände
Muß dein Herz hämmern
Nicht pochen.
Es bleibt dir
Die Bresche zu schlagen.
Jenseits erst steht
Der auf dich wartet.

Geschichte
Les Drapeaux
Französische Fassung

Tous les drapeaux ont la couleur voulue
Mais pas les peaux trouées sous leurs plis
Ni leurs reflets dans les regards des femmes
Brisés au prisme chaud des larmes quand elles voient
Comment leurs hommes amoureux d'idées-fanions
Délaissent froids leurs seins ou se détournent
Du transparent fichu au pastel de l'amour

Tous les drapeaux sacrés délavés par l'Histoire
Ainsi que les serments les amours sacrifiées
Paraîtront vains aux orphelins des guerres appelant
Leurs pères des pions aveugles aux échecs des maîtres –
Aux monuments épars les lambeaux tristes pendent
Déraisonnables signes d'univers perdus
Quel vent a pu porter ces aigles déplumés?

C'est que tous les drapeaux sont espoirs et rêves
Peints en couleur d'éternité qui flotte:
Dieu ou Justice Paradis Bonheur –
Souffle vent sans raison des images heureuses
Des erreurs successives qui composent le Vrai!
Car les pères au-delà des bornes du temps douloureux
Ont tendu leurs fois périssables à tous les humains qui vont naître

Geschichte

Les Drapeaux

Übersetzung der französischen Fassung von Ernest Jouhy

Alle Flaggen tragen die gewünschte Farbe
Nicht aber die durchlöcherten Körper, die darunter liegen
Auch nicht ihr Widerschein in den Augen der Frauen,
im warmen Prisma ihrer Tränen, wenn sie sehen,
wie ihre Männer, verliebt in den Kampf,
ihre Brüste kalt lassen oder sich abwenden
vom durchsichtigen Gewand der Liebe.

Alle heiligen Fahnen, gebleicht von der Geschichte
so wie die Schwüre, die geopferten Lieben
Werden den Kriegswaisen vergeblich scheinen,
die Ihre Väter blinde Schachfiguren im Spiel ihrer Herren nennen –
An den Denkmälern hängen traurige Fetzen
Törichte Zeichen verlorener Welten
Welcher Wind trug die gerupften Adler?

Denn alle Flaggen sind Hoffnungen und Träume
Gemalt in den Farben der fließenden Ewigkeit:
Gott oder Gerechtigkeit Paradies Glück –
Wehe, Wind, ohne Rücksicht auf die glücklichen Bilder
Der fortwährenden Irrtümer, die das Wahre bilden!
Denn die Väter, jenseits der Grenzen der schmerzhaften Zeit
Haben ihre vergänglichen Überzeugungen den künftigen Generationen gereicht.

*Übersetzt von Ursel Bös und Helga Roth – FIEF – 8. April 2009, abgedruckt
in der Textsammlung zum Seminar »Widerstand ist Hoffnung« – Nachdenken
über Kulturen der Widerständigkeit, FIEF La Bégude-de-Mazenc/Provence*

ERNEST JOUHY: EINIGE DATEN ZUR BIOGRAFIE

1913, 29. Juli	in Berlin geboren, Besuch des Werner-Siemens-Realgymnasiums, Erfahrungen mit Antisemitismus an dieser Schule
1926	mit 13 Jahren Mitglied im deutsch-jüdischen Jugendbund »Kameraden«
1931	Abitur am Werner-Siemens-Realgymnasium
1931–1933	Studium der Geschichte, Psychologie, Soziologie und Sport an der Berliner Universität, erste Beschäftigung mit der Individualpsychologie Alfred Adlers
1933, Juli	Emigration nach Frankreich, Beginn der Freundschaft mit Manès Sperber
1933–1936	Studium der Psychologie und Erziehungswissenschaft an der Sorbonne in Paris und in Grenoble
1934–1939	journalistische Tätigkeiten in Paris, Mitarbeit im »Weltjugendkomitee für Frieden, Freiheit und Fortschritt«
1934	lernt Ernst Jablonski seine erste Frau Lydia Hilmann kennen, die später ebenfalls in der Résistance tätig war
1935, 25. Juni	Diplomprüfung
1935	Mitglied der KPF

1936	während des Spanischen Bürgerkriegs zum Aufbau der internationalen Hilfe für Kinder in Madrid und Valencia
1939, Februar	Leiter eines Schulheimes für jüdische Flüchtlingskinder der O.S.E. (Œuvre de Secours aux Enfants) bei Paris, Leitung der »Kinderrepublik für die Opfer der Kristallnacht«
1939, 7. Juni	Ernest Jablonski wird die deutsche Staatsangehörigkeit aberkannt
1939, September	nach der Kriegserklärung Frankreichs als »prestataire«, als Hilfsarbeiter, in die französische Armee eingezogen
1940, Juni	Ernest Jablonski bleibt nach der Niederlage Frankreichs in der vom Vichy-Regime verwalteten Zone; er arbeitet in einem Kinderheim in La Bourboule.
1940–41, Winter	Ernest Jablonski kommt in ein Lager bei Alby, er leidet unter Hunger und Unterernährung; Arbeit auf einem Bauernhof in der Nähe des Lagers
1942, Anfang	Pädagogischer Leiter eines Heimes im Chatêau de Chabannes
1942, 26. August	Razzien der französischen Gendarmerie, Deportation der Kinder, bei einer dieser Razzien der deutschen Wehrmacht werden über zwanzig Kinder und auch Stephan Hermlin und Ernest Jouhy festgenommen, beide konnten durch Flucht entkommen; zur Tarnung wird der Name »Jouhy« in die von seiner Frau besorgten falschen Papiere eingetragen.

1943	Flucht nach Limoges, Kontakt zu einer Widerstandsgruppe in Grenoble, Widerstandstätigkeit in Valence, erneut Flucht, Lehrer in einem Ferienheim der Stadt Marseille
1943, Juli – 1944	in Lyon im militärischen und politischen Widerstand tätig
1944	In Lyon erscheint eine illegale, von Jouhy verfasste Broschüre für deutsche Soldaten »300 Jahre deutsche Geschichte«, verfasst im Auftrag des kommunistischen Widerstandes.
1944, 3. September	Befreiung Lyons, Lida und Ernest Jouhy bleiben in Lyon.
1944, Oktober	Wieder Kontakt zur O.S.E. aufgenommen, Konzept für die jüdischen Kinderheime vorgelegt, er wird von der O.S.E. weiter beschäftigt.
1944/45, Winter	Umzug nach Paris – Aufbau von Schulheimen für jüdische Kinder
1944–1948	In diesen Jahren ist Ernest Jouhy Pädagogischer Leiter von 13 Kinderschulheimen der O.S.E., Leiter einer Ausbildungsstätte für Erzieher von sozial geschädigten Kindern, stellv. Geschäftsführer einer UNESCO-Stelle für internationale Seminare für Erzieher in Paris und Dieulefit (Drôme); Jouhy gehört zu den Gründungsmitgliedern der »Internationalen Gesellschaft für Heimerziehung« (F.I.C.E.).
1945, 13. Dezember	Geburt der Tochter Eve
1945–1952	Sekretär der französisch-jüdischen Jugendorganisation »Union de la Jeunesse Juive de France«

1947	Jouhy wird in Frankreich eingebürgert und trägt seitdem den Namen »Jablonski dit Jouhy«
1950/51	Teilnahme an einer UNESCO-Tagung über Heime für Kriegsopfer in Brüssel, Auftrag zur Erforschung der Rehabilitation der Kriegsopferkinder
1952	Ernest Jouhy tritt aus der KPF aus
1952	Geburt des Sohnes André
1952–1971	Jouhy arbeitet an der Odenwaldschule in Ober-Hambach bei Heppenheim als Lehrer für Geschichte, französische Literatur und Sozialkunde, er wird Pädagogischer Leiter, in dieser Funktion Mitarbeit an der hessischen Schulreform, ab 1969 mit halber Stelle
1953	erste Fahrt mit Schülern der Odenwaldschule nach Dieulefit
1954	Gründung der deutschen Sektion der »Internationalen Gesellschaft für Heimerziehung« (F.I.C.E.)
1955	Jouhy kauft ein altes Pfarrhaus in Châteauneuf de Mazenc/La Bégude de Mazenc, das er zu einer Bildungs- und Begegnungsstätte einrichtet
1959	Promotion in pädagogischer Psychologie an der Sorbonne mit dem Thema: »Les communautés d'enfants: Problèmes nouveaux – Solutions nouvelles«
1961	Eröffnung des FIEF – »Foyer International d'Études Françaises« in La Bégude de Mazenc
1961	Mitinitiator der »Demokratischen Aktion«

1965	Ehrung durch das französische Ministerium für Erziehung
1968/69	Dozent für Soziologie der Erziehung (OStR im Hochschuldienst) an der Abteilung für Erziehungswissenschaft (AfE) der Johann Wolfgang Goethe-Universität Frankfurt
1969	Übergabe der Leitung des FIEF an Bernard Martini
1969–1979	Professor für Sozialpädagogik am Fachbereich Erziehungswissenschaften der Johann Wolfgang Goethe-Universität Frankfurt
1971	Mitbegründer und Leitung des »Arbeitskreises pädagogischer Bürgerinitiativen Rhein-Main e. V.«, Frankfurt a. M.
1971	Initiator zur Gründung des Centrums für psychoorganische und psychosoziale Hilfe in Frankfurt a. M.
1971–1981	Seminare und Vorträge in Indonesien, Reisen nach Indien, Peru, Mauritius
seit 1975	Lehranalytiker für Adlerianische Tiefenpsychologie; individual-psychologische Gesprächskreise für Sozialpädagogen und Therapeuten
1976	Ehe mit Gudrun Dressler und Adoption der in Indonesien geborenen Mariam
1976	Initiative für eine Professur »Pädagogik in der Dritten Welt« an der Universität Frankfurt mit dem Ziel der Einrichtung eines Aufbaustudiengangs

seit 1977	Mitglied des wissenschaftlichen Beirats der Deutschen Gesellschaft für Individualpsychologie
1978	Mitbegründer und Leitung des »Centrums für psycho-organische und psychosoziale Hilfe e. V., Frankfurt am Main
seit 1978	Mitglied in der Kommission »Bildungsforschung mit der Dritten Welt« in der Deutschen Gesellschaft für Erziehungswissenschaft
1979	emeritiert, weiterhin Lehraufträge am Fachbereich Erziehungswissenschaften der Johann Wolfgang Goethe-Universität Frankfurt a. M.
1981–1982	Rundfunkvorträge zu Fragen der Kindererziehung im Programm Schule und Elternhaus des Hessischen Rundfunks
1983	Verleihung des Bundesverdienstkreuzes
vor 1985	Gründung des »Arbeitskreises Bürgerinitiativen Rhein-Main«
1987–1988	Interviews zur eigenen Lebensgeschichte mit Leo Kauffeldt, Heinz Peter Gerhard und Michael Brand
18. Mai 1988	im Alter von 75 Jahren in Frankfurt gestorben

BIBLIOGRAFIE ERNEST JOUHY

a) Veröffentlichungen von Ernest Jouhy

Jouhy, Ernest u. Vica Shentoub: L'évolution de la mentalité de l'enfant pendant la guerre, Neuchâtel/Paris 1949

Jouhy, Ernest: Ansprache zum Abitur 1958, in: OSO-Hefte. Berichte aus der Odenwaldschule, 4. Jahrgang, März 1958, Heft 1

Jouhy, Ernest: Maß – Regel – Maßregel, in: OSO-Hefte. Berichte aus der Odenwaldschule, 7. Jahrgang, Mai 1961

Jouhy, Ernest: Das ›Foyer International d'Études Françaises‹, in: OSO-Hefte. Berichte aus der Odenwaldschule, 9. Jahrgang, Oktoberr 1963, Heft 3

Jouhy, Ernest: Correspondances. Dichtung in zwei Sprachen – Poèmes en deux langues, Heidelberg 1964

Jouhy, Ernest: Die Brücke – 5 Erzählungen, Frankfurt am Main 1964

Jouhy, Ernest: Die Stellung der Erziehungsgemeinschaften im sozialpsychologischen Feld des Kindes von heute, in: Wolfgang Edelstein und Walter Schäfer (Hrsg.): Erziehung und Unterricht heute – Beiträge zur Theorie und Praxis. Schriftenreihe der Odenwaldschule. Heft 2. Heimerziehung in der modernen Gesellschaft, Frankfurt am Main 1964

Jouhy, Ernest: Das Ausland zwischen den beiden Weltkriegen, in: Wolfgang Edelstein und Walter Schäfer (Hrsg.): Erziehung und Unterricht heute – Beiträge zur Theorie und Praxis. Schriftenreihe der Odenwaldschule. Heft 4/5. Fächerübergreifender Unterricht in der gymnasialen Oberstufe. Gemeinschaftskundlicher Gesamtunterricht, Frankfurt am Main 1965

Jouhy, Ernest: Die antagonistische Rolle des Lehrers im Prozeß der Reform, in: Johannes Beck u. a. (Hrsg.): Erziehung in der Klassengesellschaft. Einführung in die Soziologie der Erziehung, München 1970

Jouhy, Ernest: Das programmierte Ich. Motivationslernen in der Krisengesellschaft, München 1973

Jouhy, Ernest, Günther Böhme, Eckhard Deutscher: Abhängigkeit und Aufbruch: Was soll Pädagogik in der Dritten Welt? Frankfurt am Main 1978

Jouhy, Ernest: Verrat. Die Begegnung zweier Deutscher in Frankreich, in: Leben im Faschismus. Terror und Hoffnung in Deutschland 1933–1945. Johannes

Beck (Hrsg.), u. a. Reinbek bei Hamburg 1980

Jouhy, Ernest: Die Geschichte vom FIEF. Warum die Gründung des FIEF? Warum in La Bégude de Mazenc? Der Gründer des FIEF Ernest JOUHY (1913–1988) hat diese Frage beantwortet, 20 Jahre nachdem sie sich ihm selbst gestellt hatte. Juni 1981. Webseite des FIEF: http://www.lefief-drome.com

Jouhy, Ernest: Nicht auf Tafeln zu lesen … Leben, Denken, Handeln. Ausgewählte Schriften. Ursula Menzemer u. Herbert Stubenrauch (Hrsg.), Frankfurt am Main 1982

Jouhy, Ernest: Bleiche Herrschaft – Dunkle Kulturen. Essais zur Bildung in Nord und Süd. Mit einem Vorwort von Dietrich Goldschmidt und Grafiken von Sabine Seehausen, Frankfurt am Main 1985

Alix, Christian, Lothar Baier, Ernest Jouhy: Sehfehler links? – Über die deutsch-französische Miss-Verständigung, Gießen 1985

Jouhy, Ernest »Heimat ist öffentliches Engagement.« Wanderer zwischen den Welten. Ernest Jouhy im Gespräch mit Fabian Wurm u. Harry Bauer, In: päd.extra, 2/1985

Seehausen, Harald, Ernest Jouhy, Franz Gerlach, Arbeitskreis Bürgerinitiativen Rhein-Main e. V.: Blühende Technik – welkende Seelen? Technisch-sozialer Wandel und seine Auswirkungen auf die Lebenswelt von Eltern und Kindern. Mit einem Vorwort von Jürgen Zimmer und Karikaturen von Sabine Seehausen-Prack, Frankfurt am Main 1986

Ernest Jouhy: Begegnung mit Manès Sperber, in: Werner Licharz, Leo Kauffeldt u. Hans-Rudolf Schießer, Die Herausforderung Manès Sperber. Ein treuer Ketzer auf der Brücke ohne anderes Ufer, Frankfurt am Main 1988

Jouhy, Ernest: Klärungsprozesse. Gesammelte Schriften, 4 Bände, Hrsg. von Robert Jungk, Frankfurt am Main 1988

Jouhy, Ernest: Weihnachtsgedanken, Frankfurt am Main 1989

b) Veröffentlichungen über Ernest Jouhy

Boehncke, Heiner: Ernest Jouhy – Porträt zum 75. Geburtstag, Rundfunksendung Radio Bremen, gesendet am 27. Juli 1988

Böhme, Günther: Zwischen Besonnenheit und dem Willen zur Veränderung, Frankfurter Rundschau vom 26. Juli 1983

Brand, Michael: Matrigenes Vermögen, patrigene Macht, dialektische Vernunft – Eine Einführung in das querdenkerische marxistisch-adlerianische Konzept Ernest Jouhys. E-Book 2017

Christ-Bode, Ute, Franz Decker u. Leo Kauffeldt (Hrsg.): Zwischen Spontaneität und Beharrlichkeit – Ernest Jouhy zum siebzigsten Geburtstag, Frankfurt am Main 1983

Dias, Patrick V.: Ernest Jouhy: »Pädagogik : Dritte Welt« als Forschungsbereich und Studiengang. In: Beiträge zum internationalen Lehr- und Lernbereich: Erziehung, Entwicklung, Dritte Welt; Band 1, Frankfurt am Main 1981

Dressler-Jouhy, Gudrun: Überlegungen zur politischen Erziehung durch Auslandsfahrten zum FIEF, in: 1961–1981. F.I.E.F. Bezeugungen. Festschrift zum zwanzigjährigen Bestehen des F.I.E.F. – ohne Ort, 1981

Herz, Otto: Was damit gemeint sein könnte, in: Zwischen Spontaneität und Beharrlichkeit. Ernest Jouhy zum siebzigsten Geburtstag. Hrsg. von Ute Christ-Bode, Franz Decker u. Leo Kauffeldt, Frankfurt am Main 1983

Kupffer, Heinrich: Mein Freund Ernest Jouhy und die Odenwaldschule, in: OSO-Hefte. Berichte aus der Odenwaldschule, Neue Folge 13, 1988/89

Mergner, Gottfried u. Ursula von Pape (Hrsg.): Pädagogik zwischen den Kulturen. Ernest Jouhy. Zur Aktualität des Erziehungswissenschaftlers. Jahrbuch »Pädagogik : Dritte Welt«, Frankfurt am Main 1995

Ortmeyer, Benjamin: 100 Jahre Ernest Jouhy. Dialektische Vernunft als zweifelnde Ermutigung. Zum Werk von Ernest Jouhy, Frankfurt am Main 2013

Ortmeyer, Benjamin: Résistance und Universität. Der Frankfurter Erziehungswissenschaftler Ernest Jouhy – Überarbeitete Fassung der Antrittsvorlesung, in: Tribüne, Zeitschrift zum Verständnis des Judentums, Jg. 48, (2009), Heft 191

OSO-Köpfe – Ernest Jouhy, in: OSO-Hefte. Berichte aus der Odenwaldschule, 4. Jahrgang, Oktober 1958, Heft 4

Voigt, Sebastian: Pädagoge, Kommunist, Jude. Zum einhundertsten Geburtstag von Ernest Jouhy, in: Sozialwissenschaftliche Literatur Rundschau Nr. 67. 2013

Webseite des von Ernest Jouhy gegründeten Foyer International d'Études Françaises – FIEF: http://www.fieflabegude.com/indexd.php

c) Weitere bibliografische Hinweise

Christ-Bode, Ute, Franz Decker u. Leo Kauffeldt (Hrsg.): Zwischen Spontaneität und Beharrlichkeit – Ernest Jouhy zum siebzigsten Geburtstag, Frankfurt am Main 1983

Menzemer, Ursula u. Herbert Stubenrauch (Hrsg.): Ernest Jouhy. Nicht auf Tafeln zu lesen … Leben, Denken, Handeln. Ausgewählte Schriften, Frankfurt am Main 1982

Mergner, Gottfried u. Ursula von Pape (Hrsg.): Pädagogik zwischen den Kulturen: Ernest Jouhy. Zur Aktualität des Erziehungswissenschaftlers. Jahrbuch »Pädagogik : Dritte Welt«, Frankfurt am Main 1995

Ortmeyer, Benjamin: 100 Jahre Ernest Jouhy. Dialektische Vernunft als zweifelnde Ermutigung. Zum Werk von Ernest Jouhy, Frankfurt am Main 2013

d) Jahrbücher »Pädagogik : Dritte Welt«

Jahrbuch 1983

Walter Sülberg (Hrsg.): »Welterziehungskrise« und Konzeptionen alternativer Erziehung und Bildung, Frankfurt am Main 1984

Jahrbuch 1984

Walter Sülberg (Hrsg.): »Fortschrittstechnologien« und ihre Auswirkungen auf Erziehung und Identitätsbildung, Frankfurt am Main 1985

Jahrbuch 1985

Hildegard Schillings (Hrsg.): Ländliche Entwicklung und gemeinsames Lernen – Bedingungen und Forderungen für einen anderen Weg, Frankfurt am Main 1986

Jahrbuch 1986

Ulrich Schmidt (Hrsg.): Kulturelle Identität und Universalität – Interkulturelles Lernen als Bildungsprinzip, Frankfurt am Main 1987

Jahrbuch 1987

Walter Sülberg (Hrsg.): Demokratisierung und Partizipation im Entwicklungsprozeß – Entwicklungspolitische Notwendigkeit oder Ideologisierung? Frankfurt am Main 1988

Jahrbuch 1988

Wolfgang Küper (Hrsg.): Hochschulkooperation und Wissenstransfer – Grundlagen, Erfahrungen und Perspektiven der Wissenschaftsförderung, Frankfurt am Main 1989

Jahrbuch 1989/90

Egon Becker (Hrsg.): Umwelt und Entwicklung, Frankfurt am Main 1992

Jahrbuch 1991/92

K. Friedrich Schade (Hrsg.): Global denken – lokal handeln. Theoretische, konzeptionelle und evaluierende Impulse, Frankfurt am Main 1994

Jahrbuch 1995

Gottfried Mergner u. Ursula von Pape (Hrsg.): Pädagogik zwischen den Kulturen. Ernest Jouhy. Zur Aktualität des Erziehungswissenschaftlers, Frankfurt am Main 1995

AUSWAHLBIBLIOGRAFIE
ZU DEN THEMEN DIESES BUCHES

Aden-Grossmann, Wilma: Berthold Simonsohn. Biographie des jüdischen Sozialpädagogen und Juristen (1912–1978), Frankfurt am Main 2007

Aitthal, Vathsala u.a. (Hrsg.): Wissen – Macht – Transformation. Interkulturelle
und internationale Perspektiven. Festschrift für Patrick V. Dias, Frankfurt 1999

Akademie der Wissenschaften der DDR (Hrsg.): Paris 1935. Erster internationaler
Schriftstellerkongress zur Verteidigung der Kultur, Reden und Dokumente. Mit
Materialien der Londoner Schriftstellerkonferenz 1936, Berlin 1982

Altvater, Elmar u. Freerk Huisken (Hrsg.): Materialien zur politischen Ökonomie
des Ausbildungssektors, Erlangen 1971

Arnaud, Patrice: Les STO. Histoire des Français requis en Allemagne nazie 1942–
1945, Paris 2010

Autorenkollektiv Berliner Kinderläden: Berliner Kinderläden. Antiautoritäre Erziehung und sozialistischer Kampf, Frankfurt 1970

Badia, Gilbert (Hrsg.): Les bannis de Hitler. Accueil et luttes des exilés allemands
en France (1933–1939), Paris 1984

Beck, Johannes u. a. (Hrsg.): Terror und Hoffnung in Deutschland 1933–1945. Leben im Faschismus, Reinbek bei Hamburg 1980

Benjamin, Walter: Der Autor als Produzent. Ansprache im Institut zum Studium
des Faschismus in Paris am 27. April 1934, in: Gesammelte Schriften II, 2,
herausgegeben von Rolf Tiedemann u. Hermann Schweppenhäuser, Frankfurt
am Main 1980

Bloch, Ernst: Erbschaft dieser Zeit, Frankfurt am Main 1985

Bott, Gerhard (Hrsg.): Erziehung zum Ungehorsam. Kinderläden berichten aus der
Praxis der antiautoritären Erziehung, Frankfurt am Main 1970

Brand, Ulrich: Nachhaltigkeit: ein Schlüsselkonzept globalisierter gesellschaftlicher Naturverhältnisse und weltgesellschaftlicher Bildung? In: Gerd Steffens,
Edgar Weiß u. a., Jahrbuch für Pädagogik 2004. Globalisierung und Bildung,
Frankfurt a. M. 2004

Brie, Michael: Zwischen Wärmestrom und Kälteschock. Beitrag zum Workshop
anlässlich des 25. Todestages von Ernst Bloch, in: Utopie kreativ, H. 153/154
(Juli/August 2003)

Burrin, Philippe: La dérive fasciste. Doriot, Déat, Bergery 1933–1944, Paris 1986

Büttner, Christian W. u. a. (Hrsg.): Politik von unten. Zur Geschichte und Gegenwart der gewaltfreien Aktion, Freiburg 1997

Caron, Vicki: Prelude to Vichy. France and the Jewish Refugees in the Era of Appeasement, in: Journal of Contemporary History, Vol. 20, Nr. 1, January 1985

Collavet, Jean-Marc: Chronique du Vercors, du maquis d'Ambel au martyre de Vassieux, Valence 1994

Courtois, Stéphane, Denis Peschanski und Adam Rayski: Le sang de l'étranger. Les immigrés de la MOI dans la Résistance, Paris 1989

Daix, Pierre: Les Lettres Françaises, Jalons pour l'histoire d'un journal, 1941–1972, Paris 2004

Dias, Patrick V.: Erziehungswissenschaft, Bildungsförderung und Entwicklung in der Dritten Welt, in: Zeitschrift für Pädagogik, 16. Beiheft, 1981

Dinkel, Jürgen: »Dritte Welt«- Geschichte und Semantiken, »Docupedia-Zeitgeschichte« unter http://docupedia.de/zg/Dritte_Welt

Douzou, Laurent, Étienne Fouilloux und Dominique Veillon: Lyon, in: François Marcot (Hrsg.), Dictionnaire historique de la Résistance, Paris 2006

Ebert, Theodor: Gewaltfreier Aufstand. Alternative zum Bürgerkrieg, Waldkirch 1980

Fackiner, Kurt: Politische Bildung und Lehrerfortbildung, in: Wolf-Peter Betz u. a., 40 Jahre HILF 1951–1991, Bochum 1996

Fanon, Frantz: Die Verdammten dieser Erde, Reinbek 1969

Franke, Julia: Paris – eine neue Heimat? Jüdische Emigranten aus Deutschland 1933–1939, Berlin 2000

Freire, Paulo: Pädagogik der Unterdrückten. Bildung als Praxis der Freiheit, Reinbek 1973

Gamm, Hans-Jochen: Das Elend der spätbürgerlichen Pädagogik, München 1972

Gamm, Hans-Jochen: Kritische Schule. Eine Streitschrift für die Emanzipation von Lehrern und Schülern, München 1970

Glotz, Peter (Hrsg.): Ziviler Ungehorsam im Rechtsstaat, Frankfurt am Main 1983

Goldschmidt, Dietrich und Henning Melber (Hrsg.): Die Dritte Welt als Gegenstand erziehungswissenschaftlicher Forschung, Weinheim und Basel 1981

Gossels, Lisa: The Children of Chabannes (Film) 1999

Gross, Babette: Willi Münzenberg. Eine politische Biographie, Stuttgart 1967

Gruschka, Andreas: Adeus Pädagogik? In: Pädagogische Korrespondenz 49 (2014)

Gruschka, Andreas: Verstehen lehren. Ein Plädoyer für guten Unterricht, Stuttgart 2011

Hartmann, Martin u. Claus Offe (Hrsg.): Vertrauen. Die Grundlagen des sozialen Zusammenhalts, Frankfurt am Main 2001

Hartmann, Martin: Vertrauen als demokratische Erfahrung, in: Schmalz-Bruns, Rainer und Reinhard Zintl (Hrsg.): Politisches Vertrauen. Soziale Grundlagen reflexiver Kooperation, Baden-Baden 2002

Hazan, Katy und Serge Klarsfeld: Le sauvetage des enfants juifs pendant l'Occupation dans les maisons de l'OSE, 1938–1945, Paris 2009

Hepp, Michael u. Hans Georg Lehmann (Hrsg.): Die Ausbürgerung deutscher Staatsangehöriger 1933–45 nach den im Reichsanzeiger veröffentlichten Listen in chronologischer Reihenfolge, München u. a. 1985

Heydorn, Heinz-Joachim: Über den Widerspruch von Bildung und Herrschaft. 1970, Werke (Studienausgabe) Bd. 3, Wetzlar 2004

Heydorn, Heinz-Joachim: Überleben durch Bildung. Umriss einer Aussicht, in: Hilmar Hoffmann (Hrsg.), Perspektiven der kommunaler Kulturpolitik. Beschreibungen und Entwürfe, Frankfurt am Main 1974. Werke (Studienausgabe), Bd. 4, Wetzlar 2004

Heydorn, Heinz-Joachim: Zu einer Neufassung des Bildungsbegriffs. 1972, Werke (Studienausgabe) Bd. 4, Wetzlar 2004

Heyman, Stephen: Hostel takeover, The Left Bank's notorious Nazi lair has a new owner. Mazel tov? In: International Herald Tribune Style Magazine, Spring Issue, April 9, 2011

Horkheimer, Max: Zur Kritik der instrumentellen Vernunft, Frankfurt am Main 1967

Hurrelmann, Klaus: Erziehungssystem und Gesellschaft, Reinbek bei Hamburg 1975

Jasper, Willi: Hotel Lutetia, Ein deutsches Exil in Paris, München/Wien 1994

Kaufmann, Margarita u. Alexander Priebe: 100 Jahre Odenwaldschule, Berlin 2010

Kluge, Ulrich: Die Weimarer Republik, Paderborn 2006

Kołakowski, Leszek: Lob der Inkonsequenz, in: Der Mensch ohne Alternative, München 1960

Koneffke, Gernot: Integration und Subversion. Zur Funktion des Bildungswesens in der spätkapitalistischen Gesellschaft, in: Das Argument, Dezember 1969

Krautz, Jochen: Ware Bildung. Schule und Universität unter dem Diktat der Ökonomie, Kreuzlingen/München 2007

Krohn, Claus-Dieter u. a. (Hrsg.): Handbuch der deutschsprachigen Emigration 1933–1945, Darmstadt 1998

Langkau-Alex, Ursula: Deutsche Volksfront: 1932–1939. Zwischen Berlin, Paris, Prag und Moskau, 3 Bände, Berlin 2002–2005

Langkau-Alex, Ursula: Zweimal Antifaschismus – zweierlei Antifaschismus? Front populaire und deutsche Volksfrontbewegung in Paris, in: Anne Saint Sauveur-Henn (Hrsg.): Fluchtziel Paris. Die deutschsprachige Emigration 1933–1940, Berlin 2002

Le discours de Léon Blum, in: Le droit de vivre, 3. Dezember 1938

Le Mémorial de la Résistance en Vercors. http://www.memorial-vercors.fr/ [13. Dezember 2016]

Liebel, Manfred u. Franz Wellendorf: Schülerselbstbefreiung. Voraussetzungen und Chancen der Schülerrebellion, Frankfurt am Main 1969

Liessmann, Konrad Paul: Geisterstunde. Die Praxis der Unbildung. Eine Streitschrift, Wien 2015

Mallmann, Klaus-Michael: Deutschsprachige Emigranten im Spanischen Bürgerkrieg, in: Claus-Dieter Krohn u. a. (Hrsg.): Handbuch der deutschsprachigen Emigration 1933–1945, Darmstadt 1998

Mergner, Gottfried, Wolfgang Nitsch u. a.: Lernen und Bildung unter einschränkenden Bedingungen als Gegenstand von Bildungsforschung in der Nord-Süd-Kooperation, in: Nitsch, Wolfgang u. a. (Hrsg.): Statt Menschenliebe: Menschenrechte. Zur Erinnerung an Gottfried Mergner, Frankfurt am Main 2002

Merson, Allan: Kommunistischer Widerstand in Nazideutschland, Bonn 1999

Michaud, Jean: »L'Administration creusoise et les Juifs,« in: Le Sauvetage des Enfants Juifs de France. Actes du Colloque de Guéret, 29 et 30 mai 1966, Guéret 1998

Mollenhauer, Klaus: Erziehung und Emanzipation. Polemische Skizzen, München 1968

Nitsch, Wolfgang u. a. (Hrsg.): Statt Menschenliebe Menschenrechte, Frankfurt am Main 2002

Omnes, Jacques: L'Institut pour l'étude du fascisme (INFA), in: Gilbert Badia (Hrsg.), Les bannis de Hitler. Accueil et luttes des exilés allemands en France (1933–1939), Paris 1984

Ory, Pascal: Les collaborateurs, 1940–1945, Paris 1976

OSO-Hefte, Berichte aus der Odenwaldschule, 1955–1973, fortgesetzt als Neue Folge 1974 bis 2008

Overwien, Bernd: Falsche Polarisierung, in: Blätter des IZ3W, 8/2013

Overwien, Bernd: Von der »Dritte-Welt-Pädagogik« zum globalen Lernen? In Bernhard, Armin u. a. (Hrsg.): Kritische Erziehungswissenschaft zwischen Bildungsreform und Restauration, Hohengehren 2002

Pfeil, Ulrich u. Corine Defrance: Das Deutsch-Französische Jugendwerk feiert seinen 50. Geburtstag, in: 50 Jahre Deutsch-Französisches Jugendwerk, Berlin 2013

Pirker, Theo (Hrsg.): Die Moskauer Schauprozesse 1936–1938, München 1963

Pongratz, Ludwig A.: Glücksritterakademien. Die Anrufung des unternehmerischen Selbst, in: Harald Bierbaum u. a. (Hrsg.): Nachdenken in Widersprüchen. Gernot Koneffkes Kritik bürgerlicher Pädagogik, Wetzlar 2007

Proske, Matthias: Pädagogik und Dritte Welt. Eine Fallstudie zur Pädagogisierung sozialer Probleme, Frankfurt 2001

Rabi, Wladimir u. Charles Péguy: Temóignage d'un Juif, in: Esprit, 1. Juni 1939

Roussel, Hélène: L'Université allemande libre (fin 1935–1939), in: Badia, Gilbert (Hrsg.): Les bannis de Hitler. Accueil et luttes des exilés allemands en France (1933–1939), Paris 1984

Roussel, Hélène: Les peintres allemands émigrés en France et l'Union des artistes libres, in: Badia, Gilbert (Hrsg.): Les bannis de Hitler. Accueil et luttes des exilés allemands en France (1933–1939), Paris 1984

Annette Scheunpflug u. Klaus Hirsch (Hrsg.) Globalisierung als Herausforderung für die Pädagogik, Frankfurt am Main 2000

Schiller, Dieter: Die Deutsche Freiheitsbibliothek in Paris, in: Exilforschung. Ein Internationales Jahrbuch. Politische Aspekte des Exils, Band 8, München 1990

Schröder, Matthias: Deutschbaltische SS-Führer und Andrej Vlasov 1942–1945: »Russland kann nur von Russen besiegt werden«

Sozialistische Projektarbeit im Berliner Schülerladen Rote Freiheit. Frankfurt 1971

Vercors: Le Silence de la mer, Paris 1945. (Deutsche Übersetzung: Das Schweigen des Meeres: Erzählung. Aus dem Franz. von Karin Krieger. Mit einem Essay von Ludwig Harig und einem Nachw. von Yves Beigbeder, Zürich 1999)

Vogt, Hannah: F.I.E.F. Haus für Studien zum Verständnis Frankreichs, Informationsbroschüre des F.I.E.F., wahrscheinlich 1965

Westkamp, Dietmar: Geschichte der Sektion, unter: http://www.siive.de/?page_id=15

Wickert, Jürgen D.: Der Berg im Koffer. Lernen mit der fremden Kultur Indonesien, Frankfurt am Main 1982.

Zeitoun, Sabine: L'O.S.E. au secours des enfants juifs, in: Le sauvetage des enfants juifs de France. Actes du colloque de Guéret, 29 et 30 Mai 1996, Guéret 1998

1961–1981. F.I.E.F. Bezeugungen. Festschrift zum zwanzigjährigen Bestehen des F.I.E.F, ohne Ort, 1981

Archive und Bibliotheken

Archiv der Odenwaldschule, jetzt im Hessischen Staatsarchiv Darmstadt (HStAD)

Archiv des Centre de Documentation Juive contemporaine

Archiv des FIEF

Archiv des Kreises der Freunde und Förderer des FIEF

Nachlass Ernest Jouhy bei Gudrun Jablonski

Universitätsbibliothek Johann Christian Senckenberg, Frankfurt a. M.

Stiftung Preußischer Kulturbesitz

NACHWEISE

Beiträge zu Leben und Werk

André Jablonski: Anstatt eines Vorworts, ein ganz persönlicher Rückblick, für dieses Buch verfasster Beitrag

Sebastian Voigt: Widerspruch und Widerstand. Zum Lebensweg und zur politischen Entwicklung Ernest Jouhys, für dieses Buch verfasster Beitrag

Edgar Weick: Das »vernünftige Vertrauen« in der emanzipatorischen Pädagogik, für dieses Buch verfasster Beitrag

Bernd Heyl: Exemplarisches Lernen und Verstehen. Ernest Jouhy und das Foyer International d'Études Françaises (FIEF), für dieses Buch verfasster Beitrag

Bernd Heyl: Zusammenarbeit auf Augenhöhe. Pädagogik : Dritte Welt, für dieses Buch verfasster Beitrag

Sebastian Voigt: Ernest Jouhys literarische Verarbeitungen des Widerstands, für dieses Buch verfasster Beitrag

Edgar Weick: Poesie eines Revolutionärs, für dieses Buch verfasster Beitrag

Heinrich Kupffer: Mein Freund Ernest Jouhy, in: 100 Jahre Odenwaldschule. Der wechselvolle Weg einer Reformschule, hrsg. von Margarita Kaufmann u. Alexander Priebe, Berlin 2010

Otto Herz: Was damit gemeint sein könnte, in: Zwischen Spontaneität und Beharrlichkeit. Ernest Jouhy zum siebzigsten Geburtstag. Hrsg. von Ute Christ-Bode, Franz Decker u. Leo Kauffeldt, Frankfurt am Main 1983

Texte und Gedichte von Ernest Jouhy, eingeleitet und kommentiert von den Herausgebern

Zur Motivation des bildungspolitischen Engagements
In: Das programmierte Ich, München 1973

Demokratisierung der Schule
In: Klärungsprozesse. Gesammelte Schriften Bd. 4, Frankfurt am Main 1988

Die Befreiung von Lyon
Bearbeitete Abschrift eines Gesprächs von 1988, in: Textsammlung zum Seminar »Heimat ist öffentliches Engagement«, FIEF 22.–29. März 2013

Identität
In: Die Brücke. 5 Erzählungen, Frankfurt am Main 1964

»Heimat ist öffentliches Engagement.« Wanderer zwischen den Welten. Ernest Jouhy im Gespräch, in: päd.extra 2/85

Gedichte: Suche, Geschichte, Trost
In: Correspondances. Dichtung in zwei Sprachen, Heidelberg 1964

Dokumenten- und Bildnachweis

Abb. 1   Nachlass Ernest Jouhy
Abb. 2   Nachlass Ernest Jouhy
Abb. 3   Nachlass Ernest Jouhy
Abb. 4   Foto: Archiv FIEF
Abb. 5   Nachlass Ernest Jouhy
Abb. 6   Nachlass Ernest Jouhy
Abb. 7   Foto: Nachlass Ernest Jouhy, Fotograf unbekannt
Abb. 8   Nachlass Ernest Jouhy
Abb. 9   Nachlass Ernest Jouhy
Abb. 10   Universitätsbibliothek Johann Christian Senckenberg
Abb. 11   Hessisches Staatsarchiv Darmstadt, Odenwaldschule, N 25 1839
Abb. 12   Foto: bpk/Abisag Tüllmann
Abb. 13   Nachlass Ernest Jouhy, Foto: Otto Herz
Abb. 14   Nachlass Ernest Jouhy
Abb. 15   Hessisches Staatsarchiv Darmstadt, Odenwaldschule, N 25, 9508
Abb. 16   Nachlass Ernest Jouhy

Abb. 17   Foto: Archiv FIEF
Abb. 18   Foto: Archiv FIEF
Abb. 19   Archiv FIEF
Abb. 20   Archiv FIEF
Abb. 21   Nachlass Ernest Jouhy, Fotograf unbekannt
Abb. 22   Universitätsbibliothek Johann Christian Senckenberg
Abb. 23   Universitätsbibliothek Johann Christian Senckenberg
Abb. 24   Buchcover, Ner-Tamid-Verlag
Abb. 25   Hessisches Staatsarchiv Darmstadt, Odenwaldschule,
           N 25, B 30/2
Abb. 26   Zur Verfügung gestellt von Harald Seehausen
Abb. 27   Nachlass Ernest Jouhy, Fotograf unbekannt
Abb. 28   Buchcover, päd.extra buchverlag
Abb. 29   Zur Verfügung gestellt von Edgar Weick
Abb. 30   Nachlass Ernest Jouhy, Fotograf unbekannt
Abb. 31   Ner-Tamid-Verlag, Rechte konnten nicht geklärt werden
Abb. 32   Buchcover, Lambert Schneider Verlag

Dokumente und Fotos aus dem Nachlass von Ernest Jouhy wurden den Herausgebern dankenswerterweise von Gudrun Jablonski zur Verfügung gestellt.

DIE AUTOREN

 *Harry Bauer*, geb. 1957, ist Politologe. Er war 1984 Vorsitzender des Allgemeinen Studentenausschusses (Asta). In der Asta-Zeitung war bereits ein Auszug aus den Gesprächen mit Ernest Jouhy veröffentlicht worden, bevor sie als Teil eines umfassenden Porträts in der unter dem Titel »Heimat ist öffentliches Engagement« in der Zeitschrift »päd.extra« erschienen.

 *Otto Herz*, geb. 1944, Dipl.-Psych., Schüler der OSO, stv. Vorsitzender des verbands deutscher studentenschaften, Bundesvorsitzender der Gemeinnützigen Gesellschaft Gesamtschule (GGG), Bundesvorstand der GEW, beteiligt am Auf- und Ausbau der Bielefelder Versuchsschulen Laborschule und Oberstufenkolleg, Lehrbeauftragter an zahlreichen Hochschulen; Autor; Initiator zahlreicher Bildungsinitiativen, Mitglied im Beirat der unesco-modell-schulen (ups) in Deutschland, Kontakt: www.otto-herz.de * www.edition-herz.de.

 *Bernd Heyl*, geb. 1952, Lehrer an der Martin-Niemöller-Schule in Riedstadt, Pädagogischer Mitarbeiter an der Universität Frankfurt und Vorsitzender des Gesamtpersonalrates beim Staatlichen Schulamt Groß-Gerau/Main-Taunus. Aktiv in der GEW, in sozialpolitischen Initiativen und der Rüsselsheimer Wahlinitiative »Die Linke/Liste Solidarität«. Publikationen u. a. zur Schulentwicklung und NS-Zeit.

 *André Jablonski*, Sohn von Ernest Jablonski und seiner Frau Lida, geb. Hilman, geboren 1952 in Frankreich. Kurz nach der Geburt Umzug der Eltern in die Odenwaldschule. Dort aufgewachsen und 1971 Abitur. Medizinstudium in Frankfurt. Von 1988 bis 2016 als Hausarzt in Frankfurt tätig.

Heinrich Kupffer, Professor, Dr., 1924–2014, lehrte in der Odenwaldschule und im Landschulheim am Solling; Professor für Pädagogik an der Pädagogischen Hochschule in Kiel, Schwerpunkt Heimerziehung. Nach der Emeritierung aktiv im Deutschen Kinderschutzbund, 25 Jahre Chefredakteur von dessen Verbandszeitschrift »Kinderschutz aktuell«.

Sebastian Voigt, Dr., geb. 1978, wissenschaftlicher Mitarbeiter am Institut für Zeitgeschichte München-Berlin, Fellow am Institut für Soziale Bewegungen und Lehrbeauftragter an der Ruhr-Universität Bochum; veröffentlichte u. a.: *Der jüdische Mai '68* (2. Aufl. 2016); als Herausgeber (zus. Mit Heinz Sünker): *Arbeiterbewegung – Nation – Globalisierung* (2014). Zahlreiche Aufsätze zur Geschichte der Gewerkschaften, der Arbeiterbewegung und des Antisemitismus.

Edgar Weick, 1936 in Karlsbad (CSR) geboren, 1980 bis 1999 Leiter der Zentralen Arbeitsstelle für wissenschaftliche Weiterbildung an der FH Wiesbaden. Mitarbeiter in der Gewerkschaftlichen Bildungsarbeit und Lehrbeauftragter für Erwachsenenbildung an der Goethe-Universität Frankfurt und der TU Darmstadt. Politisch engagiert in der Ostermarschbewegung, in der Kampagne gegen Notstandsgesetze, im Sozialistischen Büro und im Komitee für Grundrechte und Demokratie.

Fabian Wurm, geb. 1957, ist Journalist. Er studierte an der Johann Wolfgang Goethe-Universität Germanistik und Soziologie. Das hier in gekürzter Form abgedruckte Ernest-Jouhy-Porträt aus dem Jahr 1984 zählt zu seinen ersten längeren Veröffentlichungen.

DANK

Wir haben uns bei vielen Menschen zu bedanken, die auf sehr unterschiedliche Weise zu diesem Buch beigetragen, uns angeregt, bestärkt, kritisch begleitet und unterstützt haben. Sie können hier namentlich gar nicht alle erwähnt werden.

Es sind zu allererst die Teilnehmerinnen und Teilnehmer unserer Seminare im FIEF in La Bégude. Die dort jetzt schon seit vielen Jahren geführten Diskussionen knüpften an das Denken von Ernest Jouhy an und waren immer auch ein Impuls, sein Leben und Werk nicht in Vergessenheit geraten zu lassen. Es sind das Team des FIEF für die Unterstützung bei der Recherche im Archiv des Hauses und der ehemalige Leiter Bernhard Martini (gest. 2017) für die kritische Durchsicht des Textes »Exemplarisches Lernen und Verstehen. Ernest Jouhy und das Foyer International d'Études Françaises (FIEF)«.

Wir waren lange unsicher, ob wir das Thema »Pädagogik : Dritte Welt« aufgreifen sollen. Wir haben dies getan, weil wir feststellen mussten, welche Bedeutung das Thema für Ernest Jouhy und sein Wirken an der Johann Wolfgang Goethe-Universität in Frankfurt besaß. Rainer Brähler, Egon Becker und Helga Gewecke haben uns wichtige Hinweise zum Text über die »Pädagogik : Dritte Welt« gegeben.

Michael Brand, ein profunder Kenner des Werkes von Ernest Jouhy, hat die ihm zugesandten Entwürfe unserer Texte immer mit großer Sorgfalt gelesen und kritisch kommentiert. Otto Herz gab sein Einverständnis zum Abdruck des Textes »Was damit gemeint sein könnte«. Stefan Kupffer gab uns sein Einverständnis, den Text seines Vaters »Mein Freund Ernest Jouhy« in dieses Buch aufzunehmen, Harry Bauer und Fabian Wurm stellten das Portrait »Heimat ist öffentliches Engagement« zur Verfügung, und Harald Seehausen gab gerne seine Zustimmung zum Abdruck einer Zeichnung von Sabine Seehausen-Prack.

Ganz besonders freut es uns, dass André Jablonski anstatt eines Vorwortes einen »ganz persönlichen Rückblick« auf sich, seinen Vater und seine Familie für dieses Buch verfasst hat. Durch die Arbeit an diesem Buch haben wir Gudrun Jablonski näher kennen und schätzen gelernt. Die Gespräche bei Tee und Gebäck werden uns tief in Erinnerung bleiben. Sie konnte vieles klären, was durch Lektüre und Archivstudien nicht zu ermitteln war, gab wichtige Hinweise und unterstützte die Herausgabe des Buches durch Fotos und Dokumente aus dem Familienarchiv.

Ein ganz besonderer Dank gebührt Helga Roth, die mit ihrem geübten Blick alle Texte auf Verständlichkeit und korrekte Rechtschreibung überprüfte und so vielen Fehlern auf die Spur kam. Sie hat auch die mühevolle Arbeit übernommen, das Zitieren den üblichen Standards anzugleichen.

Zu danken haben wir der Hans-Böckler-Stiftung für einen Druckkostenzuschuss, und der hessischen GEW, die die Herausgabe dieses Buches erst ermöglicht haben. Zu danken haben wir Rudi Hechler, der die Fotos und Dokumente für den Druck bearbeitet hat und nicht zuletzt auch unserem Verleger, Roland Apsel, für die kritische Begleitung der Arbeit an diesem Buch.

Brandes & Apsel

Gerhard Bökel

Der Geisterzug, die Nazis und die Résistance

Zeitzeugenberichte und historische Dokumente während Besatzungszeit und Kollaboration

274 S., Pb. Großoktav mit Fadenheftung, durchgängig vierfarbig mit zahlreichen Fotos und Faksimiles
€ 29,90, ISBN 978-3-95558-190-9

»... ein Zug vollgestopft mit über 700 politischen Gefangenen, die meisten krank, verkrüppelt und alt. Es war einer der letzten Transporte ins KZ Dachau. 536 kommen an. Etliche sterben, einigen gelingt die Flucht. Gerhard Bökel hat die Geschichte des Geisterzuges geschrieben. Es ist ein Buch über Verbrechen und Widerstand und auch über die deutsch-französische Aussöhnung. ... ein packendes Buch, das all das Leid der Internierten, aber auch ihren Widerstand und ihre Hoffnung eindringlich schildert.« *(B. Rieb, Der neue Landbote)*

Jahrzehnte wurde über das Drama des Geisterzugs geschwiegen. Bökel hat recherchiert und lässt letzte noch lebende Zeitzeugen zu Wort kommen. Nach zahlreichen, wichtigen Publikationen zum Holocaust ist dieses Buch eine notwendige Ergänzung: Die Nazis haben nicht nur Millionen aus rassistischen, sondern auch Zehntausende aus politischen Gründen ermordet. Gerhard Bökels Buch ist Sinnbild der deutsch-französischen Freundschaft: Als ein Beispiel gelungener Versöhnung führt es mehreren Generationen von Nachgeborenen vor Augen, warum erst das Wissen um die gemeinsame leidvolle Vergangenheit den Weg zur Verständigung bereiten kann.

Unseren Prospekt »Frische Bücher« erhalten Sie kostenlos:
Brandes & Apsel Verlag • Scheidswaldstr. 22 • 60385 Frankfurt am Main
info@brandes-apsel.de • www.brandes-apsel.de
Fordern Sie unseren Newsletter kostenlos an:
newsletter@brandes-apsel.de